JN120285

キェルケゴール美学私考

—— イロニーと良心 ——

木瀬康太

北樹出版

目　次

凡　例

一、セーレン・オービュエ・キェルケゴール（Søren Aabye Kierkegaard, 1813-55）の著作については、*Søren Kierkegaards Skrifter*, København 1997-2013（本書では *SKS* と略記）から引用し、（*SKS* の巻数，著作名の略号，頁）という形で引用箇所を記した。著作名の略号は以下の通りである。

LP = *Af en endnu Levendes Papirer*（『いまなお生ける者の手記より』、1837 年）
BI = *Om Begrebet Ironi*（『イロニーの概念について』、1841 年）
G = *Gjentagelsen*（『反復』、1843 年）
FB = *Frygt og Bæven*（『おそれとおののき』、1843 年）
PS = *Philosophiske Smuler*（『哲学的断片』、1844 年）
BA = *Begrebet Angest*（『不安の概念』、1844 年）
TTL = *Tre Taler ved tænkte Leiligheder*（『想定された機会における三つの講話』、1845 年）
SLV = *Stadier paa Livets Vej*（『人生行路の諸段階』、1845 年）
AUE = *Afsluttende uvidenskabelig Efterskrift til de philosophiske Smuler*（『哲学的断片への結びの学問外れな後書き』、1846 年；本書では『後書き』と略記）
LA = *En literair Anmedelse*（『文学批評』、1846 年）
OTA = *Opbyggelige Taler i forskjellig Aand*（『様々な精神における建徳的講話』、1847 年）
KG = *Kjerlighedens Gjerninger*（『愛のわざ』、1847 年）
LF = *Lilien paa Marken og Fuglen under Himlen*（『野の百合と空の鳥』、1849 年）
SD = *Sygdommen til Døden*（『死に至る病』、1849 年）
DS = *Dømmer selv!*（『自ら裁け！』、1855 年）
SFV = *Synspunktet for min Forfatter-Virksomhed*（『私の著述家活動に対する視点』、遺稿、1859 年；本書では『視点』と略記）
BOA = *Bogen om Adler*（『アズラーの書』、遺稿）

二、キェルケゴールの日記・覚書（メモ）・聴講ノート・読書ノート・説教については、*SKS* から引用し、（*SKS* の巻数，頁，キェルケゴールによる分類記号：キェルケゴールによる分類番号）という形で引用箇所を記した。参考のために付記しておくと、キェルケゴールによる分類記号のうち、AA, BB,…, JJ および NB1, NB2,…, NB36 は日記、読書ノート、および草稿を含み、Notesbog は覚書、聴講ノート、および読書ノートを含み、Papir は覚書、聴講ノート、説教、および草稿を含む。また、*SKS* には収録されていない、彼の草稿の一部については、N・トゥルストルプ編の原語版遺稿集（*Søren Kierkegaards Papirer*, København 1968-78）から引用し、（原語版遺稿集の巻数 編者による整理記号 編者による整理番号，頁）という形で引用箇所を記した。

三、引用の中の〔　〕は筆者（木瀬）による補足であり、（　）は原典テクストによる。また傍点部は、特に断っていない限り、原典テクストの著者自身による強調である。

四、考察の参考のため、外国語の人名と重要用語については、原則として、初出の箇所で括弧中に原語を付記した。ただし古典ギリシア語については、読みやすさを考慮してローマ字表記にし、アクセント記号は省略した。また、18 世紀および 19 世紀のデンマーク語の人名については、初出の箇所で原語に加えて生没年も付記した。

キェルケゴール美学私考

——イロニーと良心——

序　論

本書の研究視角と叙述方法

第一節　先行研究に対する本書の意義
――美学者としてのキェルケゴール――

少なくとも20世紀のキェルケゴール研究では、二つの傾向が顕著であった。一つは、キェルケゴールの「宗教的実存」に最も焦点を当てて、「キリスト者」としてのキェルケゴール像を論じる傾向であった[1)]。もう一つは、彼が「審美的実存」から「倫理的実存」を経て、最終的には「宗教的実存」に向かって邁進していったと、すなわち「キリスト者になっていった」と見なして解釈する直線的な「実存段階説」に依拠する傾向であった[2)]。それゆえ20世紀のキェルケゴール研究は概して、キェルケゴールを「キリスト者」という概念と結びつけることを強く意識せざるをえなかった[3)]。

しかしキェルケゴール自身の自己認識は、後期[4)]の1849年4月25日の日記記述でも、「キリスト教に関する、そしてキリスト者であることという理想に

1)　たとえば、大谷愛人『キルケゴール著作活動の研究（後篇）――全著作構造の解明――』、1991年の、特に1570-1594頁参照。

2)「実存段階説」については、Gregor Malantschuk, *Indførelse i Søren Kierkegaards Forfatterskab*, København 1953を参照。キェルケゴールにおける「実存」概念の定義については、本書第五章第三節を参照。また、須藤孝也は次のように述べている。「キルケゴールはこれ〔＝「実存」概念〕を永遠性と結びつけることで、これに特別な意味を付与した。常に自己を、より正確には、永遠なものである善の達成という課題に面している自己を見つめること。永遠性の課題を理解しながらも時間の中にいる自己を明確に意識すること。キルケゴールが実存概念を使って表現しようとしたのは、このような人間の在り方であった」（須藤孝也『キルケゴールと「キリスト教界」』、2014年、20頁）。須藤はこの記述で、キェルケゴール思想における「実存」概念と「永遠性」概念との関わりを強調している。この「永遠性」概念については、本書第七章で詳しく論じる。

関する、一人の詩人兼思想家（en Digter og Tænker）」（*SKS* 21, s. 367, NB10:200）というものであった。つまり彼は、「キリスト者であることという理想」を持ちながらも、実際の自分自身は「一人の詩人兼思想家」でしかないという現実との間で、生涯を通じて葛藤していたのである[5)]。先述の二つの傾向は、キェルケゴールのこの葛藤をうまく説明することができずに、度外視してしまっている。言い換えれば、「キリスト者であることという理想」に対して、どのようにキェルケゴール自身が隔たりを感じていたか、そして克服しようとしていたかについての説明を、なおざりにしてしまっているのである。

またキェルケゴールは、自らを「キリスト者」と定義したことは一度もなかったし、「キリスト者であることという理想」を物心ついた時から有していたわけでもない。それゆえ、「キリスト者」あるいは「キリスト者になっていった者」としてキェルケゴールを論じてきた数多くの先行研究の成果を尊重しつつも、それらの先行研究によって見えにくくなってしまったキェルケゴール像を再構成することが、21世紀のキェルケゴール研究には強く求められているのではないだろうか[6)]。このような問題意識を、筆者は長らく抱いてき

---

3)　20世紀デンマークのキェルケゴール研究者であるJ・スレークは、1989年12月8日に自宅で、「キェルケゴールは果たして真の意味で「キリスト者」と呼びうるのか」という尾崎和彦の質問に対して、「キェルケゴールは確かにやむをえず「神学用語」を使用して思惟してはいるが、彼自身は単なるキリスト者・キリスト教思想家の枠を越え出て、それよりも遙かに深い次元に身を置く「実存者」「実存の哲学者」である」と返答したという（尾崎和彦「『愛の業（わざ）』のモチーフ――『社会性』ということ――」、『原典訳記念版 キェルケゴール著作全集第十巻付録』、1991年、1-2頁）。尾崎のこの質問については、キリスト教があまり浸透していない日本の文化的背景と、キリスト教の世俗化が大幅に進行した20世紀後半という時代的背景とを顧慮して考察する必要がある。しかしこの考察は本書で扱う主題の範囲を大幅に超えるため、ここで参考情報として注記しておくにとどめたい。

4)　キェルケゴールの著述活動については、彼が本格的に日記記述を始めた1834年から、「著述家としての活動全体の転回点（Vendepunktet）」（*SKS* 16, *SFV*, s. 36）である『後書き』の刊行（1846年）までを前期（1834-46年）、それ以後を後期（1847-55年）と定義する。そして前期の中でも、最初の偽名著作『あれか、これか』（1843年）を刊行して本格的に著述活動を開始する直前までの時期を初期（1834-43年）と定義する。

5)　キェルケゴールはとりわけ、自らが「詩人」にすぎないことを痛感しており、しかもこの境遇から抜け出そうと、コペンハーゲン大学神学部卒業後は、著述活動の傍らで、牧師として就職しようと幾度も試みていた。彼における、詩人と牧師との間でのこの葛藤については、大谷愛人『キルケゴール教会闘争の研究』、2007年、867-932頁を参照。また、キェルケゴールにおける「詩人」の定義については、本書第六章第四節（1）参照。

た。

この、見えにくくなってしまったキェルケゴール像とはどのようなものだろうか。本書は、それが美学者としての、すなわち美学的思考を行う思想家としてのキェルケゴール像であると主張していく。つまり本書は、キェルケゴールが、「反省（Reflexion）」[7] がもたらす「イロニー（Ironie）」[8] に伴う疎外からの「自由（Frihed）」を構想した過程を、彼の「美学（Æsthetik）」として検証する。結論を先取りして言えば、彼のその構想は具体的には、「イロニー」を、「直接性（Umiddelbarhed）」に根ざしたキリスト教的「良心（Samvittighed）」と協働させるというものである。この「イロニー」と「良心」という両概念を結びつけて論じたキェルケゴール研究は、国内外で未だ皆無である。

本書では「美学」の定義を、Th・W・アドルノの、「美学（Ästhetik）とは、キェルケゴールにとっても、単なる芸術論ではなくて、ヘーゲル的に言えば、客観性に対する思想の一つの態度（eine Stellung）のことを意味する」[9] という定義に依拠する。ここでアドルノが言う「客観性」とは、「主観性、すなわち内面性が真理である（Subjektiviteten, Inderligheden er Sandheden）」（*SKS* 7, *AUE*, s. 187ff.）[10] という『後書き』の有名な命題の中で捨象されている、具体的な外部

6）近年国内でこのような再構成の試みを人間学の立場から行った主なキェルケゴール研究として、伊藤潔志『キルケゴールの教育倫理学』（2015年）と、須藤孝也『人間になるということ——キルケゴールから現代へ——』（2021年）がある。

7）本書で論じる「反省」は一貫して、悟性による思考の状態を指す認識論的概念であり、過失を犯した際に自らの内面を顧みる行為を指す道徳的概念ではないことを強調しておく。「悟性」の定義については、詳しくは本書注20）および第一章第三節（1）参照。

8）本書の鍵概念の一つである「イロニー」は、日本語では「皮肉」や「反語」とも表記できるが、本書では一貫して「イロニー」という、近代デンマーク語 Ironie のカタカナ表記を採用する。なぜなら、本書序論第三節で詳述するように、キェルケゴールにとって「イロニー」という語は非常に多義的であり、「皮肉」や「反語」といった、日常会話での言語表現の一用法だけに切り詰めることは決してできないからである。なお、キェルケゴールが用いていたデンマーク語は近代デンマーク語であり、現在用いられている現代デンマーク語とは、綴りや文法などの点で若干異なるということを注記しておく。

9）Theodor Wiesengrund Adorno, „Notiz", in: *Gesammelte Schriften*, Bd. 2, Frankfurt am Main 1997, S. 262. ここでアドルノはあくまで「一つの態度」と述べており、「客観性」に対して様々にとりうる複数の「態度」の一つがキェルケゴールにとっての本当の「美学」である、ということを強調していることに注意されたい。

世界（神、他人、自然、共同体、社会など）のあり方のことを指す。

また、「ヘーゲル的に言えば」という言葉によってアドルノは、ヘーゲル（Georg Wilhelm Friedrich Hegel）が『法哲学要綱』（1820年）の「第二部　道徳性（Moralität）」の末尾で述べている、「法（Recht）には主観性の契機が欠けており、また道徳（Moral）は主観性の契機をもっぱら自分だけで持っているので、両者はどちらも自分だけでは何ら現実的あり方を持ちえない」[11]という文章を念頭に置いていると考えられる。つまりヘーゲルによれば、「主観性なき客観性」の立場が「法」であり、「客観性なき主観性」の立場が「道徳」である。またヘーゲルは、この両者の統一が「人倫性（Sittlichkeit）」であり、この「人倫性」は「自由」を内容として有している点に特徴があると述べている[12]。

そして、キェルケゴールが述べる「主観性」を、アドルノは「客体なき内面性（die objektlose Innerlichkeit）」と呼んで批判している[13]。つまり前掲のヘーゲルの言葉と合わせて考えると、この批判によってアドルノは、キェルケゴール思想がまさしく「客観性なき主観性」としての「道徳」にすぎないとほのめかしている。実際アドルノは、「彼〔＝キェルケゴール〕の道徳的厳格主義（Sein

10）ただしこの命題はあくまで、人間の自分自身に対する「態度」という「哲学的美学」から見て「真理」であるにすぎず、神に対する人間の「態度」という「神学的美学」から見れば「非真理」である。このことについては、詳しくは本書第五章第三節を参照。また、本書では Subjektivitet というデンマーク語を一貫して、「主体性」ではなく「主観性」と訳出した。これは、キェルケゴール思想の基盤には、「主観と客観との疎外」（Adorno, „Kierkegaard. Konstruktion des Ästhetischen“, in: ders., *op. cit.*, S. 42）としてのイロニーという認識論的問題意識（詳しくは本書第一章参照）が存在しているという、筆者の理解のゆえである。

11）Georg Wilhelm Friedrich Hegel, „Grundlinien der Philosophie des Rechts“, in: *Werke in zwanzig Bänden*（Theorie-Werkausgabe）, Bd. 7, Frankfurt am Main 1970, §141, S. 291. この20巻版ヘーゲル全集は、キェルケゴールが読んでいたヘーゲルのテクストの再現を含んでいるグロックナー（Hermann Glockner）編記念版ヘーゲル全集（Jubiläumsausgabe）全20巻（cf. Niels Thulstrup, *Kierkegaards Verhältnis zu Hegel und zum spekulativen Idealismus 1835-1846. Historisch-analytische Untersuchung*, Stuttgart 1972, S. 16, Anm. 8）の廉価版である。なおキェルケゴールは、Hegel, *Grundlinien der Philosophie des Rechts*, herausgegeben von Dr. Eduard Gans, Berlin 1833 を所有していた（cf. Hermann Peter Rohde（udg.）, *Auktionsprotokol over Søren Kierkegaards Bogsamling*, København 1967, Ktl. 551）。

12）Cf. Hegel, „Grundlinien der Philosophie des Rechts“, in: *Werke in zwanzig Bänden*, Bd. 7, §141, S. 291f.

13）Cf. Adorno, *op. cit.*, S. 42ff.

moralischer Rigorismus)」[14] という表現も用いているのである。

このアドルノにおける、「客体なき内面性」としてのキェルケゴール像は、キェルケゴール思想を、具体的な外部世界への関係を持たないものと見なしている。しかしこのことは、本書で論じることになるように、初期の一時期のキェルケゴールには当てはまるが、その後成熟していくキェルケゴール思想には当てはまらない。つまり、キェルケゴールの言う「主観性」は決して、アドルノが言うような「客体なき内面性」にとどまることなく、具体的な外部世界に対しても開かれた「自由」を有しうるものへと成熟していったのである[15]。この点では本書は、アドルノのキェルケゴール解釈と見解を異にする。

さらにまた、「思想の一つの態度」としての「美学」という、アドルノによる定義は、美学史をひもとくと、20世紀になってから英米圏でようやく注目され始めたにすぎない「美的態度(aesthetic attitude)」という概念に依拠していると考えられる。この「美的態度」という概念について、佐々木健一は次のように定義している。

> 態度とは対象もしくは世界に向かい合い、交流する際の精神の構えのことであり、美的な構えとは、対象の存在の具体的様相に注意を集中し、そのまま知覚を持続し、対象のその様相を味わうことを特徴とする。[16]

キェルケゴールに即した場合の、「美的」を意味するæsthetiskというデンマーク語形容詞についての検討は、この序論の次節で詳しく行うことにする。

---

14) *Ibid.*, S. 72.

15) K・ノーアントフトは、「キェルケゴールの思想は、通例思い描かれるほど密接には「内面性」に拘束されていない」(Kresten Nordentoft, *Søren Kierkegaard. Bidrag til kritikken af den borgerlige selvoptagethed*, København 1977, s. 90)と述べている。この「内面性」概念については、本書の第五章第三節および第七章第四節(1)を参照。

16) 佐々木健一「美的態度」、同『美学辞典』、1995年、179頁。この項目で佐々木は、「美的態度」という概念の成立史についても叙述している。なお、ここで言われている「精神」は、「身体」の対義語として用いられている。また、「様相」とは英語のmodalityに相当し、事態のあり方についての規定や限定のことを意味する(今井知正・高山守「様相」、『岩波 哲学・思想事典』、1998年、1632頁参照)。

今ここで強調しておくべきなのは、「態度」とは、具体的な外部世界に対する「精神の構え」であるということである。言い換えれば、具体的な外部世界からの刺激を受けて認識する活動という意味での「知覚」から生じる「意識」のことである。この「態度」ないし「意識」は、以下で言及する知性と感性との中間に位置する活動であり、知性と感性とを媒介する役割を果たす[17)]。

そもそもキェルケゴール研究において美学的アプローチが盛んになされ始めたのは、20 世紀末に、ポストモダニズム思想の影響を受けた「脱構築的転回（the deconstructive turn）」[18)] が起こって以降である。この転回は、自己と他者、同一性と差異といった、西洋形而上学の伝統的な二元論において、自己や同一性ではなく他者や差異を始原的なものとして想定する試み、すなわち「形而上学概念の階層秩序」を転倒させようとする試みである[19)]。そしてこの試みなどが美学の領域では、知性よりも感性を始原的なものとして想定する「感性論的転回（the aisthetic turn）」[20)] を誘発した。

キェルケゴール研究でこの「感性論的転回」の嚆矢となったのは、J・ガーフ著『「眠らぬ者」――キェルケゴールを美学的かつ伝記的に読む――』（1995 年）[21)] である。同書は初期から最晩年にわたるキェルケゴールの著述活動の大部分について、精緻な伝記的事実に基づいて、彼の文体や用語法に注目して表現論的に読み解くテクスト分析を行っている。

---

17) R・G・コリングウッドによる次の言葉を参照。「意識とは、心的（psychic）経験と知性的（intellectual）経験との間にある、中間レヴェルの経験である」（Robin George Collingwood, *The Principles of Art*, Oxford 1958, p. 273）。

18) Cf. Roger Poole, “The unknown Kierkegaard: Twenty-century receptions”, in: *The Cambridge Companion to Kierkegaard*, edited by Alastair Hannay and Gordon D. Marino, Cambridge 1998, pp. 66-72.

19) 高橋哲哉「脱構築」、『岩波 哲学・思想事典』、1033 頁参照。

20) 小田部胤久「プラトンからの感性論＝美学の試み」、『美学芸術学研究』第 30 号、2011 年、160 頁、および同「ライプニッツからの感性論＝美学――微小表象論の射程――」、『たそがれフォーラム（於：仙台国際センター）発表報告集』、2012 年、27 頁参照。なお、ここで言う「知性」とは、対象を概念によって思考する能力のことを指し、「悟性」と同義である。また、「感性」とは、対象から感情ないし心情が触発されるというやり方で、表象を得る能力のことを指す。「悟性」と「感性」の定義については、本書第一章第三節（1）も参照。

21) Joakim Garff, *“Den Søvnløse”. Kierkegaard læst æstetisk/biografisk*, København 1995.

このガーフの書に刺激を受けて、キェルケゴール美学研究が盛んに発表されるようになった。なかでもイロニー論に特化した研究として、E・ティエネラン著『症候としてのイロニー――セーレン・キェルケゴール著「イロニーの概念について」との批判的取り組み――』(2004年)[22]は注目されるべきである。同書でティエネランは、キェルケゴールの『イロニーの概念について』(1841年)だけでなく彼の日記や覚書にも着目して、初期キェルケゴールのイロニー論を、ガーフの書と同様に、表現論的に分析している。

ティエネランは、「しばしば『イロニーの概念について』のイロニーは、自己の目的へと向かう企て(Projekt)として理解されるが、このようなイメージは、真逆に方向づけられる症候(Symptom)として理解されねばならない」[23]と述べている。ここでティエネランが「自己の目的へと向かう企て」と言っているのはすなわち、「イロニーは〔具体的な外部世界に対しては〕何ら意図を有しておらず、イロニーの意図はイロニー自体に内在しており、形而上学的な意図である」(*SKS* 1, *BI*, s. 294)という、『イロニーの概念について』におけるキェルケゴールの言葉に示されているように、形而上学的な意味でのイロニー[24]のことである。そしてティエネランは、キェルケゴールのこのようなイロニーは、「自己の目的へと向かう企て」、すなわち形而上学的な意図を持つものである以上に、具体的な外部世界に対するキェルケゴールによる対応という意味での「症候」であると主張している。

本書は、ティエネランのこの主張に賛同するものである。ただしティエネランによるこの研究は、イロニーに伴う疎外という契機にあまり着目していない。つまりティエネランは、イロニーを用いる人間であるイロニカー(Ironiker)が、具体的な外部世界からの、および自分自身からの孤立を感じざるをえないということをあまり顧慮していない。イロニーに伴うこの疎外とい

---

22) Eivind Tjønneland, *Ironie als Symptom. Eine kritische Auseinandersetzung mit Søren Kierkegaards Über den Begriff der Ironie*, Frankfurt am Main 2004 (Originalausgabe: *Ironi som symptom. En kritisk studie av Søren Kierkegaards "Om Begrebet Ironi"*, Bergen 1999).

23) *Ibid.*, S. 213.

24) 本書第三章第二節(1)参照。

う契機に大いに注目したキェルケゴール研究が、K・B・ソーザークヴィスト著『孤立した自己——セーレン・キェルケゴール著「イロニーの概念について」における真理と非真理としてのイロニー——』(2007年)[25] である。ソーザークヴィストは、「『イロニーの概念について』——およびキェルケゴールの初期著述活動——で提示された決定的問題は、イロニーによる孤立というジレンマに対する主体の対応である」[26] と述べている。ソーザークヴィストによるこの研究からも、本書は大いに示唆を受けている。

また日本でも近年、藤野寛が『キルケゴール——美と倫理のはざまに立つ哲学——』で、「20世紀の実存哲学の流れに属するキルケゴール解釈」においては「キルケゴールのイロニカーとしての側面は捨象され」、もっぱら「実存的な思想家としてのキルケゴール像ばかりが前面化（全面化）されることになった。それは、修正を要する一面化であった、と言わざるをえない」という見解を示して[27]、ガーフと同様に、キェルケゴール思想を表現論的に読み解いて紹介している。

ただし、以上のガーフ、ティエネラン、ソーザークヴィスト、そして藤野による、従来のキェルケゴール美学研究では、キェルケゴールの思想が世俗的な思想に、すなわちこの世的な思想に切り詰められてしまい、彼の思想のキリスト教的側面が把握しにくくなる傾向があった。また、彼のテクストを内在的に論じるあまり、彼の人生をめぐるコンテクスト（特異な宗教的家庭環境[28] や、恋人レギーネ・オルセン（Regine Olsen, 1823-1904）に対する一方的な婚約破棄などといった諸背景）との関連性が捨象されがちであった。

本書は、新潮流であるこれらのキェルケゴール美学研究から影響を受けたも

25） Kent Brian Soderquist, *The Isolated Self. Irony as Truth and Untruth in Søren Kierkegaard's* On the Concept of Irony, Copenhagen 2007.

26） *Ibid.*, p. 3.

27） 藤野寛『キルケゴール——美と倫理のはざまに立つ哲学——』、2014年、51-52頁参照。

28） 本書で筆者は「宗教」という語を、この世とあの世との関係のあり方という意味で用いる。そしてここで言う、キェルケゴールの「特異な宗教的家庭環境」には、1819-34年の間に起こった、キェルケゴール自身の家族たちの相次ぐ死が、大きく影を落としている。このことについては、本書の第一章第一節および第三章第二節（1）を参照。

のである。しかし本書は、「美学」の定義を見直して、「客観性に対する思想の一つの態度」という、アドルノによる定義を採用することで、キェルケゴールの人生をめぐるコンテクストにも目配りができるようにした。そしてこの定義に基づいて本書は、上述の従来のキェルケゴール美学研究で論じられてきた美学を、「反省」的思考が生み出す「イロニー」に代表される「哲学的美学」として扱う。他方で本書は、この「哲学的美学」の対極として、「直接性」に根ざした「良心」に象徴される「神学的美学」も彼の思想には厳然として存在していることを主張していく。

以上のことをふまえてこの序論では、次の第二節で、キェルケゴールが感性と美をどのような文脈で念頭に置いていたかを概観する。続く第三節で、イロニーがキェルケゴールにとって有していた諸意味を確認する。さらに第四節で、キェルケゴール思想における「自由」という語の意味の特徴を確認する。これらの概観と確認とをふまえて、第五節で本書の叙述方法と、各章の概要とを示しておきたい。

第二節　キェルケゴールにおける感性と美

18 世紀末に、ästhetisch というドイツ語形容詞の意味が、カント著『判断力批判』（1790 年）の「第一序論」で詳しく吟味された。カントによれば、この語は表象（イメージ; Vorstellung）の仕方について用いられ、元来の「感性（感覚、知覚; Sinn）に関する（sinnlich）」という意味と、その元来の意味から派生した「美（das Schöne）に関する」という意味との、二つの意味を有している[29]。

しかしキェルケゴールは、「感性（感覚、知覚）に関する」という意味を表す場合には、ドイツ語形容詞 sinnlich から派生した sandselig というデンマーク語形容詞を用いている。この sandselig という形容詞、およびこの形容詞から

29）Cf. Immanuel Kant, „Erste Fassung der Einleitung in die Kritik der Urteilskraft", in: *Werke in zwölf Bänden,* Bd. X, Frankfurt am Main 1977, § 8, S. 34f. なお、キェルケゴールは Kant, *Kritik der Urteilskraft,* 2. Auflage, Berlin 1793 を所有していた（cf. Rohde（udg.）, *op. cit.,* Ktl. 594）。

派生したデンマーク名詞 Sandselighed の両語は、一般に用いられるならば、文脈によっては、それぞれ「官能的な」「官能性」と訳したほうが適切な場合もある。しかしキェルケゴールはこの両語を、感性論としての美学の文脈で用いているため、本書では一貫して、それぞれ「感性的な」「感性」と訳した[30)]。

また、ästhetisch というドイツ語形容詞から派生したのが æsthetisk というデンマーク語形容詞である。キェルケゴールが æsthetisk という形容詞を念頭に置いている場合、以下の三つの場合に大きく分けられる[31)]。

第一に、芸術作品および芸術理論を念頭に置いている場合であり、本書では「美的」と訳出した。たとえば、『あれか、これか』（1843 年）第一部所収のいくつかの論文、すなわち「直接的・エロス的諸段階あるいは音楽的・エロス的なもの」、「現代の悲劇的なものへの古典古代の悲劇的なものの反映」、「影絵」、「最も不幸な者」、「初恋」の五論文が、この場合に該当する。

第二に、人生観、すなわちキェルケゴールの用語法で言うなら「生き方の領域（Existents-Sphære）」（*SKS* 6, *SL V*, s. 439）[32)] を念頭に置いている場合であり、本書では「審美的」と訳出した。たとえば、彼が言う「審美的領域」とは、次節で詳論する、彼の詩人性が拠って立つ立場である。

第三に、次節で詳論する「間接伝達（den indirekte Meddelelse）」を念頭に置いている場合であり、本書では「美学的」と訳出した。この「伝達」という概念についてキェルケゴールは『後書き』で、「主観的なものが認識の際に重視さ

30） このことについては、本書第一章第三節（1）も参照。また参考までに、キェルケゴールが所有していた（cf. Rohde（udg.）, *op. cit.*, Ktl. 1032）、デンマークの文芸史家モルベック（Christian Molbech, 1783-1857）が編纂したデンマーク語辞典をひもとくと、sandselig は「諸感覚（Sandserne）に属し、諸感覚によって知覚され、獲得され、享受される状態」（Christian Molbech, *Danske Ordbog indeholdende det danske Sprogs Stammeord, tilligemed afledede og sammensatte Ord, efter den nuværende Sprogbrug forklarede i deres forskiellige Betydninger, og ved Talemaader og Exempler oplyste*, Kiöbenhavn 1833, Anden Deel, s. 291）と説明されている。

31） Cf. Adorno, *op. cit.*, S. 23ff.

32） キェルケゴールは『後書き』より前の著作では、「実存」概念について明確な定義を下していない（『キルケゴール全集 6』、桝田啓三郎訳、1975 年、269 頁の「9 ページ 12 行目の注」参照）。それゆえに、ここで挙げた、『人生行路の諸段階』の文章における Existents-Sphære という語も、「実存領域」ではなく、「生き方の領域」と訳した。このことについての詳細は、本書第一章第三節（2）を参照。

れるところ、つまり、自分のものにするということ（Tilegnelsen）[33] が主要問題であるところでは、至る所で、伝達とは一つの芸術作品である」（*SKS* 7, *AUE*, s. 79）と述べている。ここで「伝達」と言われているのは、「間接伝達」のことであり、「芸術作品」という隠喩がかけられている。この「間接伝達」は、キェルケゴールのイロニーの一種である。そして彼のイロニーは、前節で示した、「客観性に対する思想の一つの態度」としての「美学」の定義に深く関わっている。それでは彼のイロニーについて、次節で詳しく見ていくことにしたい。

第三節　キェルケゴールにおけるイロニー

キェルケゴールは、1839 年 9 月 6 日の日記で次のように述べている。

> 大部分の人々は、眠り、食べ、飲むのと同じように思考し、語り、書き物をしており、理念に対する関係についての問いが作動することは決してない。ごくわずかの人々に対してその問いは起こるのであって、その場合このような決定的瞬間は、高度に加速された力（天才的なもの（det Geniale））を有しているか、あるいは不安を通じて個人を麻痺させるか（イロニー的なもの（det Ironiske））のどちらかである。（*SKS* 18, s. 60, EE:176）

キェルケゴールにおける「理念」とは、この序論の次節でも論じるが、「それのために私が生きて死のうと思うような」（*SKS* 17, s. 24, AA:12）主観的真理のことである。また彼は『おそれとおののき』（1843 年）で、偽名著者ヨハネス・デ・シレンツィオ（Johannes de Silentio）に「天才的なものとは、神の偏愛の表現である」（*SKS* 4, *FB*, s. 195）と語らせている。キェルケゴールは「天才（Genie）」を自称していた[34]。そして彼は自らの「天才」を神からの贈り物と見

33）この「自分のものにするということ」という概念は、日本語では「体得すること」などとも表現することができ、本書の第五章第三節でも後述するように、キェルケゴールが非常に重要視していた。

なしていたがゆえに、「理念に対する関係についての問い」を「加速」させることができた。しかしそのようにできる「ごくわずかの人々」はまた、「イロニー的なもの」にも襲われてしまいかねないというのである。

そもそもキェルケゴールにとって、イロニーとはいかなるものを指しているのだろうか。J・ヒンメルストルプは、キェルケゴールの著述活動について、次のように論評している。

> キェルケゴールの著述活動には常に三つの動機が、時にはより自立的に、時には深く力強い三和音のために統一されて、響き渡っている。すなわちその三つの動機とは、父から受け継がれた、キェルケゴールに特有であった宗教観、——破棄された婚約に対する記憶、——そして最後に、即座にソクラテス（Sokrates）の名前によって特徴づけることができるものである。[35]

「即座にソクラテスの名前によって特徴づけることができるもの」とは、まさしくイロニーのことを指している[36]。そして、父ミカエル（Michael Pedersen Kierkegaard, 1756-1838）から受け継がれた厳格な宗教観、恋人レギーネ・オルセンに対する一方的な婚約破棄（1841年8月11日）、および、ソクラテスから学んだイロニーという「三つの動機」はいずれも、キェルケゴールの著述活動にとっての決定的な契機となった。これら「三つの動機」については、本書でも折に触れて論じる。

また、キェルケゴールの著述活動を考察する際に無視できないのが、偽名で書かれた著作の大半を含めた、いわゆる「美学的著作（den æsthetiske Produktivitet）」である。この偽名は、イロニーの語源であるギリシア語の「エイローネイア（eironeia）」に関係している。

キェルケゴールは、後期の1848年に書いた『視点』（著者死後の1859年に刊行）の中で、それまでの自らの著作を「第一部門（美学的著作）：『あれか、これ

34）　このことについては、本書第三章第二節（1）を参照。

35）　Jens Himmelstrup, *Sören Kierkegaards Sokratesauffassung*, Neumünster 1927, S. 9.

36）　ソクラテスとイロニーとの関係については、詳しくは本書第五章第一節を参照。

か』『おそれとおののき』『反復』『不安の概念』『序文ばかり』『哲学的断片』『人生行路の諸段階』および18篇の建徳的講話、第二部門：『後書き』、第三部門（純宗教的著作）：『様々な精神における建徳的講話』『愛のわざ』『キリスト教講話』『危機、および一女優の人生における一つの危機』」（*SKS* 16, *SFV*, s. 15, anm.）と分類した。自らを「宗教的著述家（religieus Forfatter）」（*SKS* 16, *SFV*, s. 11）とも公言しているキェルケゴールがなぜ「美学的著作」を書かなければならなかったのかという事情が、この『視点』で明らかにされている。

その事情は以下のようなものである。すなわちキェルケゴールによれば、「キリスト教界（Christenheden）」というものは途方もない錯覚である（cf. *SKS* 16, *SFV*, s. 23）。この錯覚に気付かない大部分の人々は、自らがキリスト教徒であると自惚れており、美的な、あるいはせいぜい美的・倫理的なカテゴリーの中で生きているにすぎない（cf. *SKS* 16, *SFV*, s. 25）。それゆえ、この錯覚に気付いている「宗教的著述家」であるキェルケゴールが、この錯覚に囚われている人々を覚醒させるために、「直接的な非難（direkte Angreb）」という方法に頼るのであっては、それらの人々の怒りを買うだけであって逆効果である（cf. *SKS* 16, *SFV*, s. 26）。それゆえ、「間接的な方法（den indirekte Methode）」（*ibid.*）を取らなければならないとキェルケゴールは言うのである。つまり「宗教的著述家」は、「美的なもの（det Æsthetiske）に服従しようとして急ぎ寄ったその同じ人々が、宗教的なもの（det Religieuse）に突き当たるよう」（*ibid.*）準備していなければならないのである。このような伝達方法が、いわゆる「間接伝達（den indirekte Meddelelse）」と呼ばれるものである。

この「間接伝達」を思想史上最初に用いたのはソクラテスである。すなわち、岩田靖夫によれば、eironeiaというギリシア語は元々「騙すこと」という否定的意味のみを有しているにすぎなかったが、ソクラテスがこのeironeiaから、「間接伝達」という新しい意味を創り出したのである[37)]。

キェルケゴールは『視点』で続けて、「美学的著作は確かに欺瞞であるが、

37）岩田靖夫『増補 ソクラテス』、2014年、149-153頁参照。

他の意味では必然的な排出（nødvendig Udtømmelse）である。宗教的なものはすでに最初の瞬間からすぐに決定的に待機しており、優位を保っている」（*SKS* 16, *SFV*, s. 57）と述べる。「美学的著作」が「必然的な排出」と表現されているのは、キェルケゴール自身にとって「詩人であるということ」は「元々〔自分に〕付与されなかったものである」（*SKS* 16, *SFV*, s. 63）からである。これに対して「宗教的覚醒（den religieuse Opvækkelse）は、確かに私自身を通じてそうなったものではないにしても、私の自己に即したものとなった」（*ibid.*）。キェルケゴールはこの、自らの「宗教的覚醒」と「詩人性」という「二重性（Duplicitet）」を、レギーネに対する一方的な婚約破棄という「一つの事実（Faktum）」を通じて獲得したと告白している（cf. *ibid.*）。

そしてキェルケゴールは自らのこの「二重性」について、『不安の概念』（1844年）で偽名著者ウィギリウス・ハウフニエンシス（Vigilius Haufniensis）に、次のように語らせている。

> 私の宗教的な生き方（Existents）が、私の外面的な生き方に対してどのように関係し、私の外面的な生き方の中でどのように表現されるかを説明すること、このことが課題なのである。しかし現代に誰が、こんなことについて熟考するという面倒なことをするだろうか。（*SKS* 4, *BA*, s. 407）[38]

少なくとも「美学的著作」では、キェルケゴールの生き方の外面とは詩人性であり、内面とは宗教性である。ここには外面と内面の不一致、すなわちイロニーが存在している。R・ヤンケも、「イロニーとは、既知のことについて、内面的に自由な存在の中で別様に表現されたことである」[39]と定義している。キェルケゴールは、そもそも「イロニーは形而上学の領域に存在する」（*SKS* 1, *BI*, s. 295）ことを承知しているが、そのイロニーを「美学」の領域に応用して

38）　本書注32）でも述べたように、キェルケゴールは『後書き』より前の著作では、「実存」概念について明確な定義を下していないため、Existentsという語を、「実存」ではなく、「生き方」と訳した。このことについては、本書第一章第三節（2）も参照。

39）　Rudolf Jancke, *Das Wesen der Ironie*, Leipzig 1929, S. 21.

もいる。すなわち、自らの生き方の外面（詩人性）と内面（宗教性）との間の不一致の演出という「面倒なこと」を、キェルケゴールは自らの様々な偽名著者に仮託して行っていたのである[40]。

そして、この序論冒頭で述べたキェルケゴールの葛藤も、外面（詩人性）と内面（宗教性）との人格的齟齬の意味におけるイロニーなのである。彼は、早くも1838年の日記で、「私は今、私自身の自己の原版から蒸留された複製物としておよそ生きている」（*SKS* 18, s. 102, FF:139）と述べている。つまり彼は、「自己の原版」、すなわちありのままの自己（内面）と、「自己の原版から蒸留された複製物」、すなわち他人に向けられた自己（外面）との間に、人格的齟齬を感じていたのである。

このように、「イロニー」という概念はキェルケゴールにとっては多義的であって、「騙すこと」という元来の意味、「間接伝達」という表現論的意味、彼自身の外面（詩人性）と内面（宗教性）の齟齬という人格論的意味のほか、概念と現象の間の隔たりという形而上学的意味[41]、主観と客観との疎外という認識論的意味[42]、さらには神と人間の和解不可能性という宗教的意味[43]でも使用されている。ただしこれらの意味は重なり合う部分も多く、文脈に応じてどのような意味でイロニーが使われているかをそのつど見極めていくことが、キェルケゴールのテクストを読解する際には不可欠である。

40） 大谷愛人によれば、キェルケゴールは、自らの人格を「偽名著作」の中で偽名の登場人物たちに代弁させるという叙述方法を、ゲーテ（Johann Wolfgang von Goethe）の『ヴィルヘルム・マイスターの修業時代』（1796年）や『ヴィルヘルム・マイスターの遍歴時代』（1829年）、およびシュライアマハー（Friedrich Daniel Ernst Schleiermacher）の『「ルツィンデ」についての親書』（1800年）などから学んだとされる（大谷『キルケゴール著作活動の研究（後篇）――全著作構造の解明――』、550-570頁参照）。

41） 本書第三章第二節（1）、および第五章第一節参照。

42） 本書第一章第一節参照。

43） 本書の第三章第二節（1）、中間考察、および第七章第三節参照。

第四節　キェルケゴールにおける「自由」[44)]

キェルケゴールは、1834年の覚書に「自由とは、意識的な自己規定として肯定的に思考することであり、このことによって精神的な人格と自立性とが与えられる」（*SKS* 28, s. 527, Papir 592）と書いている。つまり「自由」とは、人間が自らに与える自覚的な規定に基づいて、何者によっても妨げられずに思考することであり、このことによって人間は自立した人格[45)]となりうると、キェルケゴールは認識していた。このような規定を、キェルケゴールは終生模索していくのである。そしてG・マランチュクも、自著『キェルケゴール著「不安の概念」の自由の問題』（1971年）の「序論」で、次のように指摘している。

> 自由の問題はキェルケゴールの著述活動で中心的な位置を占める。彼は自らの著作の中で自由を種々様々な局面のもとに論じており、そこでは何らかの方法で自由の問題点によって特徴づけられていない著作は、たった一つも見出すことができない。[46)]

マランチュクが同書で扱っている、前期キェルケゴールの著作の一つである『不安の概念』の中には、「真理は人間を自由にする」（*SKS* 4, *BA*, s. 439）という、偽名著者ウィギリウス・ハウフニエンシスによる記述がある。これは、キェルケゴール本人が同書の草稿の中で注記しているように（V B 60, s. 134）、『ヨハネによる福音書』八章三十一－三十二節の中の、イエスが、自分を殺そうとしたユダヤ人たちに対して言った言葉「あなたたちは私の言ったことのも

---

44)　本節は、拙論「神学生時代のキェルケゴールにおける『自由』についての問題意識のコンテクスト」（『新キェルケゴール研究』第15号、2017年、18-32頁）の内容の一部を基としている。

45)　このような意味での「人格」についての詳細な考察を行った研究としては、須藤前掲書、71-128頁がある。

46)　Malantschuk, *Frihedens Problem i Kierkegaards Begrebet Angest*, København 1971, s. 9. ただしマランチュクのこのような指摘にもかかわらず、日本では、キェルケゴールの自由論に関する著作は、大谷長著『キェルケゴールにおける自由と非自由』（1977年）しかなく、個別論文の数もまだ決して多いとは言えない。

とにとどまるならば、本当に私の弟子であり、真理を認識し、真理はあなたたちを自由にする」[47] を基にしている。

このイエスの言葉には、二つの重要な契機が含まれている。まず一つ目の契機として、イエスにとっては、ユダヤ人たちを「自由にする」ということは、この世での原罪から「自由にする」ということであり、愛をユダヤ人たちに実践させることを意味している。というのも、イエスは、この言葉より少し前の『ヨハネによる福音書』八章二十三節では、「あなたたちはこの世に属しているが、私はこの世に属していない。だから、あなたたちは自分たちの罪のうちに死ぬことになると、私は言ったのだ」と言い、少し後の同福音書八章四十二節では、「神があなたたちの父であれば、あなたたちは私を愛するだろう」と述べているからである。つまりイエスは、この世での利害関係に執着しているユダヤ人たちに、愛を実践するよう諭すのである。この愛と自由の関係については、詳しくは第七章第三節で論じる。

そしてもう一つの契機として、イエスにとっては、真理とは「自由にする」という実践的行為にほかならない。ハウフニエンシスことキェルケゴールも、この「真理は人間を自由にする」（*SKS* 4, *BA*, s. 439）という記述のすぐ後で、「しかしまさしく真理とは自由の行為であるがゆえに、自由が絶えず真理を生み出す」と述べている。つまりハウフニエンシスことキェルケゴール自身が生み出そうとする真理とは、「行為」としての「自由」である。ヒンメルストルプは、キェルケゴールのこのような「自由」を評して、「彼は明晰かつ判明に、単に学び取られたもの、すなわち与えられた結果の拒絶のもとに、生き抜かれたもの、すなわち自力で獲得したもの（das Selbsterworbene）を要求する」[48] と述べている。この「自由にする」という実践性についても、詳しくは第七章第三節で論じる。

47） 本書では、聖書の文章についての底本には、キェルケゴールが最も多く三冊も所有していた、ルターによるドイツ語訳聖書（cf. Rohde（udg.）, *op. cit.*, Ktl. 3-5）の廉価版（*Die Bibel*, nach der Übersetzung Martin Luthers, Stuttgart 1975）を用いた。

48） Himmelstrup, *op. cit.*, S. 60.

このような「自由」の実践性に対するキェルケゴールの関心は、彼が神学生時代にシェラン（Sjælland）島北部を旅行し、同島の町ギレライエ（Gilleleie）を訪れた際に書いた、いわゆる「ギレライエの日記」（1835年8月1日）でも、次のように言明されている。

重要なのは、私にとって真理であるような真理を見出すことであり、それのために私が生きて死のうと思うような理念（Idee）を見出すことなのだ。たとえ私がいわゆる客観的真理を探し出したとしても、それが私にとって何の役に立つだろうか？たとえ私が哲学者たちの諸体系（Systemer）をあまねく渉猟して、求められればそれについて評論を書くことができ、そして、個々の円環（Kreds）の内部での首尾一貫性の諸々の欠如を指摘することができたとしても、それが私にとって何の役に立つだろうか？（*SKS* 17, s. 24, AA:12）

キェルケゴールの「理念」とは、「哲学者たちの諸体系」に代表される「客観的真理」に対立する「主観的真理」である。また彼はこの「ギレライエの日記」の欄外で、「真理とは、一つの理念のために生きること以外の何であろうか？」（*SKS* 17, s. 26, AA:12）と述べている。つまり彼にとって重要なのは、その「一つの理念」を思弁する[49]ことではなく、その「一つの理念」のために「生きる」ことである。言い換えれば、彼はこの1835年8月1日の時点で、本節で先に挙げた、ヒンメルストルプによる評のように、「単に学び取られたもの、すなわち与えられた結果の拒絶」のもとに、自らにとって真理であると確信できるような「主観的真理」を探し求め始めたのである。

また、ここで挙げられている「円環」という表現は、ヘーゲルの諸著作に見られる。たとえば『法哲学要綱』の「序論 法哲学、意志、自由、法の概念」の第二節の中には、「哲学は一つの円環（Kreise）を形成している」[50]という表

49）「思弁（Spekulation）」とは、認識論の文脈では、人間が経験や実践に拠らずに自分自身のもとにとどまり、自分自身の中に事物の本質を、鏡（speculum）の中に映されたかのように認識することによって、いっそう高次の立場（specula）から把握しようとする思考方法のことを指す（瀬戸一夫「思弁」、『岩波 哲学・思想事典』、679頁参照）。

現がある。ただしN・トゥルストルプは自著『1835-46年の、ヘーゲルおよび思弁的観念論に対するキェルケゴールの関係』で、「哲学の歴史的展開におけるヘーゲルの位置づけについてのキェルケゴールによる理解は、ハイベア（Johan Ludvig Heiberg, 1791-1860）による理解と同じものであると示すこともできる」[51]と指摘している。ここで名前が挙げられているハイベアは、いち早くヘーゲル哲学を自国に紹介した、デンマークの哲学者・美学者・戯曲作家・文芸批評家である。キェルケゴールは「ギレライエの日記」を書く前後の、1834年から1836年6月までの間、ハイベアが主宰する文学サークルに参加していた。そしてトゥルストルプも強調しているように、ヘーゲルの諸著作の中でハイベアにとって決定的な役割を演じたのが『法哲学要綱』であった[52]。それゆえ、キェルケゴールはこのハイベアの影響を受けて、この「円環」という語によって、ヘーゲルをはじめとする体系哲学一般を暗示していたと考えられる[53]。

この「ギレライエの日記」は、キェルケゴールがこの後終生行うことになる、「客観的真理」への批判に向けての、少なくとも出発点になっている。そして本節で論じたように、「自由」を求める「客観性に対する思想の一つの態

---

50) Hegel, *op. cit.*, §2, S. 30.

51) Thulstrup, *op. cit.*, S. 23. この傾向はとりわけ、初期キェルケゴールに顕著である。J・スチュアートは、ヘーゲルについて初期キェルケゴールが有していた情報が大部分ハイベアに由来していると強調している。そしてスチュアートは、初期キェルケゴールがヘーゲルの一次文献をあまりよく知っていなかったとも論じている（cf. Jon Stewart, *Kierkegaard's Relations to Hegel Reconsidered*, Cambridge 2003, pp. 129-130）。つまり、初期キェルケゴールはヘーゲルの一次文献を精査することなく、ハイベアのヘーゲル観を鵜呑みにしていた可能性が否定できないと、スチュアートは主張している。キェルケゴールとハイベアの関係については、本書第六章で詳しく論じる。

52) Cf. Thulstrup, *op. cit.*, S. 19 und S. 21.

53) トゥルストルプは、「ギレライエの日記」について、「キェルケゴールの哲学史の知識はこの時期にはまだ全く狭い範囲のものであったし、彼がどのような特定の体系哲学を念頭に置いていたかは、確信を持って決定することはほとんどできない。しかし彼は、彼自身の言述が示すように、客観的な体系哲学に取り組むこと、つまり哲学的思考の歴史の中でヘーゲルの体系だけでなく他にもはるかにより多くの諸体系を含むような哲学に取り組むことが、自分の置かれた状況の中では役に立たないと決断を下すために十分な知識は所有していたと考えているのである」（*ibid.*, S. 52）と分析している。なお本書は、キェルケゴールによるヘーゲル評価が、肯定的かつ否定的なもの、すなわち両義的なものであったという立場に立つ。

度」としてのキェルケゴールの「美学」が実践哲学的意味合いを帯びていることには、十分注意しておかねばならない。

第五節　本書の叙述方法と各章の概要

キェルケゴールは、1838年の日記で、「キリストが我々に肉と血を提供しているのとちょうど同様に、著述家は常に自らの何らかの人格を提供すべきである」（*SKS* 18, s. 101, FF:136）と述べているように、自らの人格と、自らが書いたものとの関係性を強調している。それゆえ、キェルケゴール自身が書いたテクストは、彼の人格を表す証左として決定的に重要である。このため、あくまで彼自身のテクストをできるだけ多く取り上げて彼の思想内容を分析することが、本書の中心的な叙述方法となる。

ただし注意しておかねばならないのは、厳密に時系列を辿ってキェルケゴール思想の推移を歴史的客観主義の方法だけで叙述することは、キェルケゴール思想の骨格であるキリスト教という本質を捉え損なうことになりかねないということである。キェルケゴールは1850年の日記に、次のように記している。

> 歴史的なものは、生起している――すなわち、もっぱら想像力（Phantasie）によってキリスト教的客観性に没頭し、完全に自分自身を忘れてしまった一方で、深遠に教説が展開され、芸術的にキリストやキリストのようなものが描かれた時代全体が存在していた――のと同様に、依然として、キリスト教に何らかの関係を有する人たちの大多数にとっても生起している。これらの人たちが注目しないのは、この全体的客観性が単独者（den Enkelte）の人生へと実存的に移し入れられてようやく、そもそも諸困難が始まるということである。それゆえ念入りにこれらの人たちがやかましく要求し続けるのは、客観的なものが最高のものであり、主観的なものが不完全なものであるということである。しかし、キリスト教全体は主観性である。キリスト教は〔通常の意味での実定的〕教説ではない。〔つまり正確に言えば、〕キリスト教は、ただ一人の人間、すなわち神人〔＝イエス・キリスト〕へと実存的に移し入れられた教えである。

(*SKS* 23, s. 13, NB15:8)[54]

キェルケゴールは、将来の読者一人一人が「単独者」として、キリスト教を自分の人生へと「実存的に移し入れ」ること、すなわち自分自身の個人的課題としてキリスト教を解釈して受容することの重要性を訴えている。このことは、キェルケゴールのキリスト教理解を考える上で、決定的に重要である。そして彼は、通常の意味での実定的「教説」などの「キリスト教的客観性」を批判している。

このため本書は、厳密な歴史的客観主義だけに則って叙述されてはいない。すなわち本書は、全体的にはおおむね時系列に沿ってはいるものの、細部では、キェルケゴールのテクストの諸記述をいくつかの主題ごとに縫い合わせ、それらの主題を「イロニー」ないし「良心」概念との関連で考察していくという方法を採用している。特に本書第二部では、このような傾向が顕著である。

本書は二部構成である。第一部（第一章から第五章）では、初期キェルケゴールが、イロニーに伴う疎外を「宥和（Forsoning）」[55]させて「自由」を得ようと試みるものの、その「宥和」の問題点に気づいてこの試みを却下させていく過程を、彼の「哲学的美学」として考察する。第二部（第六章と第七章）では、「宥和」に反発するようになった初期以後のキェルケゴールが、イロニーとキリスト教的「良心」とを協働させるという、「客観性に対する一つの態度」に

54） ここで「想像力」と訳したPhantasieという語をキェルケゴールは、「構想力」と訳されうるIndbildningskraft（ドイツ語のEinbildungskraftと同じ語源を有する）という語と厳密には使い分けておらず、また後期キェルケゴールでは両語とも否定的な意味合いで用いられることが多くなる。このことについては、須藤孝也「キルケゴールにおける想像力と信仰」（『宗教研究』95巻1輯、2021年）も参照。また、この本書序論の注30）で言及した、モルベックが編纂してキェルケゴールも所有していたデンマーク語辞典によると、Phantasieは「1. Indbildningskraftと同義。2. 1.による作用、仕事」（Molbech, *op. cit.*, Anden Deel, s. 183）であり、Indbildningskraftは「意識によって観念を更新する、魂の能力。あるいは、その観念能力を、存在するものや感覚的なものから引き出すために、分離や結合によって新しい観念、像、および理念を作る、魂の能力」（*ibid.*, Første Deel, s. 507）と説明されている。つまり、「想像力」ないし「構想力」という能力を働かせる活動が、「意識」なのである。

55） 「宥和」については、詳しくは本書の第三章第二節、第五章第四節、第六章第四節（2）、および第七章第一節を参照。

なっていく過程を、彼の「神学的美学」として考察する。

第一部の各章の概要は、以下の通りである。

第一章では、キェルケゴールがイロニーという問題意識、すなわち概念による認識に付随する疎外という認識論的問題意識を持つに至った過程を明らかにする。まず、キェルケゴールがシュライアマハー神学についての批判的研究を契機として、「神による世界支配」と対立する形での「人間の自由」という問題意識に目覚めたことを示す。次に、概念による認識に付随する疎外からの「自由」という問題意識をキェルケゴールが持つようになったことを、1841-42年冬学期のマールハイネケ（Philipp Konrad Marheineke）講義の聴講ノートをもとに確認する。マールハイネケはこの当時、最も重要なヘーゲル右派神学者であった。したがってキェルケゴールは間接的にヘーゲルと、この認識論的問題意識を共有していた。最後に、概念による認識に伴う二重の疎外についての、キェルケゴールによる批判的問題意識を明らかにする。概念による認識は、概念の一方的な「暴力」がもたらす「主観と客観との疎外」という認識論的問題を抱えている。すなわち、外的自然も内的自然（人生）も、主観が生み出す概念による一方的な把握では決してありのままに表現することができず、それぞれ疎外されてしまう。この二重の疎外から「自由」になることを、彼はこの後模索していくのである。

第二章では、キェルケゴールによる美学研究の端緒を明らかにする。まず、彼が宗教に対する否定的立場を示している「三つの偉大な理念（ドン・ファン（Don Juan)、ファウスト（Faust)、アハスヴェルス（Ahasverus)）」の研究に没頭するようになったことを示す。この没頭は、シュライアマハー神学をはじめとする既存の神学に対する不満、および父ミカエルから受けた厳格な宗教的教育に対する抗議の、必然的帰結であった。次に、キェルケゴールがこのような不満や抗議の契機として「ロマン主義的なもの（det Romantiske)」という理念を自覚するようになり、美の三段階論（「古典古代的美――ロマン主義的美――絶対的美」）の中の第二段階に組み込むようになった経緯を明らかにする。最後に、彼がこの美の三段階論の最高段階である「絶対的美」について、ドン・ファンをモチーフとして考察するようになった経緯を明らかにする。その考察は、最初はE・T・A・ホフマン（Ernst Theodor Amadeus Hoffmann）における、「憂鬱」としてのドン・ファン像の影響を強く受けていた。しかしキェルケゴールは「直接性」という概念に着目して、ホフマンによるドン・ファン像を「直接性」の三段階論（「憧憬――憂鬱――享楽」）の第二段階として位置づける。他方で、その第二段階を超えた究極の「直接性」として、「享楽」としてのドン・ファン像を打ち立てるに至るのである。この第二章で強調しておきたいのは、この「直接性」を希求するということが、キェルケゴール美学の特徴でもあるということである。

第三章では、まず、キェルケゴールが、「ロマン主義的なもの」に囚われていた自分自身を客観視するために、イロニーについてより包括的な考察を行うようになった過程を明らかにする。主観の無限性を強調する「ロマン主義的なもの」という理念は、再三再四個人の主観性に立ち返るロマン主義イロニーと結びついてしまうことになり、結局キェルケゴールが目指す、概念による認識に付随する二重の疎外からの「自由」に至りえないものであった。次に、その包括的考察の過程で彼が「主観と客観との疎外」という認識論的問題を、「宥和」という方策によって克服しようと試み始めることを指摘する。この「宥和」は、認識における概念と現象の間の隔たりを調停することである。そしてこの調停に達するためには、芸術（詩）を触媒とする美的「宥和」と、フモール[56]を触媒とする宗教的「宥和」という、二種類の方策しかない。

第四章では、キェルケゴールによる、イロニー論以外の美学的諸考察を、イロニー論との関連において明らかにする。まず、美的「宥和」の触媒である詩についての発展形式、すなわち叙情詩、叙事詩、そして戯曲についての、彼による考察を明らかにする。次に、彼による、ゲーテとイロニーの関係についての考察、シューバート（Karl Ernst Schubarth）著『ゲーテ著「ファウスト」講

56）「フモール」という語は、日本語では「諧謔」や「機知」とも表現できるが、本書では一貫して、日本の哲学・思想研究で広く用いられている「フモール」という、ドイツ語 Humor のカタカナ表記を採用する。

義』におけるイロニー論についての考察、そしてハーマン（Johann Georg Hamann）とフモールの関係についての考察を分析していく。最後に、キェルケゴールが、宗教的「宥和」の触媒であるフモールが神に対する「冒瀆的なもの」に接近しかねない危険性を察知して、もう一つの「宥和」である美的「宥和」についての理論の構築に全力を注ぐようになった経緯を明らかにする。

第五章では、キェルケゴールの1841年のマギスター学位論文『イロニーの概念について』[57]における疎外論と「宥和」論を考察する。まず、ソクラテスのイロニーで疎外された「イロニーを認識する主観」について、アリストパネス（Aristophanes）の喜劇『雲』（紀元前423年初演）などをもとに考察する。次に、フィヒテ（Johann Gottlieb Fichte）以後のイロニーで疎外された「現実的あり方」について、キェルケゴールによるゾルガー（Karl Wilhelm Ferdinand Solger）批評をもとに考察する。その後で、キェルケゴールが、イロニーに伴う「主観と客観との疎外」の問題を、「統御されたイロニー（behersket Ironi）」という形で克服しようとしたことを示す。この「統御されたイロニー」において統御する主体は、第七章で詳論するキリスト教的「良心」である。そして最後に、彼が、それまでこの問題に対する解決策として考えてきた「宥和」の限界を察知するに至ったことを示す。すなわち「宥和」は、量的差異を減少させる方策にすぎず、「主観と客観との疎外」という質的差異を克服しえないのである。

以上が第一部であり、この後中間考察に移る。

中間考察では、初期キェルケゴールのイロニー論の意義が、「統御されたイロニー」が教える「人間の有限性についての自覚」であることを示す。また、キェルケゴールが言う「信仰」が、単なる主観的ないし個人的なものではなく、むしろ外部の客観的世界との質的矛盾であることを指摘する。

この中間考察の後、第二部に移る。第二部の各章の概要は、以下の通りであ

57)　この当時のデンマークでは「マギスター（Magister）」という学位は最高の学位であり、今日で言う「博士（Doktor）」とほとんど同じだった（大谷愛人『続 キルケゴール青年時代の研究』、1968年、1516頁参照）。

る。

第六章では、イロニー一般をもたらしうる「反省」の誤った方向性にキェルケゴールが注目するようになった背景の一つである、彼のハイベア批判を考察する。まず、キェルケゴールが著述活動の大半を行った19世紀前半の「デンマーク黄金時代（den danske Guldalder）」における、ハイベアの位置づけを確認する。次に、ハイベアがデンマークを代表する文化人になっていくきっかけとなった、エーレンスレーヤー（Adam Oehlenschläger, 1779-1850）批判を考察する。エーレンスレーヤーは、「デンマーク黄金時代」において「北欧の詩王」と称えられていた、代表的なロマン主義詩人であった。ハイベアは、このエーレンスレーヤーにおけるロマン主義の「直接性」を批判したのである。続いて、ハイベアのエーレンスレーヤー批判に対して、キェルケゴールがさらに批判を加え、ハイベアと決裂したことを指摘する。すなわちキェルケゴールは、ハイベアが誤った方向をとった「反省」に、すなわち「反省」のための「反省」に陥っていると批判するのである。最後に、その決裂の背景が、ハイベアとキェルケゴールの間での、詩人観と教養観における相違であることを指摘する。特に教養観に関しては、ヘーゲルが『精神現象学』（1807年）で指摘した、人間精神における疎外の問題と深く関わっているということ、および19世紀デンマーク知識人社会の「教養文化（dannelseskultur）」を背景としているということを指摘する。

最終章の第七章では、イロニー一般がもたらす疎外の問題への解決策として、キェルケゴールが、誤った方向をとった「反省」によるイロニーをキリスト教的「良心」に統御させて、イロニーと良心の「協働」を構想したことを、『愛のわざ』（1847年）を中心に考察する。まず彼が、誤った方向をとった「反省」に歯止めをかけうるキリスト教的「良心」を、あの世的な「直接性」として高く評価したことを指摘する。そして、キェルケゴール思想における「良心」が「人間がなすべきことを、神と共に知る」という、神と人間との関係性であって、近代哲学的な意味での自律的主体としての人間に内在するものではないことを確認する。つまりこの関係性は具体的には、神という超越的な絶対存在から疎外されたと感じる無力な人間がその神を能動的に「意識」するという、逆説的なものである。加えて、『愛のわざ』をキェルケゴールが書いた目的の一つに、レギーネに対する一方的な婚約破棄における、彼自身の「不安にさせられた良心」を客観的に見つめ直すということがあったことを指摘する。次に、誤った方向をとった「反省」を統御するために、キリスト教的「良心」というあの世的な「直接性」へと、「質的飛躍（et qvalitativt Spring）」を行わねばならないと彼が要求したことを指摘する。またその「質的飛躍」の条件として、永遠性を「意識」することを彼が要求したことを指摘する。続いて、彼のこれらの要求が、この世的な「反省」を決して捨て去るわけではない隣人愛に基づいていることを注記する。すなわちこの隣人愛においては、良心という、神との永遠な関係性と、イロニーという、人間の知的営為とが「協働」しているのである。言い換えれば、第一章で述べた、「神による世界支配」と「人間の自由」との対立は、確かに統一は不可能であるが、神と人間とのこの「協働」によって両立は可能であるという形で解決されるのである。キェルケゴールはあくまで「反省」に立脚しながら、この「反省」という知的営みを統御する「補助的原理」として、「直接性」に根ざした良心を要請するのである。そして最後に、良心を陶冶する具体的方法として、彼が自然に対する独自の「思想の一つの態度」、すなわち通常の視覚とは異なる「信仰の目」により永遠性を直観することを説く独自の「自然美学」を構想していたことを指摘する。

第一部　初期キェルケゴールの哲学的美学：イロニー論

第一章

キェルケゴールの問題意識[58)]

この第一章では、まず第一節で、初期キェルケゴールが「自由」という問題意識を持つに至った経緯を確認する。次に第二節では、概念による認識に付随する疎外からの「自由」という、初期キェルケゴールによる問題意識を、1841-42年冬学期のマールハイネケ講義の聴講ノートをもとに確認する。最後に第三節では、イロニーとそのイロニーに伴う疎外とについての、キェルケゴールによる批判的問題意識を明らかにする。

第一節　「自由」への覚醒

キェルケゴールは1830年11月にコペンハーゲン大学神学部に入学し、1841年10月にマギスターの学位を取得するまで、11年間同大学に学籍を置いていた。しかし彼にとってこの神学生時代の11年間は、順風満帆とは言いがたいものであった。このことに関連して、大谷愛人は次のように記している。

> キルケゴールの場合は、他の学生と異って（ママ）、一つの明白な目標があった。それは、兄ペーター（Peter Christian Kierkegaard, 1805-88）が、基礎学科修得のための第一年目を除くなら、三年という最短期間で、神学国家試験を終えてしまったので、父ミカエルは、それと同じことを、このセーレンにも期待し、また彼自身も、その気になっていたことである。キルケゴールは、後述するところから解るように、明らかに、この目標のもとに自らのカリキュラムを組み、

58)　本章は、拙論「神学生時代のキェルケゴールにおける『自由』についての問題意識のコンテクスト」（『新キェルケゴール研究』第15号、2017年、18-32頁）の内容の一部に、新たな考察を加えたものである。

最初の中はそれを誠実に一つ一つ成し遂げて行った。しかし彼の「精神」の振幅は余りにも大きく、彼は、既存の神学が、彼の「精神」の問いに答えることの出来ないものであることを、日ましに感じはじめた。こうして彼は、その問いを解決するために、この「神学研究」と同時にはじめられた「文学研究」に徐々に、ひかれて行き、目標であった第四年目には、殆んど「神学研究」を放棄し、「文学研究」のペースへと乗りあげてしまい、「神学国家試験」とは殆んど無縁な状態にまでなってしまった。[59]

この最初の4年間の神学生時代、すなわち1830年から34年までの間に形成されていた、若きキェルケゴールの「精神」の問いとは一体何だろうか。

1820年代から1840年代までのデンマークの神学界に最大の影響を与えたのはシュライアマハーの思想であった。さらに1833年9月に、そのシュライアマハーがコペンハーゲンを訪問し、デンマークの神学界に異常なまでの歓迎と興奮を引き起こした。当時の神学生キェルケゴールも、その歓迎と興奮の渦中にいた一人であった。キェルケゴールは、この訪問でシュライアマハーに終始付き添って通訳などの事実上の世話をしていたマーテンセン（Hans Lassen Martensen, 1808-84）と知り合い、マーテンセンを自分の個人教師として雇って、シュライアマハーについて教わることにした[60]。

このシュライアマハー研究に、キェルケゴールはのめり込んだ。彼を強く捉えたのは、世界が神の予め定めた必然性によって支配されていると見なす議論、すなわち「予定説（Prädestinationslehre）」である。しかしキェルケゴールはシュライアマハー研究を進めていくにつれて、この「予定説」に対して懐疑的になっていった。1834年の彼の日記には、「予定説」に対して反対の立場を表明している記述が集中して見られる。それは彼が、1834年5月30日の覚書に記しているように、「厳密な予定説は悪の起源を神に帰するものである」（*SKS* 27, s. 93, Papir 49）と考えるがゆえにであった。

59）大谷『キルケゴール青年時代の研究』、591頁。
60）同、230-244頁。

この「厳密な予定説」という言葉によってキェルケゴールは、まさしくシュライアマハー神学が唱える「予定説」のことを指している。シュライアマハー神学の中心概念は、『キリスト教信仰』（第二版、1830-31年）で示されているように、神への人間の「絶対依存の感情（das schlechthinnige Abhängigkeitsgefühl）」[61]である。そしてキェルケゴールはこの「絶対依存の感情」という概念について、三つの疑問を投げかけている。

第一に、「絶対依存の感情」という立場では、人間と自然との対立が解消されてしまうということである（cf. *SKS* 27, s. 41, Papir 9:5）。この対立は、キェルケゴールにとっては極めて重要な問題であった。彼は1840年7月15日の覚書にも、「自然の事情は、人間の事情とは正反対である」（*SKS* 27, s. 237, Papir 264:10）と記している。そしてこの対立は、アドルノの表現で言えば「主観と客観との疎外」であり、アドルノは、「キェルケゴールの批判的解釈は、この疎外から出発しなければならない」[62]と断言している。

第二に、「絶対依存の感情」が最高次のものであるならば、それは「祈り（Bønnen）」というものを虚構（Fiction）にしてしまうということである（cf. *SKS* 27, s. 42, Papir 9:6）。つまりキェルケゴールは、神に全面的に依存しているという確信を有する人間が「祈り」をわざわざ行う必要があるのだろうかと問うているのである。

そして第三に、シュライアマハーはこの「絶対依存の感情」から、「目的論的敬虔（den teleologiske Fromhed）」と「予定説」を同時に主張するが、この「目的論的敬虔」と「予定説」は両立不可能であるということである（*SKS* 27, s. 42, Papir 9:7）。つまりキェルケゴールは、神に救われたいという目的を伴って敬虔に生きる人間にとっては、神が世界を予め定めているという説は受け入れ

61）Friedrich Daniel Ernst Schleiermacher, „Der christliche Glaube: nach den Grundsätzen der evangelischen Kirche im Zusammenhange dargestellt", in: *Kritische Gesamtausgabe*, Abt. 1, Bd. 13, Teilbd. 1, Berlin 2003, S. 36. なおキェルケゴールはこの1834年の翌年に、Schleiermacher, *Der christliche Glaube nach den Grundsätzen der evangelischen Kirche*, dritte Ausgabe, 2 Bände, Berlin 1835を購入したと推測できる（cf. Rohde (udg.), *op. cit.*, Ktl. 258）。

62）Adorno, *op. cit.*, S. 42.

がたいはずではないかと、疑問を呈しているのである。

なぜキェルケゴールは「予定説」の問題と、そのように徹底的かつ執拗に取り組んだのだろうか。大谷愛人は、この問いに対して、二つの理由を提示している[63]。一つは、1819-34年の間に起こった、キェルケゴール自身の家族たちの相次ぐ死という個人的事情によるという理由である。すなわち、次兄セーレン・ミカエル（Søren Michael Kierkegaard, 1807-19；12歳）、長姉マーレン・キアスティーネ（Maren Kirstine Kierkegaard, 1797-1822；24歳）、次姉ニコリーネ・クリスティーネ（Nicoline Christine Kierkegaard, 1799-1832；32歳）と彼女の死産の子、三兄ニールス・アンズレアス（Niels Andreas Kierkegaard, 1809-33；24歳）、母アーネ（Ane Sørensdatter Lund, 1767-1834；67歳）、三姉ペトレア・セヴェリーネ（Petrea Severine Kierkegaard, 1801-34；33歳）の七人を失っている。しかも母アーネ以外の六人は早世であった。この相次ぐ不幸に直面したキェルケゴール自身が、次は我が身かと自らを案じ、人間の運命と神の定めた予定との関係は、他人事ではない大きな問題となったと、大谷はまず推測している。

そして大谷が挙げるもう一つの理由は、このシュライアマハーの「予定説」の中で、同時代の神学の根本的図式である「信仰と理性」という対立図式が、「神の恩寵と人間の自由」という、非常に具体的な対立図式として提起し直されたからというものである。キェルケゴールは1834年9月29日の覚書で、次のように断言している。

> それに固執するならば人間を自分自身との矛盾へともたらす教説としての予定説と対をなすものとしては、おそらく次のことを挙げることができるだろう。すなわち、人間は一切をエゴイズム〔＝人間の自由に基づく行為〕から導き出したと考えるならば、常に矛盾に至るだろう、ということである。〔つまり、〕人間は〔神に対する〕高貴な献身を有していると意識されていたのだが、自らの理論の結果、その献身はエゴイズムだったと言わざるをえなくなるだろう。（フィヒテ（Johann Gottlieb Fichte）の同一説（Identitets Lære）もまたその一例

63）　大谷前掲書、631-633頁。

である。）（*SKS* 27, s. 95, Papir 53:2）

シュライアマハーの「予定説」研究を経たキェルケゴールは、その「予定説」と対極をなすものとして「エゴイズム」が存在していると考えるようになり、その一例としてフィヒテの「同一説」を挙げている。そして、同年11月23日のキェルケゴールの以下の覚書は、彼にとってシュライアマハーの「予定説」が何を意味していたかを物語っている。

> 我々が、どのようにして予定説は生じたかということに目を向けるなら、明らかなのは次のことである。すなわち、世界で主張される何らかの自由が問題にならない限りは、予定説についての問いも生じえないということである。〔すなわち、〕人間の自由についての観念が発展してきて初めて、そして今や反省によって、神による世界支配（Verdens-Styrelse）についての観念と結びつけられて初めて、予定説についての問いが生じえたのであって、その課題〔＝人間の自由と神による世界支配との関係〕を解決しようとする試みとして生じたに違いない。しかしこのことによってやはり奇妙になるのは、その課題を解決すべきであろうもの〔＝予定説についての問い〕が、今や我々にとって課題として立てられるということである。すなわち、どのようにしてこれらの二つの観念〔＝人間の自由と神による世界支配〕は統一されるかという課題として立てられるということである。（*SKS* 27, s. 94, Papir 51:3）

キェルケゴールは、「人間の自由」が問題になって初めて、悟性が生み出す概念による思考、すなわち「反省」が芽生え、「神による世界支配」、言い換えれば摂理という観念が発展し、「予定説」が生じえたと考えている。しかしキェルケゴールはこの1834年の時点では、「神による世界支配」と「人間の自由」という両観念は依然として統一されえず、互いに矛盾対立していると述べているのである。キェルケゴールにとってのキリスト教神学と哲学との間の関係は、この、「神による世界支配」と「人間の自由」との間の矛盾対立関係と言い換えることができる。若きキェルケゴールの「精神」の問いとは、この矛盾対立関係についてのものであった。

しかしキェルケゴールは、このシュライアマハー研究が契機となって、「「新約聖書のキリスト教」を自由に思考し、想定する視点」[64] を得た。そこで彼は翌 1835 年春には、神学研究を一旦放棄し、同年夏には北シェラン旅行を行い、その旅行から帰宅後の同年秋に神学研究を再開した。その再開された神学研究で彼は、本節で述べた視点から、キリスト教を批判的に検証し、同年 10 月 19 日の日記で、「哲学と神学とはやはり決して統一することができない」(*SKS* 17, s. 30, AA:13) と断言している。また、のちの 1838 年の日記では、「神が自らの真向かいに自由な存在者を創造することができたという事実は、哲学が背負うことができずにそれに掛けられたままになっているところの十字架である」(*SKS* 18, s. 103, FF:149) という重大な問題意識を告白している。

キェルケゴール思想を包括的に理解しようとする場合には、このように、哲学とキリスト教神学との両面から物事が常に考察されているということに、十分注意しなければならない。このことは極めて重要である。そしてこの、哲学とキリスト教神学との緊張関係のもとで、彼の思想は展開していくのである。

第二節　1841-42 年冬学期のマールハイネケ講義の聴講ノート

前節で挙げた、キェルケゴールの覚書 (*SKS* 27, s. 94, Papir 51:3) の中で問題とされている「エゴイズム」の例である、フィヒテの「同一説」の鍵概念は、「自我性」である。フィヒテは『知識学の第二序論』(1797 年) で、「自我性」とは、主観としての「自我」が「自身に還帰する活動性」であると簡潔に定義している[65]。また彼は『全知識学の基礎』(1794 年) では、同じく「自我性」を、

64) 大谷前掲書、634 頁。この視点によって、初期以後のキェルケゴールは、本書第七章で後述するように、良心に基づく「愛のわざ」においては「神による世界支配」と「人間の自由」とは、統一は不可能であるが、両立は可能であると認識するに至るのである。

65) Cf. Johann Gottlieb Fichte, „Zweite Einleitung in die Wissenschaftslehre“, in: *Fichtes Werke*, Bd. 1, Berlin 1971, S. 502. なおキェルケゴールは、Fichte, *Sämtliche Werke*, herausgegeben von Imanuel Hermann Fichte, 11 Bände, Berlin und Bonn 1834-46 を所有していた (cf. Rohde (udg.), *op. cit.*, Ktl. 489-99)。

「いかなる客観も前提せずに、客観を自ら産出する活動性」である「事行（Thathandlung）」であると定義している[66]。つまりキェルケゴールも『イロニーの概念について』の中で述べているように、フィヒテにとっては「産出する自我と産出される自我とは同じものである」（*SKS* 1, *BI*, s. 309）。それゆえに、フィヒテの「自我＝自我」[67]という同一律の等式によってこの「事行」は表される。

キェルケゴールが「自我性」という語を用いているのは、1841-42年冬学期にベルリン大学でのシェリング（Friedrich Wilhelm Joseph Schelling）による「啓示の哲学（*Philosophie der Offenbarung*）」講義と並行して聴講したマールハイネケの講義「キリスト教教義学の体系（*System der christlichen Dogmatik*）」の聴講ノート（*SKS* 19, s. 249ff., Notesbog 9:1）の中でのみである。このマールハイネケは1836年のダウプ（Carl Daub）の死後、最も重要なヘーゲル右派神学者であった[68]。キェルケゴールはこの講義の「悪の起源について（*Vom Ursprunge des Bösen*）」[69]のノートに、次のように記録している。

> 自然としての世界は意識を欠いており、ただ現存する（daseiende）にすぎず、理性と自由を欠いている。このような可能性を実現するものとしての自然が意識になり、世界であり、自我性としての自然である。自然的なものは意識に到達した場合、思考するものであるだけでなく、思考されるものでもある。この場合に世界は初めて完全に把握されるのである。しかしその彼方に悪が始まる。意識している自然は自らを意欲することにすぎず、思考されることとして自然はまた意欲されることでもある。あらゆる努力は、一切を自らのほうへ導くことを目指している。そのようにして利己的な（selbstsüchtig）自然が生成したの

66）Cf. Fichte, „Grundlage der gesammten Wissenschaftslehre“, in: *Fichtes Werke*, Bd. 1, S. 91.

67）*Ibid.*, S. 94.

68）Thulstrup, *op. cit.*, S. 221.

69）キェルケゴールは *Om det Ondes Oprindelse* と、デンマーク語で記録している（cf. *SKS*, Kommentarbind 19, s. 348）。また彼は、1844年の前半に『哲学的断片』と『不安の概念』とを書く時に、このマールハイネケ講義の聴講ノート、とりわけ「悪の起源について」と「キリスト論（*Christologie*）」とに再び注目していた（cf. Thulstrup, *op. cit.*, S. 222）。このことから、同講義がキェルケゴールにとって少なからず重要な意義を持っていたことが分かる。

であり、しかも自由として生成したのであり、そのことによって自然は自身に従属するようになったのであり、自らの自由を失ったのである。存在しているのは、自然が自我性と利己心（Selbstsucht）から解放されたいという欲求である。（*SKS* 19, s. 257, Notesbog 9:1）[70]

まず注目すべきことに、このマールハイネケ講義聴講ノート（*SKS* 19, s. 249ff., Notesbog 9:1）は、デンマーク語とドイツ語が混在した形で書きつけられている。このことは、当時のキェルケゴールがドイツの神学者マールハイネケの思想を、必死にデンマーク語で咀嚼し直そうとしていたことを窺わせるものである。

そのことと関連して、第二に注目すべきなのは、「自我性」という語がこの引用文の原文でも、ドイツ語の Ichheit のままで記されているということである。このことはこの語が、フィヒテからの借用であることを示唆するものである。それゆえにこの引用文の要諦は、およそ次のようになるだろう。すなわち、「自然としての世界」とは人間の外的自然のことである。また、この外的自然の現実化によって生成した「自我性としての自然」とは、概念によって思考する主体であると同時に思考される客体でもあり、人間の「意識」に内在している。つまり人間の「自我性」を紐帯として、概念によって思考する主体と思考される客体とが結びついているのである。しかし紐帯としての「自我性」から解放されたいという「利己的な」欲求が、人間の内的自然には存在しているというのである[71]。

まとめると、概念による思考においては、概念化されて「意識」化された「自我性としての自然」からは、ありのままの人間の内的自然が疎外されている。また、この「自我性としての自然」からは、ありのままの外的な「自然と

70）　傍点部は原文ドイツ語である。

71）　ここで用いた「人間の外的自然（die außermenschliche Natur）」および「人間の内的自然（die Natur im Menschen）」という語は、Max Horkheimer und Theodor Wiesengrund Adorno, „Dialektik der Aufklärung“, in: Adorno, *Gesammelte Schriften*, Bd. 3, Frankfurt am Main 1997, S. 72 から借用した。

しての世界」も疎外されている。その意味でこのような「自我性としての自然」には、二重の疎外が伴っている。そこで、この二重の疎外を初期キェルケゴールがどのように考えていたかについて、次節で見ていきたい。

第三節　概念による認識に付随する二重の疎外

(1)「自然のイロニー」

キェルケゴールは1834年9月11日の覚書で次のように、外的自然についての認識について、芸術作品についての認識と比較した上で、疎外意識を告白していた。

> 私が自然を確かに享受しているとそもそも言うことができない理由は、何を私は享受しているのかということが、私の反省（Reflexion）にとって正確にはっきり分かるものになろうとしないからである。それに対して、芸術作品なら私は理解することができるのだが。〔すなわち、芸術作品に関しては〕私は、もしそう言ってよいならば、かのアルキメデス的一点を見出すことができ、私がまずその一点を見出すと、一切が私にとって容易に明らかになる。〔芸術作品に関しては〕私は今や、このような一つの偉大な思想を追求することができ、あらゆる細部がその思想を照らし出すためにどのように奉仕しているのかを知ることができる。私は、〔芸術作品の〕作者の全体的な個性を、ちょうどあらゆる細部がお互いの姿を映し合っている（reflecterer sig）海のようなものと見なしている。〔芸術作品の〕作者の精神は私と同類のものである。〔すなわち、〕おそらく私よりもはるかに優れているだろうが、やはり私と同じように制限されているものであろう。〔しかしこの芸術作品と比べると、〕神の諸作品は私には偉大すぎるのだ。〔すなわち神の諸作品においては、〕私は諸々の細部で自らを見失ってしまうに違いない。神の諸作品がこのように偉大すぎることから生じるのはまた、「これは素晴らしく、偉大だ」などという、自然の観察についての民衆の表現が非常に空虚だということである。というのも、その表現はあまりにも擬人化され過ぎているからである。その表現は、外面（det Ydre）にとどまったま

までであり、内面（det Indre）を、すなわち深遠さを表現することができない。この点で、私にとってはまた極めて奇妙に思われるのは、詩人たちの中でも偉大な天才たち（オシアンやホメロスのような）が、目の不自由な人たちとして叙述されていることである。私にとって、もちろんどうでもよいのは、彼らが実際に、目が不自由であったかどうかということである。私はもっぱら、彼らが民衆にとっては目が不自由な人たちと考えられていたと結論する。というのも、そのことによってあたかも意味されているかのように思われるのは、彼ら天才たちは自然美（Naturens Skjønhed）を歌に詠む場合、自然美を外面的な目によって見ていたのではないからである。〔つまり〕自然美を見るということは、内的直観（en indre Intuition）に対して示されるのである。（*SKS* 27, s. 117, Papir 96:1）

キェルケゴールによれば、自然美、すなわち「神の諸作品」の美しさは、芸術美とは違って、概念を用いる「反省」による認識にではなく、「内的直観」による認識に委ねられねばならないというのである。この「内的直観」とは、どのようなものなのだろうか。

「直観」という語に、キェルケゴールはラテン語系統の Intuition という語を充てている。しかし序論注 30）で言及した、モルベックが編纂してキェルケゴールも所有していたデンマーク語辞典の中には、Intuition という項目は存在しない。またキェルケゴールと同時代人の、ドイツのグリム兄弟（Jacob Grimm und Wilhelm Grimm）が執筆した『ドイツ語辞典（*Deutsches Wörterbuch*）』（全 33 巻、1838 年編纂開始、1854-1960 年刊行）の中にも、Intuition という項目は存在しない。そこで、この『ドイツ語辞典』で、Intuition という語の、ゲルマン語系統における同義語 Anschauung（近代デンマーク語の Anskuelse に相当する）という項目をひもとくと、「Anschauung は、個別的なものとしての対象に直接的に関係する認識のことである」[72] という説明がある。そしてこの説明が、カント著『純粋理性批判』の「I 先験的原理論」の第二部門「先験的論理学」に属する第二部「先験的弁証論（Die transzendentale Dialektik）」の中の、「直観

72） Jacob Grimm und Wilhelm Grimm, „Anschauung", in: *Deutsches Wörterbuch*, Bd. 1, Leipzig 1854, S. 436.

は対象に直接的に関係しており、また個別的なものである」[73] という記述に依拠していることを、グリム兄弟は付記している。

このカントは、『純粋理性批判』「I 先験的原理論」の第一部門「先験的感性論（Die transzendentale Ästhetik)」の冒頭で、次のように「直観」について説明している。

> 認識がどんな仕方で、またどんな手段によって対象に関係するにもせよ、認識が対象に直接的に関係するための方法、また一切の思考が手段として求める方法が、直観（Anschauung）である。しかし直観は、対象が我々に与えられる限りでのみ生じる。ところで、対象が我々に与えられるということは、少なくとも我々人間にとっては、対象がある仕方で心情を触発することによってのみ可能である。我々が対象から触発される仕方によって表象を得る能力を、感性（Sinnlichkeit）という。それゆえ対象は、感性を介して我々に与えられる。そして感性のみが我々に直観を供給するのである。ところが対象は悟性によって思考される。そして悟性から諸々の概念が生じるのである。しかし一切の思考は、直接的にせよ、あるいは諸々の指標（Merkmale）を介して間接的にもせよ、結局は直観に関係する。したがって思考は、我々人間にあっては、まず感性に関係する。なぜなら、対象はこれ以外の仕方では我々に与えられることがありえないからである。[74]

そして推測できるのは、キェルケゴールが「内的直観」という概念について、カントから着想を得たということである[75]。カントは『判断力批判』第一部第二篇「感性的判断力の弁証論」で、次のように言明している。

> 感性的理念に関しては、悟性（Verstand）は自らが用いる概念によって、構想力

73) Kant, „Kritik der reinen Vernunft“, in: *Werke in zwölf Bänden*, Bd. III, Frankfurt am Main 1974, S. 326 (B377/A320). なお、この引用表示の括弧内の A は、『純粋理性批判』第一版（1781 年）を、B はその第二版（1787 年）を、そして A ないし B の後の数字は、それぞれの版の頁数を表す。

74) *Ibid.*, S. 69 (B33/A19).

75) ただし A・クリステンセンは、この概念が新プラトン主義にルーツを有すると主張している（cf. Arild Christensen, *Kierkegaard og Naturen*, København 1964, s. 61f.)。

(Einbildungskraft) が用いる内的直観 (die innere Anschauung) 全体に達することはできない。また構想力はこの内的直観を、与えられた表象に結びつけるだけである。[76)]

カントは、「内的直観全体に達する」ためには、概念化の能力である悟性だけでも、また表象化の能力である構想力だけでも、不十分だと言明している。カントはこの引用文の少し後で、「天才 (Genie)」だけが感性的理念についての「内的直観」に達しうると示唆している[77)]。序論第三節で既述したように、キェルケゴールは「天才」を自称しており、この「天才」を神からの贈り物と見なしていた。しかしキェルケゴールは、本節冒頭で挙げた覚書記述で、自らがこの「内的直観」による、自然美という感性的理念についての認識から疎外されていると告白している。つまり、この覚書記述を書いた1834年時点でのキェルケゴールは、このような「内的直観」に達していなかったのである。

またキェルケゴールは、1835年夏の北シェラン旅行で、7月29日にギレライエの北西にある高台のギルベア (Gilbjerg) を訪れた際に書いた日記に、次のように記している。

自然のまっただ中で人間が、人生のしばしば吐き気がするような空気から自由になって、より自由に呼吸する場合、魂は喜んですべての高貴な印象に対して自らを開示する。ここで人間は自然の主人として登場する。しかし人間はまた、自然の中にある何かいっそう高次のもの、すなわちそれに対して自らが服従しなければならないところのものが示されていることをも感じる。〔つまりその場合、〕人間は、全体を支配する力に自らを委ねる必然性をも感じているのだ。(*SKS* 17, s. 15f., AA:6)

---

76) Kant, „Kritik der Urteilskraft", in: *Werke in zwölf Bänden,* Bd. X, §57, Anm. 1, S. 285. なお本書では、『判断力批判』からの引用文中の ästhetisch というドイツ語形容詞を、一貫して「感性的」と訳出した。このことに関しては、金田千秋「付録　カント『判断力批判』の Ästhetik 概念――曖昧さの構造――」、岩城見一編『感性論――認識機械論としての<美学>の今日的課題――』、1997年、137-145頁を参考にした。

77) *Ibid.*, §57, Anm. 1, S. 286.

キェルケゴールにとって外的自然とは、その中で「自由」と、「自由」より高次の「必然性」とによって同時に支配されていると感じるところのものであった。この「自由」と「必然性」の絡まり合いとしての自然を、キェルケゴールはイロニーとして認識している。彼はその後の1837年7月6日の日記の欄外で、「自然のイロニー（Ironien i Naturen）は詳しく論じられねばならないだろう」（*SKS* 17, s. 225, DD:18.f）という問題意識を述べている。

この「自然のイロニー」を解明するための鍵となるのが、同義語として用いられている「世界のイロニー」である。同じ1837年にキェルケゴールは別の日記に、「世界のイロニー」について、次のように書いている。

> 人は、自らの偉大な理想を放棄することはできないので、いかに世界が自らをある方法で嘲笑しているかを感じなければならない（イロニー——ロマン主義的。すなわち、イロニーは〔元来は〕ロマン主義的ではなく、行為という形式のもとでの一つの満足であった。）（このようなイロニーは、個々人を越えた世界のイロニー（Verdens Ironie）であり、ギリシア人がイロニーと呼んでいたものとは異なっている。〔以下略〕）。（*SKS* 17, s. 45f., AA:27.a）

この「世界のイロニー」という語をキェルケゴールは、コペンハーゲン大学教授シバーン（Frederik Christian Sibbern, 1785-1872）の著書『詩と芸術一般について』第一部（1834年）、もしくはヘーゲル著『哲学史』（著者死後の1836年に刊行）第一部の「ソクラテスの哲学」の項を読んで知ったと推測できる[78)]。キェルケゴールはこの語を、世界が「ある方法で」人間を「嘲笑している」という状況、すなわち人間の主観における概念による把握を介してありのままの現実世界としての客観を把握することが不可能であるという状況を表すために用いている。

またキェルケゴールは『イロニーの概念について』で、「自然のイロニー」について次のように詳しく述べるに至る。

> 自然の中でイロニーが意識されるのではなく、自然に対する目を持っている者

にだけ、またあたかも自然が一つの生き生きとした人格のように自分を嘲笑したり、自分に向かって自らの憂いや痛みを打ち明けたりしているかのように思われるところの者にだけ、意識されるのである。自然の内にはこの不均衡な関係は存在しない。そのためには自然はあまりにも自然的であり、あまりにも素朴である。（*SKS* 1, *BI*, s. 293, anm.）

「不均衡な関係」としての「自然のイロニー」を「意識」する人にとっては、外的自然が、過大評価されている場合にはその人を「嘲り」、また過小評価されている場合にはその人に「憂いや悩みを打ち明けている」かのように思われるのである。つまりイロニーは自然が有する性質ではなく、我々人間の認識が有しうる性質なのである。実際キェルケゴールはこの後で、このような「自然のイロニー」の例として、ドイツ・ロマン主義の自然哲学者シューベルト（Gotthilf Heinrich Schubert）の著書『夢の象徴学』第二版（1821年）[79]における、外的自然が人間に対してそのように語りかけてくるということについての叙述を引用している（*ibid.*）。

以上本項では、認識における、外的自然の疎外について考察してきた。次項では、認識における、人間の内的自然の疎外について見ていきたい。

78）『詩と芸術一般について』第一部には「世界のイロニー（Verdens-Ironie）」という語が見られる（cf. Frederik Christian Sibbern, *Om Poesi og Konst i Almindelighed, med Hensyn til alle Arter deraf, dog især Digte-, Maler-, Billedhugger- og Skuespillerkonst eller Foredrag over almindelig Æsthetik og Poetik,* Første Deel, Kjøbenhavn 1834, s. 387 und s. 389）。キェルケゴールは在学中に、シバーンの心理学や論理学やキリスト教哲学の講義を聴講していた（大谷前掲書、397頁および580頁参照）。また、ヘーゲル著『哲学史』第一部の中にも「世界のイロニー（Ironie der Welt）」という語が見られる（cf. Hegel, „Vorlesungen über die Geschichte der Philosophie I“, in: *Werke in zwanzig Bänden,* Bd. 18, Frankfurt am Main 1971, S. 460）。なおキェルケゴールは、Hegel, *Geschichte der Philosophie,* 3 Theile, herausgegeben von Karl Ludwig Michelet, Berlin 1836を所有していた（cf. Rohde（udg.）, *op. cit.,* Ktl. 557–59）。

79）キェルケゴールは同書（Gotthilf Heinrich Schubert, *Die Symbolik des Traumes,* zweite verbesserte Auflage, Bamberg 1821）を所有していた（cf. Rohde（udg.）, *op. cit.,* Ktl. 776）。「自然のイロニー」について示唆的であるのは、同書の第三章「自然の象徴学（Die Symbolik der Natur）」である。

(2) 「人生のイロニー」

イロニーについてのキェルケゴールの問題意識が最初に表明されるのは、序論第四節で先に挙げた「ギレライエの日記」である。この日記の中で彼は次のように記している。

> 人は何か他のものを認識する前に、まず自分自身を知ることを学ばねばならない（汝自身を知れ）。人間がこのようにして内面的に自分自身を理解して、今や自らの行路上の歩みを理解する場合に初めて、その人の人生は安らぎと意義を得るのだ。そしてその場合初めてその人は、かの厄介で不吉な道連れから——すなわち、認識の領域に現れて、ちょうど神が世界を無（Intet）から創造したのと同様に、真に認識することに対して、無知（Ikke-Erkjenden）（ソクラテス）でもって始めることを命じる、かの人生のイロニー（Livs-Ironi）から——自由になるのである。（*SKS* 17, s. 27f., AA:12）

ここで述べられている「人生のイロニー」は、概念は個々人の人生を本当には把握することができないということを表している。そのことの証左として、キェルケゴールは1843年の覚書で「すべての個人的人生は概念による把握にとって、共通の尺度で測ることができない（incommensurabelt）」（*SKS* 27, s. 269, Papir 277:2）と述べている。このような「人生のイロニー」が、「かの厄介で不吉な道連れ」として、キェルケゴールにとっては認識論的問題として存在していた。そして彼は、このような「人生のイロニー」から自由になることを望んでいたのである。

また『不安の概念』で偽名著者ウィギリウス・ハウフニエンシスことキェルケゴールは、「生き方（Existents）についての諸概念に関しては、定義を差し控えることが常に確かな礼儀を表している」（*SKS* 4, *BA*, s. 447）[80] と述べ、その理由を次のように説明している。

80） 本書注 32）や注 38）でも述べたように、キェルケゴールは『後書き』より前の著作では、「実存」概念について明確な定義を下していないため、ここではExistentsという語を「実存」ではなく「生き方」と訳出した。

> なぜなら、本質的に違ったふうに理解されねばならないもの、すなわち違ったふうに理解されてきたもの、全く違ったふうに愛されてきたものを、定義という形で把握する気にはなれないからである。そのように把握することを通じてそれは非常に容易に異質のものに、すなわち何か全く別のものになってしまうのである。(*ibid.*)

キェルケゴールは、個々人の人生の経験的要素が、概念で表現されることによって全く違ったものに変質してしまう「〔概念と〕共通の尺度で測ることができないもの」であると捉えていた。この「〔概念と〕共通の尺度で測ることができないもの」は、アドルノが言う「非同一的なもの (das Nichtidentische)」に相応する[81]。アドルノは論考「キェルケゴールいまひとたび」(1963年) で、「非同一的なもの、すなわち概念の内に解消しきらないものという契機に、より大きな権利を与えた限りで、キェルケゴールの理論は、ヘーゲルに対して真である」[82] と評している。ただしアドルノによれば、この「〔概念と〕共通の尺度で測ることができないもの」はヘーゲル哲学にとっても存在するとされる。すなわちアドルノは『三つのヘーゲル研究』(1963年) で、「ヘーゲルの叙述の中には、概念にとって共通の尺度で測ることができない経験的要素の痕跡が隠れている。この要素は、概念によって純粋には貫くことができないから、それ自体明晰さという規範に反している」[83] と指摘している。つまりアドルノによれば、ヘーゲルはキェルケゴールと同様に、「人生のイロニー」についての認識論的問題意識を有していたというのである。

しかしキェルケゴールは、ヘーゲルが「経験的要素」である諸現象を概念の領域に従属させてしまったと批判する。というのもキェルケゴールは『イロニーの概念について』の冒頭で、概念と現象の間のあるべき関係について、次

---

81) Cf. Asaf Angermann, *Beschädigte Ironie. Kierkegaard, Adorno und die negative Dialektik kritischer Subjektivität*, Berlin und Boston 2013, S. 16.

82) Adorno, „Kierkegaard noch einmal“, in: *Gesammelte Schriften*, Bd. 2, S. 250.

83) Adorno, „Drei Studien zu Hegel“, in: *Gesammelte Schriften*, Bd. 5, Frankfurt am Main 1997, S. 355.

のように述べているからである。

> 近代の哲学的努力がその堂々たる出現によって称賛されねばならないものがあるとすれば、それは確かに、現象を把握し確保するあの天才的な力のおかげである。現象というものは常に女性的なるもの（foeminini generis）であるから、女性という性質によって強者〔＝概念〕へ身を任せることが現象にとってはふさわしいことであるが、他方哲学的騎士〔＝概念〕に対しても、正当に〔現象に対する〕恭しい態度、熱烈な賛美者であることを要求しうるのであって、時折拍車をがちゃがちゃ響かせたり命令調の声を出したりしてうるさすぎるということがあってはならない。観察者〔＝哲学者〕は恋の達人（Erotiker）であるべきで、彼女〔＝現象〕のどんな特徴に対しても一瞬たりとも無関心であってはならない。しかし他方、彼はやはり自らの優位性を感じてもいるべきであるが、その優位性は、現象が自らを完全に開示するように手助けすることにのみ用いられるべきである。それゆえ、たとえ観察者が概念を携行するにしても、現象が損なわれないこと、そして概念が現象から生成すると見なされることが大切なのである。（*SKS* 1, *BI*, s. 71）

「近代の哲学的努力」とは、ヘーゲル哲学のことを指している[84)]。キェルケゴールによれば、ヘーゲル哲学は「現象を把握し確保するあの天才的な力」を概念に与えたが、「時折拍車をがちゃがちゃ響かせたり命令調の声を出したりしてうるさすぎる」のである。キェルケゴールの見解では、概念はあくまで現象に対して、「恭しい態度」を遵守する「哲学的騎士」であるべきなのである。そしてキェルケゴールは、「現象が損なわれないこと、そして概念が現象から生成するとみなされること」を大前提と見なしていた。

他方でヘーゲルは、『エンツィクロペディー』（1817年）で次のように述べている。

84）『キルケゴール著作集20 イロニーの概念（上）』、飯島宗享・福島保夫訳、1966年、17頁、訳注1参照。

世界を慎重に考察すれば、内外の現存するもの（Dasein）の広範な領域について、移ろいやすく（vorübergehend）無意味な「現象（Erscheinung）」にすぎないものと、それ自体で本当に「現実的あり方（Wirklichkeit）」の名に値するものとがすでに区別される。[85)]

つまりヘーゲルは、人間が日常世界で知覚する移ろいやすい諸現象を「現実的あり方」の中に数え入れていない。ヘーゲルはまた、『法哲学要綱』では次のように述べている。

偶然的なものという本性を有するものには、偶然的なものが降りかかり、このような運命はまさしくそれゆえに必然性である。それはちょうど、そもそも概念と哲学が単なる偶然性という観点を消滅させ、仮象としての偶然性のうちにその本質、すなわち必然性を認識するのと同じである。財産や生命といった有限なものが偶然的なものとして措定されるのは、必然的なことである。なぜなら、それが有限なものの概念だからである。このような必然性は一方で自然の暴力という形態を有しており、すべての有限なものは死すべきものであり、移ろいゆく（vergänglich）ものである。[86)]

ヘーゲルは、移ろいゆく有限な諸現象の「偶然性」の領域が、概念の「必然性」の領域に従属すべきであると主張している。そして概念の「必然性」の「暴力」が、イロニーという従属関係を生み出すのである。つまり、第三章第二節（1）でも言及することになるが、概念の「必然性」の領域に諸現象の「偶然性」の領域を一方的に従わせようとすればするほど、これら両領域の間の疎隔が浮き彫りになってしまうのである。

他方キェルケゴールは、そのような「必然性」と「偶然性」との総体を「現

85）Hegel, „Enzyklopädie der philosophischen Wissenschaften I", in: *Werke in zwanzig Bänden*, Bd. 8, Frankfurt am Main 1970, §6, S. 47. なおキェルケゴールは、Hegel, *Encyclopädie der philosophischen Wissenschaften*, 3 Bände, Berlin 1840–45 を所有していた（cf. Rohde（udg.）, *op. cit.*, Ktl. 561–63）。

86）Hegel, „Grundlinien der Philosophie des Rechts", in: *Werke in zwanzig Bänden*, Bd. 7, §324, S. 492.

実的あり方」と見なしている。彼は1840年7月4日の覚書で、「ヘーゲル主義者たち」[87]が主張する「現実的あり方」を、「形而上学的思考（den metaphysiske Tænkning）」の領域だけを含む「形而上学的な現実的あり方（den metaphysiske Virkelighed）」と定義し、他方で、自らが主張する「現実的あり方」を、そのような「形而上学的なもの（det Metaphysiske）」と「偶然的なもの（det Tilfældige）」との両方を含んだ「歴史的な現実的あり方（den historiske Virkelighed）」と定義して、ヘーゲルの「形而上学的な現実的あり方」から截然と区別している（cf. *SKS* 27, s. 264, Papir 264:1）。そしてキェルケゴールは、W・パネンベルクが評しているように、個々人の哲学的思考の有限性をもすべて概念に従属させようとするヘーゲルに対して異議を唱えるようになったのである[88]。

このような概念の「暴力」は、人間の認識能力の肥大化によって生じたものであると、キェルケゴールは考えていた。彼は、1851年から52年にかけて執筆して最晩年の1855年に刊行した『自ら裁け！』で、次のような問題意識を投げかけていた。

> 最も知識の豊富な者も、最も限られた知識しか持たない者も、誰もが、自らの認識の中では、自らの人生で自らであるところのものよりも、あるいは、自らの人生が表すものよりも、はるかに進んでいる。しかし我々人間は、この不均衡にはあまり関わらない。その反対に、我々は認識には大きな価値を置き、皆がその認識をますます発展させようと努めている。（*SKS* 16, *DS*, s. 173）

認識能力が人間の中で肥大化して、その人間の人生を疎外しているという「不均衡」はまさしく「人生のイロニー」（*SKS* 17, s. 27, AA:12）そのものである。「人生のイロニー」についての問題意識は、初期から最晩年に至るまでの

87）この「ヘーゲル主義者たち」という語が指し示しているのは、デンマークのヘーゲル主義者たちである（cf. *SKS*, Kommentarbind 27, s. 549f.）。その例としては、本章第一節で先に挙げたマーテンセンや、この覚書が書かれた直前の1840年6月25日にコペンハーゲン大学でマギスター学位論文『最も重要な形態における孤立した主観性（*Den isolerede Subjectivitet i dens vigtigste Skikkelser*）』の口頭試問を受けたばかりのアズラー（Adolph Peter Adler, 1812–69）などを挙げることができる。

88）Cf. Wolfhart Pannenberg, *Metaphysik und Gottesgedanke*, Göttingen 1988, S. 67.

キェルケゴールを貫いていたのである。

以上本節で述べてきたように、認識論的に見た場合、キェルケゴールにとっては「自然のイロニー」と「人生のイロニー」という二つのイロニーが存在している[89)]。キェルケゴールは、この二つのイロニーに伴う疎外から「自由」になることを希求していたのである。

これまで本章で見てきたように、キェルケゴールの「自由」についての問題意識は、彼の特殊な家庭内事情を考慮した上で、シュライアマハーの予定説との取り組みからマールハイネケ講義の聴講に至るまで少なくとも続く、概念による認識に付随する二重の疎外というコンテクストの中で成立していたことが分かる。

この二重の疎外については、より詳細な、かつ慎重な検討が必要であろう。しかしそもそも、この「イロニー」という概念をキェルケゴールはどのようにして自らの美学理論で展開させるに至ったのだろうか。それゆえ、この第一部では、以下第二章から第四章にかけては、キェルケゴールによる美学研究をイロニー論との関わりで考察していく。そしてそれらの考察をふまえて第五章で、概念による認識に付随する二重の疎外という問題を検討していくことにしたい。

---

89)　ただし大谷愛人も指摘しているように、この二つのイロニーは根源的には同種のものである（大谷『続 キルケゴール青年時代の研究』、1089頁、および同『キルケゴール著作活動の研究（前篇）――青年時代を中心に行われた文学研究の実態――』、1989年、794頁参照）。その違いは、概念による把握を行う人間の主観が、外的自然（世界）に対して疎外されているのか（「自然のイロニー」ないし「世界のイロニー」）、それとも内的自然（人生）に対して疎外されているのか（「人生のイロニー」）ということである。

第二章

美学研究の開始

前章第一節で既述したように、キェルケゴールはシュライアマハー神学についての批判的研究を契機として、1835年春に、既存の神学についての研究を一旦放棄した。しかし他方で彼は、シュライアマハー研究が熟した1834年秋から、前章で確認した「人間の自由」という問題を重点的に掘り下げるために、神学研究と同時並行して美学研究を始めていた。本章では、キェルケゴールによるこの美学研究の開始について見ていき、とりわけ彼が「ロマン主義的なもの」と「直接性」とについての関心を深めた背景を辿っていきたい。

第一節 「三つの偉大な理念」

キェルケゴールの日記および覚書の記述の数は、1834年9月から急に増え始める。その内容は、一つは、シュライアマハーに代表される既存の神学に対する批判であり、もう一つは、「盗賊の首領（Mestertyv）」というモチーフについての美学的考察である。

キェルケゴールがこの「盗賊の首領」というモチーフを選んだ理由を、同年9月12日の覚書で「我々は事あるごとに盗賊の首領を、既存のもの（det Bestaaende）に不満を持つ者として思い浮かべねばならない」（*SKS* 27, s. 118, Papir 97:1）と説明している。キェルケゴールは「盗賊の首領」というモチーフの中に、「既存のもの」に対する反抗という、「自由」への志向の契機を読み取ろうとするのである。このことは、既存の神学に対する不満を示していた当時のキェルケゴール自身の心情と重なる。

また、キェルケゴール自身の「自由」観に影響を与えた要因として、既存の神学に対する不満のほかに、大谷愛人は父ミカエルとの関係の変化をも挙げている。すなわち、前章第一節で述べたように、父ミカエルが三女ペトレア・セヴェリーネを1834年12月29日に亡くした後、キェルケゴールは翌1835年春に交わした父ミカエルとの会話で、父ミカエルがかつて、まだ婚姻関係になかった妻アーネ（その当時はキェルケゴール家の女中）に対して性的暴行を加えたことを知るに至る[90)]。キェルケゴールは、父のこの秘密を知るに至って、それまで受けてきた父からの厳格な宗教的教育に対する抗議として、およびそのような教育の影響からの遁走として、宗教に対する否定的立場を示していると自らが考えていた三つの人物像の研究に没頭するようになる[91)]。その三つの人物像とはすなわち、ドン・ファン、ファウスト、そしてアハスヴェルス（永遠のユダヤ人）という、民俗伝説に基づく「三つの偉大な理念（de tre store Ideer）」[92)]である。

この「三つの偉大な理念」についての研究が開始された時期は、1835年である可能性が高い。なぜなら、この1835年のキェルケゴールの覚書には、まずファウストについての研究書の読書ノートが多数見られるようになり（*SKS* 19, s. 89ff., Notesbog 2:1-3; *SKS* 27, s. 181ff., Papir 251:1-5）、次いで永遠のユダヤ人についての研究書の読書ノートも見られるようになる（*SKS* 19, s. 90ff., Notesbog 2:9-14）からである。またキェルケゴールは、この1835年の覚書にはグラッベ（Christian Dietrich Grabbe）の悲劇『ドン・ファンとファウスト』（1829年初演）の書名を記していた（*SKS* 19, s. 89, Notesbog 2:1）ことから、ドン・ファンについてもこの1835年までには、その名前を知っていたと推測できるからである。

そしてキェルケゴールは、この1835年の夏に北シェラン旅行に出発する直

90）　大谷『キルケゴール青年時代の研究』、701-708頁。

91）　Cf. Malantschuk, *Dialektik og Eksistens hos Søren Kierkegaard*, København 1968, s. 40f.

92）　Cf. Knud Jensenius, *Nogle Kierkegaardstudier. "De tre store Ideer"*, København 1932. アハスヴェルスとは、次のような伝説上の人物の名前である。すなわちイエスが、死刑場のゴルゴダの丘へ向かって十字架を引きずっていく途中に、アハスヴェルスの家の前で休もうとした時、彼はイエスを休ませようとせずに追い払おうとしたので、以後永遠に死ぬことができずに、地上をさまよい歩かねばならない罰を受けたという伝説である（cf. Mogens Brøndsted, "Indledning", in: *Ahasverus. Jødiske elementer i dansk litteratur*, udgivet af Mogens Brøndsted, Odense 2007, s. 9）。

前に、古生物学者のP・W・ルン（Peter Vilhelm Lund, 1801-80）に宛てて手紙を書いていた。このルンは、第一章第一節で挙げた、キェルケゴールの二人の姉である、次姉ニコリーネ・クリスティーネおよび三姉ペトレア・セヴェリーネのそれぞれと結婚した、J・C・ルン（Johan Christian Lund, 1799-1895）とH・F・ルン（Henrik Ferdinand Lund, 1803-75）という二人の義兄たちの兄弟である。その手紙の中で、キェルケゴールは次のように述べている。

> ファウストは人格化された懐疑（den personificerede Tvivl）として存立していると、私は思います。そしてファウストはそれ以上のものであってはなりません。もしゲーテがファウストを、ちょうどメリメ（Prosper Mérimée）がドン・ファンを改心させた場合と同じように改心させたならば、それはおそらく諸理念に対する罪でしょう。（*SKS* 17, s. 19, AA:12）

ゲーテの詩劇『ファウスト』（第一部1808年、第二部1833年）の第二部最終幕では、ファウストの魂は「懐疑（Tvivl）」から救済される。またメリメの小説『煉獄の魂（*Les âmes du purgatoire*）』（1834年）の結末では、放蕩貴族ドン・ファンは自らの犯した罪を悔悟して改心する。キェルケゴールはこの手紙記述（*ibid.*）で、そのようなカタルシス的効果を結末でもたらそうとするゲーテやメリメを、「諸理念に対する罪」として批判しているのである。キェルケゴールは、ファウストについては、あくまで「懐疑」を自らの死に至るまで貫徹する人物と見なして、この手紙記述以降も研究を継続することになる。

まず、前章第三節（2）で挙げた「人生のイロニー」（*SKS* 17, s. 27, AA:12）を認識した北シェラン旅行からの帰宅後、キェルケゴールは1835年9月の覚書に、ホフマン著『蚤の親方』（1822年）の中から、「絶望（Verzweiflung）という死罪である無気力な無関心の中で、不毛でわびしい荒野の中をさまようように歩いた永遠のユダヤ人」[93]という表現を含む一文を、ドイツ語原文のまま抜粋

93）Ernst Theodor Amadeus Hoffmann, „Meister Floh", in: *Poetische Werke*, Bd. 10, Berlin 1961, S. 289. なお、キェルケゴールはHoffmann, *Ausgewählte Schriften*, 10 Bände, Berlin 1827-28を所有していた（cf. Rohde (udg.), *op. cit.*, Ktl. 1712-16）。

引用して書きつけている（*SKS* 19, s. 94, Notesbog 2:9）。つまりキェルケゴールは、「かの厄介で不吉な道連れ」としての「人生のイロニー」（*SKS* 17, s. 27, AA:12）に囚われていた自分自身を、永遠のユダヤ人に重ね合わせるようになり始めた。そしてその永遠のユダヤ人とは、「絶望（Fortvivlelse）」という理念の象徴であることを、このホフマンの小説から知るに至ったのである[94]。

そしてキェルケゴールは1836年3月の覚書で、次のように言明している。

> 三つの偉大な理念（ドン・ファン、ファウスト、および永遠のユダヤ人）は、いわば宗教の外部で三つの方向に展開される人生を代表している。そして、人生でこれらの理念が個々人の中で移行し、媒介される場合に初めて、道徳的なものと宗教的なものとが現れてくるのだ。（*SKS* 27, s. 134, Papir 140）

この覚書記述による言明は、当時のキェルケゴールの研究方針を示すものとして重要である。つまり大谷愛人が指摘しているように、これらの「三つの偉大な理念」は、審美的な生き方の三領域と理解されねばならないだろう。すなわちキェルケゴールは、のちの著作『人生行路の諸段階』（1845年）で「審美的な生き方の領域（den æsthetiske Existents-Sphære）」（*SKS* 6, *SLV*, s. 439）と見なす領域をさらに細分化した三つの理念を、この覚書記述（*SKS* 27, s. 134, Papir 140）の中で、「ドン・ファン、ファウスト、永遠のユダヤ人」という順番で、つまり言い換えれば、享楽、懐疑、絶望という順番で記しているのである[95]。

以上本節で論じたキェルケゴールの不満や抗議の契機は、この後より一般化された形で、「ロマン主義的なもの」という理念へと結晶化していく。それゆえ彼は1836年3月から同年8月にかけて、「ロマン主義的なもの」についての

94）ホフマンは、初期キェルケゴールが少なからず影響を受けたドイツ・ロマン主義の作家の一人である。このことについては、本章第三節も参照。

95）大谷『キルケゴール著作活動の研究（前篇）——青年時代を中心に行われた文学研究の実態——』、653-654頁参照。ここでExistents-Sphæreという語を「実存領域」ではなく「生き方の領域」と訳した理由は、本書注32）や注38）でも述べたように、キェルケゴールは『後書き』より前の著作では、「実存」概念について明確な定義を下していないからである。また、「享楽」の象徴としてのドン・ファンについては、本章第三節参照。

集中的考察を行った。次節では、この集中的考察について見ていくことにしたい。

第二節　「ロマン主義的なもの」についての集中的考察

マランチュクによれば、キェルケゴールが「ロマン主義的なもの」について考察する際にまず拠り所としたのは、序論注30）で言及した文芸史家モルベックの『近世デンマーク文学講義』（1832年）である。同書をキェルケゴールは1836年3月に読み始めた[96)]。彼は同書からの抜粋引用と、その抜粋引用に対する論評とを、1836年3月24日の日記（*SKS* 17, s. 59ff., BB:1）に記しているが、その中でも「ロマン主義的なもの」という術語についての考察を最も多く書き留めている。彼は同書について、「「ロマン主義的なもの」という概念の解明が第二十一講に見られるが、〔そこに書かれている〕あれこれのことは新しいことではない」（*SKS* 17, s. 59, BB:1）と批評している。そしてこの批評の少し後に、次のような、同書からの抜粋引用が見られる。

> ロマン主義的なものにとって本質的な、あるいは必要な根本要素をなすのは、情感的な（sentimental）要素でも、騎士道的な要素でも、冒険的な要素でもない——それはむしろ無限なもの（det Uendelige）である。すなわち、想像力（Phantasie）の作用の中にあって、理念的なものについての直観の中にあって、感情の充溢と深みの中にあって、諸理念に向けられた思考の中にあって、感覚的な（sandselig）障壁によって束縛されていない自由である。この自由の中で我々は、ロマン主義的なものにとっての、および最近の芸術の偉大で重要な部分にとっての、かの根本的条件を探し求めなければならない。ジャン・パウル（Jean Paul）は次のように言っている。すなわち、ロマン主義的なものとは、限界のない美のことであると。あるいは、ちょうど崇高な無限なものが存在するのと同じように、美しい無限なもののことであると。（*SKS* 17, s. 60, BB:1）[97)]

---

96)　Cf. Malantschuk, *op. cit.*, s. 42.

モルベックは、「ロマン主義的なもの」の本質を、「無限なもの」ないし「感覚的な障壁によって束縛されていない自由」と理解しており、その理解をキェルケゴールも共有している。既存の神学および父ミカエルの影響からの「自由」を求めるこの当時のキェルケゴールの心情は、このような、モルベックが言うところの「感覚的な障壁によって束縛されていない自由」としての「ロマン主義的なもの」に重ね合わせられていた。

またキェルケゴールは、同年に書いた別の二つの覚書記述で、次のようにも述べている。

> まず私は、ロマン主義的なものは概念によって把握できるという見解に抗議しなければならない。というのも、まさしくロマン主義的なものは、あらゆる限界を越えて流れ出るということの中に存在しているからである。（*SKS* 27, s. 162, Papir 219）

> ロマン主義的なものは、相対的尺度の欠如の中に存在しているに違いないのではないだろうか。（*SKS* 27, s. 129, Papir 125:1）

「ロマン主義的なもの」とは、まさしく前章第三節で詳述した「〔概念と〕共通の尺度で測ることができない経験的要素」であるがゆえに、他のものと比較できないのである。

そして1836年3月以降、キェルケゴールはこの「ロマン主義的なもの」を、「古典古代的なもの（det Antike）」とは絶対的に異なるものと見なすようになる。このことには、マランチュクが示唆しているように[98]、本節で先に挙げ

97） Molbech, *Forelæsninger over den nyere danske Poesie*, bd. 2, Kjøbenhavn 1832, s. 182. ここで引用されている、ジャン・パウルによる「ロマン主義的なもの」の定義については、次の文献を参照。Jean Paul, „Vorschule der Ästhetik", in: *Jean Pauls Sämtliche Werke. Historisch-kritische Ausgabe*, Abt. 1, Bd. 11, Weimar 1935, S. 77. なお、キェルケゴールは Jean Paul, *Vorschule der Ästhetik*, zweyte Auflage, Abth. 1-3, Stuttgart und Tübingen 1813 を所有していた（cf. Rohde（udg.）, *op. cit.*, Ktl. 1381-83）。

98） Cf. Malantschuk, *op. cit.*, s. 52.

た、モルベックの『近世デンマーク文学講義』を読み始めたことが影響している。モルベックは同書で、「ロマン主義的なもの」と「古典古代的なもの」とを、互いに対立する理念と見なしており[99]、キェルケゴールもそのことを書き留めている（cf. *SKS* 17, s. 61, BB:1）。またキェルケゴールは同月の覚書に、「古典古代的なものとは、実在的なものによって理念的なものを割り算したものであり、割り切れるものである。ロマン主義的なものは常に分数を提供する」（*SKS* 27, s. 130, Papir 127）と記している。つまりキェルケゴールは、「古典古代的なもの」が、実在する概念と同一の尺度で測ることができるのに対して、「ロマン主義的なもの」は、そうすることはできないと分析していたのである。

また、G・フォン・ホーフェも指摘しているように[100]、キェルケゴールは、歴史の媒介という次元を無視することによって、「ロマン主義的なもの」を絶対的に措定している。つまりキェルケゴールにとっては、「ロマン主義的なもの」とは、歴史を超越する独特の意味を有しており、それと対照的に、「古典古代的なもの」とは、「反省」を介して概念的に把握可能であり、歴史的条件に制約されたものを指している。

またキェルケゴールは、自らの同時代を「悟性の時代」と呼んで、「ロマン主義的時代」から区別している。彼は1836年3月の覚書に次のように記している。

> ロマン主義的時代（den romantiske Tidsalder）と、悟性の時代（Forstands Periode）である現代との差異は、まさしく次のように示される。すなわち、ロマン主義的時代がとりわけ、天に向かってそそり立つ大木についての思考をあれこれと巡らす一方で〔中略〕、現代は一切を眼前に展開させようとするのである。つまり、ロマン主義的時代を現代のそばに展開させようとするのである。それゆえロマン主義的時代がいわば全世代を、個人へと上昇させようと試みた一方で、現代はあらゆる国民をお互いのそばにとどめようと努力するのであ

99）Cf. Molbech, *op. cit.*, s. 198.

100）Cf. Gerhard vom Hofe, *Die Romantikkritik Sören Kierkegaards*, Frankfurt am Main 1972, S. 108f.

る。(*SKS* 27, s. 130f., Papir 130)

キェルケゴールによれば、「ロマン主義的時代」が、「天に向かって」屹立した個人が独立的に思考するという「垂直化」の傾向を有する一方で、「悟性の時代」は人々を横並びに拘束させ合うという「水平化 (Nivelleringen)」の傾向を有しているというのである。キェルケゴールは、すでにこの神学生時代に、のちに『文学批評』(1846年) で詳論することになる、当時のデンマーク社会の「水平化」を感知していた。

そしてキェルケゴールは、自らが生きている「悟性の時代」が、「ロマン主義的なもの」の本質である「自由」とは正反対の「必然性」が増大している時代であると分析していた。その意味で、同年6月12日の、彼の次の二つの覚書記述は重要である。

> 明らかであるのは、時代のロマン主義的なものは、徐々にますます減少していき、すなわちそれと同じ程度に必然性が主張され (ヘーゲル)、それゆえにキリスト教もまたロマン主義的にはならないということである。(たとえば、シュライアマハーは、そのような必然的展開である。) このようにして侵入してくる古典古代的なものは、元来のいわゆる古典古代的なものにどの程度まで似ているのだろうか? (美の現前。) (*SKS* 27, s. 137, Papir 148)

> 私は、古典古代的なものとロマン主義的なものとの間の対立について語る場合、もちろん、ある個々の枝葉すなわち種を考えているのではなくて、美学のあらゆる個々の方向性に異なる色調を与えていることになっている根本的対立のことについて考えているのである。(*SKS* 27, s. 137, Papir 149)

キェルケゴールにとって、「古典古代的なもの」および「ロマン主義的なもの」は美学上の「理念」であって、言い換えればそれぞれ、「必然性」と「自由」とを表している。彼が主張しているのは、「古典古代的なもの」および「ロマン主義的なもの」が歴史上根本的に対立したものとして現れ、ある時代では前者が優勢となり、また別の時代では後者が優勢となる、ということなのである。

そしてキェルケゴールはこの主張に基づいて、同年7月2日の覚書では、ヘーゲルと同時代人のデンマークの彫刻家トーヴァルセン（Bertel Thorvaldsen, 1768-1844）を引き合いに出して、次のような時代診断を行っている。

> 今や私は、しばしば不思議に思ってきたことを、すなわち、まさしくトーヴァルセンが現代に出現しているということを理解する。彼はまさしくそもそもヘーゲルと同時代人なのである。ロマン主義的なものは消滅し、必然性の（古典古代的）現前が始まったのであり（彫刻家というものは古典古代的なものに属する）、このようにして我々は、新しい古典古代的段階というものを体験するのである。〔この新しい段階においては〕ロマン主義的なものは世界と宥和してしまって（forsonet）いる。（*SKS* 27, s. 138, Papir 154:1）

キェルケゴールは、ヘーゲルやトーヴァルセンを、「古典古代的なもの」を復興させた人物と捉えている。そしてキェルケゴールは、彼ら二人が行った「宥和」は「ロマン主義的なもの」を消してしまうと、厳しく批判しているのである[101)]。

キェルケゴールはヘーゲルやトーヴァルセンとは異なって、「ロマン主義的なもの」をこの1836年には擁護しようと試みていた。そして、その擁護に際してキェルケゴールが依拠したのは、ドイツ・ロマン主義であった。少なくとも彼が「ロマン主義的な（romantisk）」という語を用いる場合、一般にドイツ・ロマン主義のことが考えられている。このことの理由として、マランチュクは二つの理由を挙げている。一つは、ドイツ・ロマン主義は、外部世界の有限性に対して人間の主観の無限性を強調したフィヒテ哲学を背景として生じたということである。もう一つは、ドイツ・ロマン主義が自らの生き方の代表者たちを有していたことによって、「ロマン主義的」という概念が一つの抽象である

101）　キェルケゴールは「宥和」という概念についての可能性を模索した結果、最終的には強く批判するようになる。このことの詳細については、本書の第三章第二節および第五章第四節を参照。

にとどまらず、人間の生き方に対して意義を得ていたということである[102)]。

マランチュクが挙げているこの二つの見解に加えて、筆者はさらに二つの理由を挙げておきたい。第三の理由としては、ドイツ・ロマン主義は「自由」の理念と結びつけられて展開されたということである。F・ヴァーゲナーは次のように、ドイツ・ロマン主義の代表的理論家であったフリードリヒ・シュレーゲル（Friedrich Schlegel）について述べている。

> フリードリヒ・シュレーゲルはとりわけ、感激して情熱的に、自由をあらゆる領域で擁護し、人生および思考の至る所で用いている。自由の闘争はとりわけ慣習的なものに対して方向づけられており、そのようにして自由とは、詩人の最高次のものであり、最も素晴らしい財産である。[103)]

この「自由」の理念は、フィヒテ哲学が強調する、人間の主観の無限性から生じたものである。ヴァーゲナーは「無限なものへの憧憬（Sehnsucht）が、ロマン主義的人格の中では、自由と結びつけられている」[104)]と評している。「無限なものへの憧憬」とは、ドイツ・ロマン主義の特徴を最も端的に表す言葉である[105)]。シュレーゲルは1800年に機関誌『アテネーウム（*Athenäum*）』第二号に発表したアフォリズム集「イデーエン」で、「無限なものに関わることによってのみ、内容と価値が生じる」[106)]と言明していたし、1800-01年冬学期にイェーナ大学で行った「超越論的哲学」講義では、「万人において、無限なものへの憧憬が展開されるべきである」[107)]という要求を掲げていた。

102）Cf. Malantschuk, *op. cit.*, s. 55f.

103）Wagener, *op. cit.*, S. 12.

104）*Ibid.*

105）Cf. *ibid.*, S. 8ff.

106）Friedrich Schlegel, „Ideen", §3, in: *Kritische Friedrich-Schlegel-Ausgabe*, Bd. 2, Paderborn 1967, S. 255. ただしシュレーゲルは、決して無制約で放恣な主観性を主張したわけではなく、「芸術家にとっても人間にとっても最初にして最後のものであり、最も必要なものにして最高のものである自己限定（Selbstbeschränkung）」（Schlegel, „Lyceum-Fragmente", §37, in: ders., *op. cit.*, S. 151）の重要性を認識していた。

107）Schlegel, „Transzendentalphilosophie", in: *Kritische Friedrich-Schlegel-Ausgabe*, Bd. 12, Paderborn 1964, S. 11.

そして最後に第四の理由としては、第一の理由の結果として、ドイツ・ロマン主義のイロニーが、主観性の中で存立しているという独自性を有しているということである。ヴァーゲナーは「ロマン主義は再三再四主観性に立ち返る――そしてこのことがロマン主義イロニーにとって重要である」[108]と評している。

この第三および第四の理由から、ドイツ・ロマン主義を介して、「自由」の理念と「イロニー」という術語とが結びつけられるのである。事実キェルケゴールは、少なくともこの1836年には、「ロマン主義的なもの」の表出の一例として、ドイツ・ロマン主義のイロニーに深い関心を寄せていた。同年7月10日の覚書で彼は、ドイツ・ロマン主義の詩人ティーク（Ludwig Tieck）の童話『金髪のエックベルト』（1796年）から詩句を引用して、次のように書き留めている。

> 最も古典古代的な動揺（Uro）（たとえば、蛇によって粉砕されるラオコーン）ですら、やはり平安（Ro）であり、――最もロマン主義的な平安ですら――動揺である。このことはたとえば、次の詩に表されている。
>
> 森の孤独よ、
> いかにお前は遠くにいることか！
> おお、お前を悔やませる、
> 時と共にいつかは。
> ああ、唯一の喜びである
> 森の孤独よ。[109]（*SKS* 27, s. 139, Papir 156）

108） Wagener, *op. cit.*, S. 11. ただしW・ベンヤミンは、ドイツ・ロマン主義のイロニーが客観的契機と密接に連関しているということを、従来の研究が過小評価してきたと批判している（cf. Walter Benjamin, „Der Begriff der Kunstkritik in der deutschen Romantik“, in: *Gesammelte Schriften*, Bd. I・1, Frankfurt am Main 1991, S. 81ff.）。

109） Ludwig Tieck, „Der blonde Eckbert“, in: *Ludwig Tieck's Schriften*, Bd. 4, Berlin 1966（Reprint der Originalausgabe von Berlin 1828）, S. 161. キェルケゴールは、この『ティーク著作集』第4巻を、この1836年の時点では所有していなかった（cf. Rohde（udg.）, *op. cit.*, Ktl. 1848-49）ため、コペンハーゲン大学図書館などからこの巻を借りて読んでその内容を知っていたと推測できる。

ここで引用されたティークの詩に表されている「森の孤独」という「ロマン主義的な平安」は、「時」という歴史的条件に制約された「古典古代的なもの」によって自らの存在が脅かされているがゆえに実際は「動揺」であると、すなわち「自由」の可能性を有するものであると、キェルケゴールは肯定的に解釈しているのである。

このように、1836年当時のキェルケゴールは、ドイツ・ロマン主義に代表される「ロマン主義的なもの」を、ヘーゲルやトーヴァルセンに代表される「古典古代的なもの」と比較して、「自由」という肯定的意義を有していると解釈していた。キェルケゴールは、同年の覚書には次のように記している。

> 古典古代的なものは、追求すべきいかなる理想も有していない。それに対してロマン主義的なものは、追求すべき理想を有している。その理由はすなわち、古典古代的なものは、現実的なものを越えていくすべての努力を認めないからである。なぜなら、完全なものは、もしくは、少なくとも世界に存在しうる最も完全なものは、現実的あり方の内に与えられているからである（この完全なものと現実的あり方とはここでは重なり合う。なぜなら、そうでなければ、人間は現実的なものを越えていくよう努力することを忠告されざるをえないだろうからである）。古典古代的なものは、道徳的なものの内にも、知的なものの内にも、或いは美（det Skjønne）の内にも、いかなる理想も有していない。（*SKS* 27, s. 163, Papir 224）

キェルケゴールによれば、「ロマン主義的なもの」は、「世界に存在しうる最も完全なもの」、すなわち「現実的あり方」を越えていく「理想」を有しているのである。彼は同年8月11日の覚書にも、「美の理想（det Skjønnes Ideal）は国民的、市民的および階級的趣味を、そして最も完全なものの痕跡を退去させる」（*SKS* 27, s. 143, Papir 171）と書き留めている。「ロマン主義的なもの」とはキェルケゴールにとって、「美の理想」として、国民や市民や階級といった枠組みの垣根を越えていく理念であったのである。

このようにして、「ロマン主義的なもの」についてのキェルケゴールの考察は、同年8月19日の次のような覚書記述で、一つの結論を見出すに至る。

> かなり奇妙なことだが、私は、非常に長い間ロマン主義的なものという概念に取り組んできた後で、今や初めて、そのロマン主義的なものは、ヘーゲルが弁証法的なもの（det Dialectiske）と呼ぶものになるということを理解するに至る。すなわち、
>
> ストア主義――運命論
>
> ペラギウス主義――アウグスティヌス主義
>
> フモール――イロニー
>
> が帰属するところのもう一つの立場、つまり、各々独立してはそもそも存立しないような諸々の立場になるということを、理解するに至るのである。しかし人生は、それら両項の間を絶え間なく揺れ動く振子運動である。
>
> また、私が今や洞察するのは、ハイベアが、ヘーゲル主義を美学に転用して、叙情詩的（lyrisk）――叙事詩的（episk）――叙情詩・叙事詩的（戯曲的（dramatisk））という三分法を見出そうと考えた時、彼は確かに正しかったということである。しかし、この三分法は、もっとはるかに大きな規模で、すなわち、古典古代的美――ロマン主義的美――絶対的美という規模で遂行することができる。そしてそのようにして、まさしくハイベアの三分法は、古典古代的なもの、ロマン主義的なもの、絶対的美が、それぞれ叙情詩的なもの――叙事詩的なもの――戯曲的なものを持つ場合に意義を獲得するのだ。（*SKS* 27, s. 143, Papir 172）

この覚書記述では、「ロマン主義的なもの」が、ヘーゲル的意味での「弁証法的なもの」になるとして肯定的に解釈されている。しかしキェルケゴールはこの「弁証法的なもの」についての考察をさらに一歩進めている。すなわち彼は、人生との関わりを考慮に入れて、人生がその弁証法における「両項の間を絶え間なく揺れ動く振子運動」[110] であるという認識に至るのである。

またキェルケゴールはこの覚書記述で、「古典古代的美――ロマン主義的美

110) このような「振子運動」としての「人生」を体現した人物として、キェルケゴールが高く評価しているのがゲーテである。このことについては、本書第四章第二節参照。

——絶対的美」という、「美（det Skjønne）」についての三段階論を構想するに至った。ここでの「古典古代的美」とは、トーヴァルセンの彫刻に代表される、「必然性」という美学理念を体現している。また「ロマン主義的美」とは、キェルケゴールがモルベックと共有していた「自由」という美学理念を体現しており、ジャン・パウルの言う「限界のない美」のことである。ただし、この「限界のない美」はあくまで相対的次元にとどまる美であって、「絶対的美」ではない。つまり、この当時のキェルケゴールが美学の領域に求めていた「自由」のあり方としての「ロマン主義的美」は、相対的なものであるがゆえに、自律性を欠いていることになる。そこで彼は、同年夏頃から、それまで深く考察していなかった、そして自律性を有すると彼が見なしていた「絶対的美」について、ドン・ファンをモチーフとして考察するようになる。次節では、その考察について見ていくことにしたい。

第三節　ドン・ファン研究を通じての「直接性」についての考察

(1)　E・T・A・ホフマンの影響の下で

スペインにおける伝説上の放蕩貴族ドン・ファンについて、キェルケゴールは、本章第一節で挙げた、グラッベの悲劇『ドン・ファンとファウスト』やメリメの小説『煉獄の魂』のほかに、モリエール（Molière）の喜劇『石像の宴（*Le festin de pierre*）』（1665年初演）[111]、そして何よりも、モーツァルトの歌劇『ドン・ジョヴァンニ』（1786年初演）を通じて知悉していた。このドン・ファンについてのキェルケゴールの傾倒ぶりは、のちに彼が『あれか、これか』第一部で、審美家Aという偽名著者に、「直接的・エロス的諸段階あるいは音楽的・エロス的なもの」と題する『ドン・ジョヴァンニ』論を語らせていること

111）　モリエールのこの喜劇は、ハイベアによってデンマーク語に翻訳・紹介され、その人形劇も王立劇場で上演され、コペンハーゲンの人々に大きな関心を呼び起こしていた（大谷『続 キルケゴール青年時代の研究』、957頁参照）。

からも明らかである。

本章第一節で既述したように、キェルケゴールは1835年12月の覚書記述（*SKS* 19, s. 94, Notesbog 2:7）で、ドン・ファンを音楽と結びつけて理解しなければならないと考えるようになった。ここで言う「音楽」とは、キェルケゴールが当時足繁くコペンハーゲンの王立劇場に通って鑑賞していた、モーツァルトの歌劇『ドン・ジョヴァンニ』である[112]。このことは、キェルケゴールの神学部の友人ホルスト（Hans Peter Holst, 1811-93）が、キェルケゴールの初版遺稿集の編集者バーフォーズ（Hans Peter Barfod, 1834-92）への手紙の中で回想して、「長年にわたってキェルケゴールは――あなたが多分ご存知のように――毎週日曜日に教会に行っていました（ちょうど彼がドン・ファンのどの上演をも決して見逃さなかったように）」と書いていることから明らかである[113]。

またキェルケゴールは、ドン・ファンを音楽と結びつけて考えるようになってからは、作曲家兼音楽評論家でもあったホフマンの論考「ドン・ファン」（『カロ風幻想作品集』第一巻、1814年所収）に、特に注意を寄せていた。たとえば1837年にキェルケゴールが書いた覚書には、「ホフマンのドン・ファン。（劇場の照明が消える時にすでに漂う憂鬱なもの（det Melancholske）――それは情感的（følsom）である――）――」（*SKS* 27, s. 208, Papir 258:2）という記述が見られる。

そのホフマンによる、ドン・ファンについての解釈を詳しく見てみよう。彼についてホフマンは次のように述べている。

> ドン・ファンを勝利させて支配者にするように運命づけるあらゆるものを、自然は彼に授けたのだ。すなわち、逞しく素晴らしい肉体（Körper）、最高のものの予感に火が点じられると胸の内に生じてくる火花を発射する源である教養（Bildung）、深みのある心情（Gemüt）、それに素早く把握する悟性（Verstand）

112）　キェルケゴールがコペンハーゲン大学神学部に入学した1830年から、この覚書記述（*SKS* 19, s. 94, Notesbog 2:7）が書かれる1835年までの5年間だけでも、王立劇場では平均して年3回以上、『ドン・ジョヴァンニ』が上演されていた（cf. Carsten E. Hatting, *Mozart og Danmark*, København 1991, s. 164）。

113）　Cf. Frithiof Brandt, *Syv Kierkegaard Studier*, København 1962, s. 31f.

を。[114)]

ホフマンが描写するドン・ファンは、「自然の寵児の中でも最愛の愛し子」[115)]であるが、自然の恵みによって「逞しく素晴らしい肉体」のみならず、「教養」、「心情」、そして「悟性」をも合わせ持つ男である。つまりホフマンによれば、ドン・ファンという男は、単なる好色漢ではないのである。このことについてホフマンは次のようにも述べている。

> 女性を味わうという享楽（Genuß）の各々が、今やもはや自らの感性（Sinnlichkeit）の満足ではなくなって、自然と造物主とに対する冒瀆的な嘲りになったのだ。〔ドン・ファンは、〕低俗な人生観を、自分が超越してしまっていると感じて深く軽蔑する。そして、幸福な愛と、それに伴う市民的な協調とにおいて、自然が意地悪くも我々の胸中に潜ませたいっそう高次の願望の実現を少なくとも期待しえた人間たちに対する辛辣な嘲笑が、ドン・ファンを〔自然と造物主とに対して〕とりわけ反抗するよう駆り立てるのだ。[116)]

ドン・ファンのこの「自然と造物主とに対する冒瀆的な嘲り」は、まさに「自然の寵児」であるドン・ファンによって発せられるイロニーである。つまりホフマンによれば、ドン・ファンは自らの「教養」、「心情」、そして「悟性」によって、自らのありのままの内的自然に「反抗」する存在なのである。

キェルケゴールは1836年秋の日記に、「なぜドンナ・アンナ（Donna Anna）は、ドン・ファンと出会った後に初めて、自らの婚約者に、自分が彼を選んだことの誤りについて打ち明けるのだろうか――エルヴィーラ（Elvira）と関係のある嫉妬心――ホフマンの言うことは正しい」（*SKS* 18, s. 76, FF:8）と書きつけている。この日記記述でも、キェルケゴールはホフマンの論考を参考にしているのである。ホフマンは「ドンナ・アンナは、最高の自然の恵みを浴している

114）Hoffmann, „Phantasiestücke in Callot's Manier. Blätter aus dem Tagebuche eines reisenden Enthusiasten", in: *Poetische Werke*, Bd. 1, Berlin 1957, S. 83.

115）*Ibid.*

116）*Ibid.*, S. 84.

という点で、ドン・ファンに対比させられている」[117]と述べた後で、次のように書いていた。

> すでに上述の箇所で述べたように、ドンナ・アンナはドン・ファンに対比させられている。ドンナ・アンナが天からの定めで、悪魔の術策を通じてドン・ファンを破滅させた愛の中で、彼に内在する神的な自然を認識させ、彼の取るに足らない努力の絶望から彼を引き離す使命を帯びていたのだとしたら、どうだろうか。[118]

ホフマンによれば、ドンナ・アンナもまたドン・ファンと同様に「最高の自然の恵み」を受けた人間である。しかし彼女は、「自然と造物主とに対する冒瀆的な嘲り」を繰り返すドン・ファンを改心させる使命を帯びていた。だが彼女もまた、ドン・ファンの「女性を味わうという享楽」の手に落ち、彼を愛してしまう。ところが彼は過去に、エルヴィーラという女性と結婚していたという経歴を持っており、彼女もまたドンナ・アンナと同様に、彼に改心を迫っていた。このようにドンナ・アンナとエルヴィーラとの役柄が重なってしまい、前者は後者に嫉妬するというホフマンの見方に賛同して、キェルケゴールは「ホフマンの言うことは正しい」と述べているのである。

しかしキェルケゴールは、フォン・ホーフェも指摘しているように、「意識的な認識衝動を有する幻滅した理想探究者として、かつ、ロマン主義的絶望をシーシュポスのように果てしなく繰り返す人物として、ドン・ファンをファウストに近づけるホフマンの解釈」に対して、次第に疑念を抱くようになっていく[119]。その疑念の端緒は、同年8月25日の覚書に、ドン・ファンの本質について次のように書かれていることから窺える。

> ファウストに特有のものと見なされねばならない認識の感動ということは、

117)　*Ibid.*
118)　*Ibid.*, S. 85.
119)　Cf. vom Hofe, *op. cit.*, S. 112.

実は、ゲーテの論述には、欠如しているのではなかろうか？——確かに、私がある別の機会に言ったこと、すなわち、ファウストは、ドン・ファンを自らの中に吸収しているということは、真実だ。しかしそれにもかかわらず、ファウストの恋愛生活、ファウストの感性（Sandselighed）は、決してドン・ファンのようにはならないのである。つまりファウストの場合、感性とは、すでに間接的なものであり、それは、彼が絶望に駆り立てられてそこへと陥っていくところのものなのである。（*SKS* 27, s. 144f., Papir 178）

キェルケゴールによれば、ファウストの「感性」は、「間接的なもの」、すなわち概念を用いる「反省」を介したものであり、厳密には「感性」と呼ぶことができない。それに対して、ドン・ファンの「感性」とは直接的なもの、すなわち「反省」を介さないものであり、厳密な意味での「感性」なのである。

そのような直接的な「感性」をドン・ファンは能動的に「享楽」する人物であるということが、同年11月にキェルケゴールが書いた次のような日記記述に示されている。

魅力に溢れ、多くの優美さを発散させるメヌエットは、見事にドン・ファンの享楽（Nyden）と一致する。それはちょうど、そのメヌエットの純潔性が、見事にドン・ファンの軽薄さによってイロニー化されているのと同様である。（*SKS* 18, s. 78, FF:18）

キェルケゴールは、ドン・ファンがメヌエットを、あたかもそのメヌエットの純潔性が仮象であるかのように、実際の聴衆に対しては聴かせる役割を演じていると指摘している。そのように「イロニー化」する作用が、ドン・ファンの「享楽」の特徴である。実際の聴衆は、ドン・ファンが作り出すイロニーの支配下にある。すなわち、ドン・ファンが能動的に作ったイロニーを、実際の聴衆は受動的に認識することしかできないのである。ドン・ファンは「感性」を独り占めして直接的に「享楽」したいのであって、聴衆に対しては、その「感性」を共有させようとしないのである。

(2)「直接性」の三段階論についての構想

本節前項で述べたような考察を経て、キェルケゴールは翌1837年1月26日に、「『フィガロの結婚』の小姓、『魔笛』のパパゲーノ（Papageno）、およびドン・ファンに関することども」と題した長文の日記（*SKS* 17, s. 113ff., BB:24）を記すことになる。この日記記述は、歌劇『ドン・ジョヴァンニ』の作者であるモーツァルトの別の二つの歌劇、すなわち『フィガロの結婚』と『魔笛』にも着目している。そしてこの日記記述は、キェルケゴール美学の中心概念の一つである「直接性（Umiddelbarhed）」[120]について考察する上で、重要なものである。この「直接性」は、文字通りの語義は「仲介者ないし媒介物がないこと」で、感情や観念が思考の影響を受けていない状態を指す[121]。そして、この「直接性」の対義語が「反省（Reflexion）」であり、悟性が生み出す概念による思考の状態を指す。

この日記記述（*ibid.*）は非常に長文にわたるため、以下に要約して考察することにする。

『フィガロの結婚』に登場する小姓ケルビーノ（Cherubino）、『魔笛』に登場するパパゲーノ、およびドン・ファンは、「直接性」の三つの発展段階であり、それぞれ、「憧憬」、「憂鬱」、「享楽」を本質としている。まず「憧憬」とは、「環境との無意識の衝突の中での、不特定の目覚めさせる欲望」（*SKS* 17, s. 114, BB:24）のことであり、「自然のままの（vild）欲望」（*ibid.*）であり、自らを外部世界と同一視しているがゆえに、自らの欲望を対象化して「意識」することがまだできておらず、自律性を有していない。次に「憂鬱」とは、「自らの探し求める消え去る対象を、あたかも——痩せ細った散文的世界と個人が呼ぶであろうものから——疎隔されたものであるかのように追跡する」（*SKS* 17, s. 115, BB:24）欲望のことであり、充たされることのない満足を求めて無限に続き、や

120）キェルケゴール美学における「直接性」概念の重要性は、本書第二部で論じるように、神学的美学としての良心論において、いっそう増すことになる。

121）桝田啓三郎「訳注」、キルケゴール『現代の批判 他一篇』、桝田啓三郎訳、1981年、165-167頁参照。

はり完全な自律性を有してはいない。そして最後に「享楽」とは、この「憧憬」と「憂鬱」との統一であり、「範囲（Extensitet）」および「強度（Intensitet）」が「無限であり、自分自身との絶え間ない矛盾の自覚の中で全く無限である」欲望のことである（*SKS* 17, s. 117, BB:24）。この「享楽」では、「自分自身との絶え間ない矛盾の自覚」としての自律性が存在している。

キェルケゴールのこの三段階の「直接性」の図式によれば、ホフマンによって「憂鬱なもの」として表されたドン・ファンは、まだ第二段階に位置しているにすぎず、不十分なドン・ファン像であるということになる。キェルケゴールは、自律性を伴って直接的な「感性」を「享楽」するという、ホフマンのドン・ファン像をさらに越えた究極のドン・ファン像を、この日記（*SKS* 17, s. 113ff., BB:24）で打ち立てた。そしてこの三つの、「直接性」の発展段階が、『あれか、これか』第一部所収の『ドン・ジョヴァンニ』論「直接的・エロス的諸段階あるいは音楽的・エロス的なもの」でもそのまま適用されているのである。このような意味で、この日記（*ibid.*）はキェルケゴールの美学理論にとって特別な注目に値する。

また、前節で見た、キェルケゴールが当初「自由」の原型と見なしていた「ロマン主義的なもの」という理念も、この三段階の「直接性」の図式によれば、まだ第二段階としての「憂鬱」に相応しているにすぎず、「享楽」よりも低次の理念であることが分かる。つまりキェルケゴールは、前節で挙げた「古典古代的美――ロマン主義的美――絶対的美」（*SKS* 27, s. 143, Papir 172）という、「美（det Skjønne）」の三段階論をいっそう彫琢して、この三段階の「直接性」の図式を考案したと言うことができる。すなわち、『フィガロの結婚』の小姓ケルビーノの「憧憬」、『魔笛』のパパゲーノの「憂鬱」、およびドン・ファンの「享楽」は、それぞれ、「古典古代的美」、「ロマン主義的美」、「絶対的美」に相応する。

そしてこの日記（*SKS* 17, s. 113ff., BB:24）を書いた2年後の1839年7月の日記で、キェルケゴールは次のように回想している。

ある方法で私は、ドン・ファンについて、エルヴィーラが彼に対して言ったことを言うことができる、すなわち、「あなた、私の幸福の殺害者よ」と——

というのも、真実はこうだからである。つまり、私が決してもはや忘れることができないように、私をそのように悪魔的に捉えたものは、つまり、私をエルヴィーラのように修道院の静かな夜から追い出したものは、この作品だったということである。(*SKS* 18, s. 46, EE:122)

キェルケゴールを「悪魔的に捉えた」のは、「絶対的美」を体現する歌劇『ドン・ジョヴァンニ』だったのである。「修道院の静かな夜」とは、父ミカエルによる厳格な宗教的教育と既存の神学との強い影響下にあった、1834年までのキェルケゴールの前半生そのものを隠喩的に示している。それゆえ、この歌劇『ドン・ジョヴァンニ』がキェルケゴールに与えた影響をいくら過大視しようとしてもしすぎることはないだろう。つまり、キェルケゴール自身の「自由」観に影響を与えた要因として筆者は本章第一節ですでに、既存の神学に対する批判および父ミカエルとの関係の変化という二つの要因を挙げておいたが、さらなるもう一つの要因として、この歌劇『ドン・ジョヴァンニ』との出会いを挙げておきたい。

それでは次章では、神学生時代のキェルケゴールがイロニーについての知見を拡大していった過程について、詳しく見ていくことにしたい。

第三章

イロニーについての知見の拡大過程

前章第二節で既述したように、キェルケゴールは「自由」の理念の原型を、1836年夏の時点では、「ロマン主義的なもの」という理念に求めようとしていた。この概念は、「感覚的な障壁によって束縛されていない自由」(*SKS* 17, s. 60, BB:1) であると同時に、概念による把握から逃れているという自由 (cf. *SKS* 27, s. 162, Papir 219) でもあった。しかしこの「ロマン主義的なもの」という理念は同時に、再三再四個々人の主観性に立ち返るロマン主義イロニーにすぎず、結局キェルケゴールが目指す、イロニーに伴う疎外からの「自由」には至りえないものであった[122]。そこで彼はこの時期以後は、「ロマン主義的なもの」に囚われていた自分自身を客観視して、イロニーについての知見を拡大していくようになる。

本章では、まず第一節で、キェルケゴールによる、イロニー一般についてのより包括的な考察を見ていくことにしたい。次に第二節では、イロニーと、イロニーの発展形態であるフモールとの相違について、彼の日記記述を中心にして考察していくことにしたい。

第一節　イロニーについての包括的考察

「ロマン主義的なもの」に囚われていたキェルケゴールに対して警告を与えたのは、神学生時代の彼にとっての公私にわたる恩師であったコペンハーゲン大学教授メラー (Poul Martin Møller, 1794-1838) であった。すなわち、このメ

122) 本書第五章第三節で論じる「統御されたイロニー (behersket Ironi)」(*SKS* 1, *BI*, s. 353) を、キェルケゴールは理想的なイロニーのあり方と考えている。

ラーによる「覚醒の力強いラッパ」（V B 46, s. 102）が、1836年6月4日に鳴らされたのである。

前章第二節で詳述したように、キェルケゴールは同年3月から8月にかけて、「ロマン主義的なもの」という美学理念についての考察を集中的に行っていたが、この「ロマン主義的なもの」を真の「自由」と見なすには至らなかった。すなわち、この「ロマン主義的なもの」に囚われていたキェルケゴールに、同年6月4日に警告を与えたのが、メラーだったのである。メラーは、1838年3月13日に44歳で死去したが、彼は、その後キェルケゴールが自らの前期著作の一つである『不安の概念』を献げた人物でもある。同書の「献呈の辞」の草稿（*ibid.*）でキェルケゴールは、次のように書いている。

> 故ポール・マーティン・メラー教授、
> ギリシア精神の幸福な愛好者、ホメロス（Homeros）の賛美者、ソクラテスの精通者、アリストテレス（Aristoteles）の解説者――自作の詩『デンマークについての喜び』の中でのデンマークの喜び（※）――私の青年時代の感激（※※）、私の最初の時期の親友、私の今は亡き友人、私の哀惜する読者。
>
> （※）「遠くに旅立っても、常にデンマークの夏に思いを致した」。
>
> （※※）私の覚醒の力強いラッパ（min Opvaagnens mægtige Basune）。私の情調が待望する対象。
>
> この人に本書は献げられる。（*ibid.*）

F・ブラントは、ここで言われている「私の覚醒の力強いラッパ」の内容が、キェルケゴールが亡くなる前年の1854年における、二つの日記記述に書かれていることを究明している[123]。その二つの日記記述は次のようなものである。

> 私は、今は亡きポール・メラーが、生きていた間にしばしば私に対して言っ

123） Brandt, *Den unge Søren Kierkegaard. En række nye bidrag*, København 1929, s. 336ff. また、本書第四章第一節（1）の注142）も参照。

た言葉、また、私の記憶が間違っていなければ、シバーンにも託した言葉、すなわち「若いキェルケゴールに次のように言ってほしい。すなわち、あまりにも大きすぎる研究計画を設定しないよう気をつけるようにと。というのも、そのことで私は大変損害を被ったのだから」という言葉のほかに、私に繰り返し言ってやるようにと託したもう一つの言葉を思い出す。それは、「君は、全く恐ろしいほどに、どこまでも論難的（gjennempolemiseret）なのだね」という言葉である。（*SKS* 25, s. 461, NB30:93）

「君は、どこまでも論難的なのだね」という言葉に関しては、メラーが、生きていた間に比較的常に言ってくれた表現だったし、彼の死後は、シバーンが、よりしばしば私に対して使ってくれた。（*SKS* 25, s. 461, NB30:93.a）

ブラントは、この「君は、全く恐ろしいほどに、どこまでも論難的なのだね」という、メラーがキェルケゴールに絶えず言っていた言葉こそ、キェルケゴールが言う「私の覚醒の力強いラッパ」（V B 46, s. 102）だと見なしている。前章第一節および第二節で既述したように、「盗賊の首領」というモチーフの研究を機に始まった、キェルケゴールによる「ロマン主義的なもの」についての美学的考察は、父ミカエルやシュライアマハー神学などの「既存のもの」に対する反抗という契機を含んでいた。キェルケゴールと親しかったメラーはこの反抗の契機を考慮して、キェルケゴールに対して、「君は、全く恐ろしいほどに、どこまでも論難的なのだね」という忠告を一度ならず何度も行ったのである。

このような「私の覚醒の力強いラッパ」（*ibid.*）を聞いてキェルケゴールは、再三再四ロマン主義イロニーに立ち返っていた自らのあり方を振り返り、イロニーをそれまでよりも歴史的に、かつ外部世界との関係の中で、すなわちより包括的に考察するようになっていく。彼は1836年9月13日の覚書で、次のようにイロニーについて述べている。

イロニーは自らの故郷を、直接性の立場（しかしながら、この立場では個人はイ

> ロニーを、そのようなものとして意識しない）と弁証法的立場でのみ有しているにすぎない。それらの立場に対して、第三の立場では、世界に対する（個人の性格による）反作用は、イロニーとしては現れない。なぜなら、その場合は今や個人の中で諦念（Resignation）が展開しているからである。この諦念とは、まさしく限界というものについての意識である。この意識を、あらゆる努力は、自らが世界の秩序の内にある限りは有しなければならない。なぜなら、その努力自体は無限であり、際限のないものだからである。イロニーと諦念とは対極をなし、正反対の運動方向である。（*SKS* 27, s. 149, Papir 182:2）

この覚書記述では、人間の主観的努力の無限性と対比する形で、外部の客観的世界の有限性が示唆されている。外部の客観的世界の有限性が示唆されるのは、「まさしく限界というものについての意識」である「諦念」を、個人が「世界の秩序の内にある限りは有しなければならない」からである。個人は、外部の客観的世界の有限性と、自らの努力の無限性との差異を、イロニーとして「意識」するのである。キェルケゴールは同年８月の覚書にも、「古代の人々にとっては、神的なものは絶えず世界の中で上昇していったので、いかなるイロニーも存在しなかった」（*SKS* 27, s. 145, Papir 179:1）と書きつけている。ここで言う「世界の中で上昇」することとは、無限性を志向することの隠喩である。つまりキェルケゴールによれば、古代人は一面的に自らの主観的努力の無限性を志向するばかりで、外部の客観的世界の有限性について認識することがなく、したがって両者の間のイロニーを「意識」することがなかった、というのである。

さらにキェルケゴールは同年10月27日の覚書には、「私がイロニーと呼んできたところのもののあるものは、ギリシア人が復讐の女神（Nemesis）と呼んでいたところのものには近似していないに違いない」（*SKS* 27, s. 153, Papir 196）と書いている。「ギリシア人が復讐の女神と呼んでいたところのもの」とは具体的には、自然による復讐のことを指しており、第一章第三節（1）で既述した「自然のイロニー」（*SKS* 17, s. 225, DD:18.f）ないし「世界のイロニー」（*SKS* 17,

s. 46, AA:27.a）に相応する。つまりこの自然による復讐とは、同じく第一章第三節（1）で挙げた日記記述（*SKS* 17, s. 15f., AA:6）に書かれているように、「自然の主人」として登場する人間がまた、「全体を支配する力に自らを委ねる必然性」を感じなければならないという、キェルケゴール自身が1835年夏の北シェラン旅行で訪れたギルベアで認識したイロニーに根ざしている。このような「自然のイロニー」ないし「世界のイロニー」に近似していない「私がイロニーと呼んできたところのもののあるもの」とは、キェルケゴールがその北シェラン旅行で訪れたギレライエで書きつけた、「人生のイロニー」（*SKS* 17, s. 27, AA:12）であろう。

それでは、この「自然のイロニー」ないし「世界のイロニー」について、第一章第三節（1）で挙げた日記記述（*SKS* 17, s. 45f., AA:27.a）をもとに、もう一度考察してみることにしよう。ただし、この日記記述（*ibid.*）は、日記記述（*SKS* 17, s. 45, AA:27）の欄外に書かれているので、まずそちらの日記記述（*ibid.*）のほうを見ておこう。それは以下のようなものである。

> 古典古代の作品の読書や、完璧に成長した人間との付き合いで有する落着きや安心は、ロマン主義的なものの中には生じない。ロマン主義的なものはほとんどその場合、ちょうど震えている手を持った男が書くのを見て、ペンが彼の手からあれこれのひどい筆致へと走りはしないかとあらゆる瞬間に心配する場合のように、ほとんど通り過ぎてしまう。（これは、まどろんでいるイロニー（den slumrende Ironie）である）。（*ibid.*）

「ロマン主義的なもの」とは、前章第三節で挙げた、同年1月26日の長文の日記（*SKS* 17, s. 115, BB:24）にも記されているように、「自らの探し求める消え去る対象を、あたかも――痩せ細った散文的世界と個人が呼ぶであろうものから――疎隔されたものであるかのように追跡する」欲望のことであり、充たされることのない満足を求めて無限に続く。このような「ロマン主義的なもの」は、まだ外部世界を知らず、したがって、自らの主観的努力の無限性と外部の客観的世界の有限性との間のイロニーを認識することはない。このような「ロマン主義的なもの」に見られる、まだイロニーには至らない認識のことを、キェルケゴールはこの日記記述（*SKS* 17, s. 45, AA:27）で「まどろんでいるイロニー」と表現しているのである。

そして、この日記記述（*ibid.*）の欄外に記されている日記記述（*SKS* 17, s. 45f., AA:27.a）は、全文を記すと、次のようなものである。

> ここ〔＝まどろんでいるイロニー〕から、イロニーの概念の展開は始まらなければならない。〔まどろんでいるイロニーにおいては、〕壮大な想像上の諸理念は満足しており、諸反省は、この立場が信じきっている状態を邪魔することはまだしていない。しかし今や人は、世界ではそのようにはいかないことに気付き、また自らの偉大な諸々の理想を放棄することはできないので、いかに世界が自らをある方法で嘲笑しているかを感じなければならない（イロニー――ロマン主義的。すなわち、イロニーとはロマン主義的ではなく、行為という形式のもとでの一つの満足であった。）（このようなイロニーは、個人を越えた世界のイロニー（Verdens Ironie）であり、ギリシア人がイロニーと呼んでいたものとは異なっている。ギリシア人がイロニーと呼んでいたものは、まさしく、個人が世界の上を浮遊していた際の、イロニーによる満足のことであり、それゆえ、ソクラテスにおいて国家という理念がますます消えていった時、展開し始めたものである。しかし一切が努力であるロマン主義的立場では、イロニーは個人の中へ入っていくことはできず、個人の外部に存在している。私は、人がこのような差異をあまりにも見過ごしていると思う。）そして最後に、イロニーが生き延びていく第三の立場を、人は感じなければならない。（*ibid.*）

人間の主観的努力の無限性と外部の客観的世界の有限性との間の差異としての「世界のイロニー」は、人間の主観的努力の無限性に対する「嘲笑」であり、古代ギリシア人がイロニーと呼んでいたものとは異なっているのである。後者のイロニーは、外部世界の有限性の内部での「満足」であり、キェルケゴールによれば、ソクラテスが創始したというのである[124)]。

この「世界のイロニー」ないし「自然のイロニー」の特徴をよく示しているのは、1837年7月6日の次のような日記記述である。

> ギリシア的自然の内に存在する態度全体（調和―美）は、たとえ個人が〔この自然から〕自らを解き放そうとして闘いが始まったとしても、この闘いはこの調和的人生観から生じたという特性を依然として保持しているがゆえに、間もなく終わってしまうというふうに進行し、大いに循環することはない（ソクラテスもそうである）。しかし今や、自然全体が堕落しているということを教える人生観が登場した（この上なく深遠な論難、この上なく大きな〔個人の〕羽ばたきが起こる）。しかし自然は復讐した――今や私は〔この自然の復讐の中に、〕個人のフモール（Humor）と、自然のイロニーとを看取する。そしてこの両者が出会うのは、フモールが世界の中で道化師であろうと欲し、イロニーが世界の中でフモールを本当に道化師であると想定してしまうことにおいてである。
>
> イロニーとフモールとは、根底では同じものであり、ただ程度の差異があるにすぎないと言われるだろう。（*SKS* 17, s. 225f., DD:18）

キェルケゴールは同年8月4日の日記で、「フモールは、最大の振動にまで徹底化されたイロニーのことである」（*SKS* 17, s. 234, DD:36）と、簡潔に定義している。このことからも、「イロニーとフモールとは、根底では同じものであり、ただ程度の差異があるにすぎない」という、ここでのキェルケゴールの指摘は裏づけられる。また、「自然全体が堕落しているということを教える人生観」とは、キリスト教のことを指している[125)]。そしてこのキリスト教の登場に伴って、「自然は復讐した」、すなわち「自然のイロニー」が生じたと、キェルケゴールは見ている。

この後もキェルケゴールはイロニーについての考察を重ねていく。彼は同月の日記で、次のように「古代人のイロニー」と「現代人のイロニー」について

---

124)　このような「満足」とソクラテスとの関係については、詳しくは本書第五章第一節（2）を参照。

125)　Cf. *SKS*, Kommentarbind 17, s. 397.

書いている。

> 古代人のイロニーは、現代人のイロニーとは、全く方法を異にする。すでに前者の調和的な言葉に対する後者の関係は、現代の反省的な冗長さに対する簡潔なギリシア語の関係と対照的である。しかしギリシア人のイロニーはその上、柔軟で（plastisk）あり、たとえばディオゲネス（Diogenes）がそうである。彼は、下手な射手が弓を射るならば、人は的の所に座るのが最も安全であるということを口に出して言わずに、そのまま進んで的のほうへ歩いていき、その的の下方に座るのである。ああ、ソクラテスがイロニーを語るのを聞くことができたらなあ。（*SKS* 17, s. 235, DD:38）

キェルケゴールは、現代人が外部の客観的世界についての、冗長な「反省」に終始していると批判している。またキェルケゴールは「古代人のイロニー」の範例として、ディオゲネスとソクラテスという、二人の古代ギリシア人哲学者の名前を挙げている。彼ら二人はいずれも、同時代の冗長な哲学に対して批判を加えた哲学者である。

そしてキェルケゴールは、同じく1837年8月に書いたと推定できる別の日記で、「文字で書くということは、世界に対してあまりにも宥和的な（forsonligt）立場をあからさまに表しているだろう」（*SKS* 17, s. 235, DD:37）と告白している。このことは、文字による記述を一切残さなかったソクラテスという哲学者へのキェルケゴールの関心の深さを裏づけるものである。そしてキェルケゴールは、文字による記述は「世界に対してあまりにも宥和的な立場」であると批判している。ここで言われている「宥和的な立場」とは、どのような立場なのだろうか。この立場を解読する鍵となるのは、同月26日の、彼の以下の日記記述である。

> ハイネ（Heinrich Heine）は、まぎれもなくフモリスト（Humorist）である（フモリストは、キリスト教そのものの全きフモールとして展開される。その展開は、キリスト教が、フモールの形をとって、イロニーの形で展開してきた世界に対して対立し

た、ないしは対立する時に、そして自らの教義によって、そのイロニーからフモールの閃光を引き出した時に起こる。すなわち、キリスト教が躓きとなり、今やそのイロニーがフモールによって再生（gjenføde）させられることはありえず、したがって宥和（forsone）させられることはありえず、悪魔的フモール（diabolisk Humor）として展開した時に起こる）。（*SKS* 17, s. 235, DD:39）[126)]

この日記記述によれば、「宥和」とは、フモールによるイロニーの「再生」のことであることが分かる。つまりキェルケゴールにとって、フモールはあくまで手段であるにすぎず、イロニーの「再生」こそが目的だったのである。イロニーの「再生」とはすなわち、第五章冒頭でも述べるように、具体的には、イロニーが「再び実践的になる」（*SKS* 1, *BI*, s. 295）ということを意味している。

またこの日記記述からは、キェルケゴールが少なくともこの当時は「宥和」そのものを全面的には批判していないことを読み取ることができる。すなわちこの当時の彼は、その「宥和」を実現するための従来の方法が誤っていると考えていたのである。

そしてキェルケゴールは、1837 年 8 月に書いたと推定できる日記で、「元来の意味でのフモールという概念には、文字で書かないということが含まれている」（*SKS* 17, s. 235, DD:37）とも述べている。それゆえに、この当時にキェルケゴールが考えていた「宥和」とは、文字で書くという手段に依存しないフモールという方法での、イロニーの「再生」のことであった。そこで彼が改めて注目することになったのが、文字による記述を一切残さなかった二人の古代人、すなわちソクラテスとイエス・キリストである[127)]。

そこで次節では、「宥和」概念が生まれた思想史的背景を概観した上で、神学生時代のキェルケゴールが模索していた、フモールの機能について、イロニーとの相違という観点から考察していくことにしたい。

126）「悪魔的フモール」という概念については、本書第四章第五節参照。
127）キリスト教のフモールの重要性を、キェルケゴールはハーマン研究から学んだ。このことについての詳細は、本書の本章次節および第四章第三節参照。

第二節 イロニーとフモールの相違

(1) 概念と現象の「宥和」

第一章第三節 (2) で既述した、概念と現象の区別は、中世スコラ哲学の「本質存在 (essentia)」と「現実存在 (existentia)」との区別の中に、大きな淵源を有している。この区別は、神によって創られた被造物にのみ当てはまるとされ、神自身には当てはまらないとされた。なぜなら神の本質には完全性が備わっており、この完全性には、存在するということが含まれているからである。このことを論証するのが「神の存在論的証明」であり、アンセルムス (Anselm of Canterbury) によって最初にその論証が試みられ、近世に入るとデカルト (René Decartes)、スピノザ (Baruch de Spinoza)、ライプニッツ (Gottfried Wilhelm Leibniz) などが、アンセルムスの論証を引き継ぐ形でこの証明に取り組んだ。しかしカントによって初めて、「本質存在」の外部に「現実存在」があることが主張され、彼以前の先人たちが行った「神の存在論的証明」に対する反証がなされ、「本質存在」と「現実存在」との二元論が復権した[128)]。

ところがカントの思想を批判的に継承したフィヒテ、前期シェリング、ヘーゲルらドイツ観念論の哲学者たちは、この二元論の一元化を目指した。とりわけヘーゲルは、この一元化をすべての被造物に適用することができると見なし、第一章第三節 (2) で見たように、「自由」に支配される現象の領域を「必然性」に支配される概念の領域へと吸収するという形での一元化を目指した。その後、後期シェリングはそのようなヘーゲル哲学を「消極哲学 (die negative Philosophie)」であるとして批判し、現象の領域の優位性を主張して「積極哲学 (die positive Philosophie)」を主唱した。後期シェリングは、「本質存在」と見なされる概念に先立って「現実存在」としての現象が生起すると考えたのである。

---

128) Karl Löwith, „Von Hegel zu Nietzsche. Der revolutionäre Bruch im Denken des neunzehnten Jahrhunderts“, in: *Sämtliche Schriften*. Bd. 4, Stuttgart 1988, S. 149.

この後期シェリングの問題意識を受け継いだキェルケゴールは、現象の領域をもちろん無視しなかった。ただしキェルケゴールは決して、概念の領域を軽視していたというわけではない。彼は概念と現象とを、相互不可欠な関係にあるものと見なしており、『イロニーの概念について』で次のように述べていた。

> これら二つの契機は分離できない。それは次のような理由による。つまり、概念が現象の中に存在しないならば、すなわちより正確に言えば、現象が概念の中で、概念と共にようやく理解できて現実的になるのでないならば、真理性に欠ける。また現象が概念の中に存在しないならば、すなわちより正確に言えば、概念が現象の中で、現象と共にようやく理解できて現実的になるのでないならば、現実的あり方に欠ける。このような限りで、あらゆる認識は不可能であろうからである。（*SKS* 1, *BI*, s. 281）

キェルケゴールがこのような二元論を主張していたことは、彼の思想を理解する上での重要な大前提である。このことは、彼が1844年の日記に、「人生の二重性（二元論）に目を向ける考察は、統一性を追究する考察よりも高次であり深遠である」（*SKS* 18, s. 202, JJ:194）と書いていたことからも明らかである。

このような概念と現象の間の隔たりという意味でのイロニーは、序論第三節でも既述したように、「形而上学の領域に存在する」（*SKS* 1, *BI*, s. 295）。また、マランチュクは次のように述べて、キェルケゴール思想がある種の形而上学を有していると指摘している。

> キェルケゴールに反形而上学的傾向という罪を帰することは正しくないだろうということが付記されねばならない。〔中略〕形而上学が提供するのは、移ろいやすい現実的あり方にとっての概念体系である。形而上学は常に新たに、概念と現象の間の、すなわち「理念と経験的知識（Empirie）」との間の調停（Ausgleich）を探し求めるのである。[129]

129）Malantschuk, „Das Verhältnis zwischen Wahrheit und Wirklichkeit in Sören Kierkegaards existentiellem Denken", in: *Orbis Litterarum*, Vol. 10, København 1955, S. 171.

概念と現象の二元論は、キェルケゴールにとっては弁証法的なものとして措定されている。ここで弁証法的というのは、このマランチュクの言葉で言えば、「概念と現象の間の調停」が行われることを意味する。そしてこの「調停」という語には、第一章第三節（2）で既述した、概念の「暴力」という問題を解決するという意味が込められている。

キェルケゴールは、このような「概念と現象の間の調停」のことを「宥和」と呼び、美的「宥和」と宗教的「宥和」という、二種類の「宥和」[130]を考えていた。このような「調停」、すなわち人間の主観的努力の無限性と、外部の客観的世界の有限性との「宥和」の構想は、前節で見たように、すでに神学生時代のキェルケゴールに見出される。すなわち、前節で挙げた、1837年7月6日の日記の別の箇所で、彼は次のようにも記していた。

> イロニーは確かに、一種の心の安らぎ（Rolighed）をも生み出すことができる（その心の安らぎはその場合、フモールによる展開の結果として生じる、心の平安（Fred）に相応していなければならない）が、キリスト教的宥和（Forsoning）からははるかに遠ざけられている。〔中略〕フモールは叙情詩的である（このことは最も深い、人生の真剣さ（Livs-Alvor）である――すなわち、深遠な詩はそのようなものとして自らを形成することができないがゆえに、最もバロック的な形式のもとに自らを結晶化する。）（*SKS* 17, s. 225, DD:18）

この日記記述では、フモールが関わる「キリスト教的宥和」について語られている。つまり、「最大の振動にまで徹底化されたイロニー」（*SKS* 17, s. 234, DD:36）としてのフモールは、「最も深い、人生の真剣さ」であり、「キリスト

130）　この美的「宥和」と宗教的「宥和」という語は、筆者が便宜的に設けた語であり、キェルケゴールが直接用いているわけではないことを注記しておく。またキェルケゴールは『後書き』で、美的「宥和」も宗教的「宥和」も不十分と見なすに至る。つまりキェルケゴールによれば、「宥和」は、あくまで「内在」の領域内で量的差異を減少させる方策にすぎず、「超越」を前提とする真のキリスト教的概念ではないのである。このことについては、本書第五章第四節を参照。彼によれば、「宥和」によって人が到達できるのは「内在」の領域である「宗教性A」の領域までであり、それよりも高次の「超越」的な「宗教性B」の領域では、「内在との断絶」が支配しているのである（cf. *SKS* 7, *AUE*, s. 518ff.）。

教的宥和」の触媒であるというのである。そしてフモールという「深遠な詩」が「最もバロック的な形式のもとに」行われるということは、バロック期の文学に典型的な構成要素であった「殉教者」というイメージ[131]を必要とすることを暗示している。つまり、フモールは「殉教者」という犠牲の具体的イメージをまとって現れるのである。

キェルケゴールは恩師メラーの「覚醒のラッパ」を聞いた後は、元来形而上学に認めて認識論的意味などに応用していたイロニーを、フモールによってキリスト教に転用して、「再生」（*SKS* 17, s. 235, DD:39）させようと試みることになる。しかしそのことによって、神と人間の和解不可能性という新たなイロニーがどうしても無視できなくなるのである。それは次のような事情による。すなわち、キリスト教では、人間の主観的努力は有限なものとされ、その人間の努力に代わって神が無限なものとされる。このような、人間と神との間の差異は、量的なものではなく、質的なものである。その証左としてキェルケゴールは後期の偽名著作『死に至る病』（1849年）で、「神と人間との間の質的差異という深淵（Qvalitets-Forskjellighedens Dyb）」（*SKS* 11, *SD*, s. 211）という言葉を強調している。この「神と人間との間の質的差異」が、神と人間の和解不可能性というイロニーである。

キェルケゴールはこの、神と人間の和解不可能性というイロニーを、初期の著述活動から抱いていた。それは次の事実による。すなわち、前章第一節で述べたような、父ミカエルによる、当時はまだ婚姻関係になかった母アーネへの性的暴行という「罪」を、キェルケゴール自身も負っているため、神は自らを赦してくれないだろうとキェルケゴールが考えていたという事実である。

大谷愛人によれば、第一章第一節で述べたような、家族たちの相次ぐ死を、父ミカエルはその「罪」に対する神罰と考えていた[132]。そして1838年の父ミカエルの死後は、キェルケゴール家で生き残っていたのは、長兄のペーターとキェルケゴール自身の二人だけとなっていた。まずペーターは、父ミカエルの

131）　Cf. Benjamin, „Ursprung des deutschen Trauerspiels“, in: ders., *op. cit.*, S. 253.

132）　大谷『キルケゴール青年時代の研究』、686頁参照。

死の時、すでに神学国家試験に合格して牧師となっていた。他方でキェルケゴールも、幼少期から特異で厳格な宗教的教育を受け、ペーターと同じく牧師になるよう、父ミカエルからは期待されていた。

しかしキェルケゴールは、この期待を裏切った。彼は、「私は肉中の棘（en Pæl i Kjødet）によって、大きな諸々の内面的苦しみの中で著述家になった」（*SKS* 25, s. 22, NB26:14）と、のちの1852年6月19日の日記で回想している[133]。この「肉中の棘」とは、キェルケゴール自身の、父ミカエルから受け継いだ「憂愁（Tungsind）」と、その「憂愁」を隠しうる精神力との「不均衡」のことである。すなわちキェルケゴールは、「私は著述活動全体の中で、自分自身をこのように理解した」と題した1846年の日記で、次のように告白している。

> 自分自身途方もない憂愁の持ち主であったある老人（どれほど途方もないものであったかは、ここに書き留めるつもりはないが）が、老年になって一人の息子をもうける。その息子に、この憂愁全体が受け継がれる――しかしその息子は、精神の弾力性を有してもいて、憂愁を隠すこともできる。他方でまた、彼の精神は本質的に卓越した意味で壮健でもあるので、彼の憂愁は彼に力を及ぼすことができない。けれども彼の精神が憂愁を取り上げてしまうこともできない。せいぜい耐えることができるにすぎないのだ。〔中略〕私は、かの悲しむべき不均衡を、その不均衡による苦しみと共に（この苦しみは、こうした苦痛の惨めさ全体を理解しうる精神を持っていた人々の大部分を、自殺させるものであったことは疑いえないであろう）、私の肉中の棘、私の限界、私の十字架と見なしてきた。（*SKS* 20, s. 36, NB:34）。

この「肉中の棘」によって、キェルケゴールは「キリスト者」と自称できずに、「著述家」と自称していたのである。そして彼は1848年の日記には次のように記している。

133）「肉中の棘」という語の典拠については、『コリントの信徒への手紙二』十二章七節を参照。

依然として私はそもそも、キリスト教のための殉教者になることができる状態にはない。なぜなら、そのように大いに自らをキリスト者と呼ぶことは、私には許されていないからである。〔しかし〕私はそもそも天才であって、もしかすると、真理のための、すなわちキリスト者とは何であるかということについての真の叙述のための殉教者になら、なることができるかもしれないだろう。（*SKS* 21, s. 98, NB7:45）

キェルケゴールは自らを、あくまで「キリスト者」ではなく「天才」と見なしていた。そして彼の「美学的著作」の中の、実質的な意味での「殉教者」は、偽名著者たちであった。彼ら偽名著者たちは、「概念と現象の間の調停」を、言い換えれば人間の主観的努力の無限性と外部の客観的世界の有限性との徒労な「宥和」を試みる者たちとして、キェルケゴールによって描写されている。つまり、キェルケゴールの「美学的著作」の中の「宥和」は、偽名著者という「殉教者」の犠牲の上に成立しているのである[134)]。

またその場合、「殉教者」というイメージと、フモールは密接な関係にあることになる。なぜなら、『後書き』で述べられているように、「まさしくフモールの中には常に、隠された苦痛（Smerte）が存在するがゆえに、そこにはまた共感（Sympathie）が存在する」（*SKS* 7, *AUE*, s. 502）からである。また大谷愛人も、フモールの本質は「人間としての負い目の意識の共感」[135)] であるという見解を述べている。つまりフモールは、「殉教者」への「共感」を本質としているのである。

(2)　フモールの機能

「最大の振動にまで徹底化されたイロニー」（*SKS* 17, s. 234, DD:36）としてのフモールの機能については、キェルケゴールは、美学研究を始めた頃から注目し

---

134)　アドルノは、キェルケゴール思想が、このような「殉教者」を要する「宥和」を内包する「犠牲神学（Opfertheologie）」であると見なしている（cf. Adorno, „Kierkegaard. Konstruktion des Ästhetischen“, in: *Gesammelte Schriften*, Bd. 2, S. 17, S. 153 und S. 199）。

135)　大谷『キルケゴール著作活動の研究（後篇）――全著作構造の解明――』、636 頁。

ていた。1835年1月29日の彼の覚書に、初めて「フモール」という言葉が、前章第一節で言及した「盗賊の首領」というモチーフについての、次のような文章に現れている。

> 当然盗賊の首領はまた、高度にフモールを装備していると考えられねばならない。そのフモールは、まさしく彼を風刺的にしようとする彼の不満と確かに結合することができるし、また――たとえ彼が常に不満を抱くことは許されないとしても――より単純な庶民階級や国民の底辺といった彼の根源とも容易に結合することができる。（*SKS* 27, s. 119, Papir 97:3）

「盗賊の首領」に見られるこのようなフモールは、前節で挙げた1837年7月6日の日記記述の、「フモールが世界の中で道化師であろうと欲し」（*SKS* 17, s. 225, DD:18）という言葉に要約される。そして「盗賊の首領」として描写されている「フモリスト」は、外部世界に対して直接的には働きかけないのである。

そしてキェルケゴールは翌1836年4月の覚書で、外部世界に対する関わり方についての、フモールとイロニーの相違について、次のように記している。

> フモールはイロニーと対照的である。それゆえに両者は一人の個人の中で好んで結合するのも当然である。両者とも人が世界と関わらないことによって条件づけられている。しかしこの「世界と関わらないこと」というのは、フモールについては、世界のことを全く気にかけないというふうに修正されるのに対して、イロニーについては、世界に影響を与えようとするというふうに修正される。しかしこのイロニーの場合は、世界によってまさしく嘲笑されることになる。両者はシーソーの板の両極（つまり波動）である。というのも、フモリストは、世界が自らをからかう諸瞬間を感じるが、それとちょうど同様に、人生との闘いでしばしば屈服するに違いないイロニカーは、しばしば再び世界の上に身を起こし、世界に向かって笑いかけるからである。（たとえば、ファウストが世界を理解していないにもかかわらず、彼を理解していない世界に笑い返す場合がそうである）。（*SKS* 27, s. 136, Papir 142）

イロニーは、自らを嘲笑する外部世界に対して「笑い返す」という反応を示すことによって、外部世界に「影響を与えようとする」。それに対してフモールは、「世界が自らをからかう諸瞬間を感じる」ことに徹している。このことによってフモールは、単なる「喜劇的なもの」[136]というようなものではなくなって、主観性の規定として、個人の人格に即して理解されるのである。

しかしこのようなフモールが「再生」させようと試みるイロニーは、キェルケゴールにとっては危険極まりないものであった。彼は同年11月9日の日記で、「イロニーは、あらゆる瞬間に、自らを新たな依存状態から解放する――そのことはすなわち、半面から見るならば、そのあらゆる瞬間に、依存状態になることを意味するだろう」（*SKS* 17, s. 248, DD:81）と洞察している。

これまで述べてきたように、イロニーからの「自由」を求めようとするキェルケゴールの試みは、その反面では、再三再四主観性に立ち返るロマン主義イロニーと結びついてしまうことになるものであった。イロニーにおける、このような「解放」と「依存」が表裏一体となりかねない危険性を、上に挙げた1836年11月9日の日記記述（*ibid.*）は表現している。翌1838年1月25日の日記で、「イロニーとは異常な展開のことであり、それはちょうどストラスブールのガチョウの肝臓が異常に発達するように、個人を殴り殺すことをもって終わるのである」（*SKS* 17, s. 105, FF:159）[137]と述べているのも、イロニーのこのような危険性を指したものである。キェルケゴールにとって、イロニーのこのような危険性についての否定的見解は、これまで行ってきた自らのイロニー研究の過程を包括的に捉えようとする研究姿勢から生じたものであった。

そして1841年に完成したマギスター学位論文『イロニーの概念について』は、キェルケゴールがイロニーの機能と危険性について、これまで述べてきたような熟考を重ねた結果生まれた労作なのである。しかし同学位論文を分析す

136）「喜劇的なもの」という概念については、詳しくは本書第四章第一節（2）を参照。

137）この記述は、飽食させられたガチョウの肝臓は異常に肥大するのであって、ストラスブールがそのようなガチョウの肝臓パイで有名な町であったという逸話に基づいている（『キルケゴール著作集3　あれか、これか　第二部（上）』、浅井真男・志波一富・新井靖一訳、1965年、46頁、訳注4参照）。

る前に次章で、アンデルセン（Hans Christian Andersen, 1805-75）批判を行ったキェルケゴールの最初の著作『いまなお生ける者の手記より』（1838年）と、イロニー論以外のキェルケゴールによる美学的諸考察とについて、イロニー論に関連づけて言及しておくことにしたい。

第四章

様々な美学的考察
――イロニー論との関連で――

前章第一節で述べたように、1836年6月4日にキェルケゴールの恩師メラーは、「ロマン主義的なもの」という美学理念に囚われていたキェルケゴールに、「君は、全く恐ろしいほどに、どこまでも論難的なのだね」（*SKS* 25, s. 461, NB30:93）と忠告した。そしてメラーは同時期にキェルケゴールに対して、「あまりにも大きすぎる研究計画を設定しないよう気をつけるように」（*ibid.*）とも忠告していた。メラーのこの二つの忠告を聞いた後、第二章第二節で見たように、キェルケゴールは「ロマン主義的なもの」についての集中的考察を、同年8月19日の覚書記述（*SKS* 27, s. 143, Papir 172）を区切りとしてひとまず完結させる。そして彼は、自らのそれまでの美学的考察をまとめることを考えるようになる。

そこで本章ではまず第一節で、区切りとなるその1836年8月19日のキェルケゴールの覚書記述に記述されている、「叙情詩的――叙事詩的――叙情詩的・叙事詩的（戯曲的）」（*ibid.*）という、ハイベアが唱えた三段階論について分析する。その後で、主にその後のキェルケゴールの日記・覚書記述における、イロニー論以外の美学的諸考察について、イロニー論と関連づけて分析する。具体的には、第二節ではゲーテ論、第三節ではゲーテ著『ファウスト』についての議論、第四節ではハーマン論、そして第五節ではフモール論の考察について、それぞれ分析する。

第一節　詩の発展形式についての研究

(1)　叙情詩と叙事詩について――『いまなお生ける者の手記より』

キェルケゴールは1836年8月19日の覚書で、「叙情詩的――叙事詩的――叙情詩的・叙事詩的（戯曲的）」（*ibid.*）という、詩についてハイベアが唱えた三段階論に賛同している。しかしキェルケゴールは当初、ハイベアのこの見解にではなく、ヘーゲル著『美学講義』の見解に従っていた。すなわち、この少し前の同年8月2日の覚書では、「我々が常に、諸民族の詩の発展は叙事詩的なもので始まり、その後で初めて叙情詩的なものが続くと見ていることの内には、個々人の人生を表すどのような原型が存在しているのだろうか」（*SKS* 27, s. 141, Papir 163）と述べていた。

つまり、この三段階論の最初の二項である叙情詩と叙事詩のうち、どちらが最初の契機であるのかという問題については、この1836年8月2日の覚書と、それから17日後の同年8月19日の覚書とでは、キェルケゴール自身の見解は逆転している。その逆転はなぜ起こったのだろうか[138]。マランチュクはこの問題について、次のように考察している。

> すなわちキェルケゴールは、叙情詩と叙事詩の位置づけについての問題を、直ちに個々人の生き方の発展に関係させるのである。ここからは、叙情詩的なものを最初の場所に置き入れることへの道のりは実際長いものではなかった。なぜなら、叙情詩的なものは直接的なものに最も近く立っているからであり、また単独者（den Enkelte）が自らの人生を始めるのは直接性をもってであるからである。[139]

ここでマランチュクが暗に言おうとしているのは、ハイベアの思想を初期

138）大谷愛人も、同様の問いを発している（大谷『キルケゴール著作活動の研究（前篇）――青年時代を中心に行われた文学研究の実態――』、698頁参照）。

139）Malantschuk, *Dialektik og Eksistens hos Søren Kierkegaard*, s. 44.

キェルケゴールが応用したという事実である。すなわち、私淑していた師ハイベアの思想の強い影響下にあった初期キェルケゴールは、本節で後述するように、恩師メラーの死を契機として、然るべき人生観を獲得しようという決意のもとに、ハイベアの三段階論を「個々人の生き方の発展」に応用したのである。この応用は、キェルケゴールが、1838年9月に刊行された最初の著作『いまなお生ける者の手記より』で、詩人のあるべき「態度」について論じる際に、明白に見られるのである。

この、詩人のあるべき「態度」を論じるために、反面教師としてキェルケゴールが取り上げたのが、アンデルセンの長編小説『しがないヴァイオリン弾き（*Kun en Spillemand*）』（1837年）である[140)]。この長編小説のあらすじは、次のようなものである。貧しい仕立屋の息子として生まれた主人公クリスチャン（Christian）は、幼くして独り立ちしなければならず、流浪の生活をしながら、自分が愛着を覚えていたヴァイオリンの音楽家としてデビューすることを目指していた。クリスチャンによるヴァイオリンの演奏を聴いた者は、クリスチャンに天賦の才のあることを認め、それゆえに彼は上流社会の人々の集まりで演奏する機会を持つようになった。しかし彼には音楽家になるための準備勉強をする時間がなく、アマチュア演奏家としてしか自分の才能を発揮することができなかった。そして結局彼はやがて、罹患していた病が悪化して死んでしまった、というものである。

アンデルセンのこの長編小説を批評したキェルケゴールの『いまなお生ける者の手記より』という表題の由来について、ブラントは四つの事情を挙げている[141)]。第一に、キェルケゴール家の老父ミカエルの七人の子供のうち、同書の刊行時までにすでに五人が、34歳の誕生日を迎える前に早世してしまっていた。つまり残された子供は、長兄ペーターと末弟のセーレンの二人だけになってしまっていたのである。第二に、老父ミカエルも同書の刊行直前の1838年8月9日に死去したことを受けて、息子セーレンがますます自らを

140）　キェルケゴールは同書（全3巻）を所有していた（cf. Rohde（udg.）, *op. cit.*, Ktl. 1503）。
141）　Cf. Brandt, *Syv Kierkegaard Studier*, s. 60ff.

キェルケゴール家の中で「いまなお生ける者」と見なすようになったということである。第三に、「覚醒の力強いラッパ」を吹いてくれた、キェルケゴールの恩師メラーも、同年3月13日に死去しており、残された弟子であるキェルケゴールが、自らをメラーの後継者と感じて同書の執筆を企てたということである。そして第四に、キェルケゴールは、「ロマン主義的なもの」に囚われていた1836年の6月4日、ハイベア家での歓談の最中、激昂してピストル自殺を意図した[142]際に、親友エミール・ベーセン（Emil Boesen, 1812-79）の取りなしもあって思いとどまったことを思い出して、自らを「いまなお生ける者」と見なしていたということである。

ブラントが挙げているこの四つの事情の中でも、筆者は第三の事情を最も重視する。なぜなら、キェルケゴールは恩師メラーの死の2ヶ月後の1838年5月19日に、「筆舌に尽くしがたい喜びがある」という一節で始まる日記記述（*SKS* 17, s. 254, DD:113）などに見られる「回心」を体験し[143]、同年7月9日の日記には次のように記しているからである。

> 私は、キリスト教とのはるかに親密な関係に入るよう努力しよう。というのも、私はこれまで、ある仕方でキリスト教の全く外部に立ち続け、その真理に対して刃向かってきたからである。（*SKS* 17, s. 255, DD:117）

キェルケゴールのこの日記記述からは、自分自身を人格的に成長させて、「キリスト教とのはるかに親密な関係」という然るべき人生観を獲得しようという決意、すなわち、序論冒頭で言及した、「キリスト者になること」という

142）　キェルケゴールは、1836年6月4日の覚書で、「私は自分自身をピストルで撃とうと欲した」（*SKS* 27, s. 166, Papir 235:1）と述べている。これは、彼が私淑していたハイベアがパリへ旅立つ前の、ハイベア家で行われた送別会での歓談の最中の出来事であったとされる。そしてそのように激昂していたキェルケゴールに対して、その場に居合わせていた恩師メラーが、「君は、全く恐ろしいほどに、どこまでも論難的なのだね」（*SKS* 25, s. 461, NB30:93）という、「覚醒の力強いラッパ」（V B 46, s. 102）としての忠告を行ったのである。このことの詳細については、大谷『続 キルケゴール青年時代の研究』、907-913頁参照。

143）　この「回心」の体験の事情を重要視するキェルケゴール研究者は多い。このことについては、詳しくは大谷前掲書、1155-1229頁参照。

理想への決意を読み取ることができる。このように、「キリスト者になること」というキェルケゴールの理想が、恩師メラーの死を最大の契機として生じたと、筆者は考える。

そして『いまなお生ける者の手記より』の中での、アンデルセンに対するキェルケゴールによる批評は辛辣さに満ちたものであった。彼はアンデルセンの『しがないヴァイオリン弾き』について、次のように評している。

> 我々が今や考察をこのアンデルセンの物語へ向ける場合、我々は、彼が叙情詩的段階の後で通常ほとんど通過しなければならない段階である叙事詩的段階をほのめかすものを、全く見出さないも同然である。(*SKS* 1, *LP*, s. 26)

キェルケゴールによれば、アンデルセンは「自分自身を発展させる代わりに、生産するという試みを、すなわち内面的な空虚さを種々の形象のもとに隠そうとする試み」(*SKS* 1, *LP*, s. 30) を行っているにすぎない。つまり、アンデルセンは叙情詩的段階にとどまっており、その次の発展段階である叙事詩的段階に必要とされる「反省」を行っていないというのである。アンデルセンは「反省」を欠いているがゆえに、「自らの対立物 (Modsætning) に同化して、あるいは他のもの (et Andet) に同化して、物事を把握している」(*SKS* 1, *LP*, s. 40)[144] とされるのである。そしてキェルケゴールは、「反省の中で任意に立ち止まり、今や究極的な真理へと高められる考察」(*SKS* 1, *LP*, s. 35) である「人生観 (Livs-Anskuelse)」が、アンデルセンには「全く欠けている」(*SKS* 1, *LP*, s. 32) と酷評している。

しかしこのような「人生観」の確立は、当時のキェルケゴール自身にも向けられた要求であった。それゆえ彼は、先述の「キリスト教とのはるかに親密な関係」(*SKS* 17, s. 255, DD:117) という然るべき人生観を獲得すべく、この最初の著作の刊行を転回点として、牧師資格を取得するための神学国家試験の準備に入っていくことになる。またその準備と同時に、「あまりにも大きすぎる研究

144)　ここで言われている「他のもの」は、他人だけでなく、他の事物のことをも指している。

計画を設定しないよう気をつけるように」（*SKS* 25, s. 461, NB30:93）というメラーの遺言に従って、自らのマギスター学位論文についての準備も進めていくことになる[145]。

(2)　戯曲について――「悲劇的なもの」と「喜劇的なもの」

キェルケゴールは、叙情詩や叙事詩の研究に入る以前から、戯曲作家でもあったハイベアの強い影響のもとで、戯曲に関心を示していた。すなわち、彼が美学研究を開始して間もない1834年11月22日の覚書記述に早くも、「悲劇的なもの（det Tragiske）」という概念について、「最も高められた悲劇的なものは、疑いもなく、誤解されることの内にある」（*SKS* 27, s. 122, Papir 102:1）という指摘が見られる。そしてこの覚書記述と関連する形で、第二章第一節で挙げた「盗賊の首領」について、翌1835年1月29日の覚書にキェルケゴールは、次のように記している。

> しばしば盗賊の首領はまた、大衆の眼に汚点と映っていることによって、自らの立場が極めて不幸なものであることを感じている。彼は自分が誤解されていると（悲劇的である）と感じているのだ。（*SKS* 27, s. 120, Papir 97:5）

「盗賊の首領」は、「誤解される」という「悲劇的なもの」を有するのである。さらにキェルケゴールは翌1836年3月には、次のような同様の内容の覚書記述を残している。

> 悲劇的なものは、自分を理解してくれる者を持つことができないということの内にある。この悲劇的なものは、『創世記』の中で美しく言い表されている。そこでは、アダムはあらゆる動物たちに名前を与えるが、自分のためには何も見出していないのである。（*SKS* 27, s. 134, Papir 139）

145）　大谷前掲書、1423頁参照。

『創世記』二章二十節には、「人間はすべての家畜、空の鳥、野の動物に名前を与えたが、自分にとっての補助者を見つけることはできなかった」と書かれている。キェルケゴールから見れば、そもそも人間の歴史が、人間を理解してくれる存在の不在という「悲劇的なもの」で始まっているわけである。

そして翌1837年7月14日の日記には、短いが注目すべき日記記述が見られる。それは「私は悲劇的なものを喜劇的なもの（det Comiske）と結びつけたりもした。すなわち、私が冗談を言うと、民衆は笑う――私は泣いている」（*SKS* 17, s. 233, DD:33）というものである。この日記記述から窺えるのは、「悲劇的なもの」と「喜劇的なもの」は異なる二つの視点から見た同一のものであるという、キェルケゴールによる洞察である。

キェルケゴールは同年9月20日には、この「喜劇的なもの」について、「悲劇的なもの」と対比しながら、次のような日記記述を残している。

> 様々な年代の人が笑う対象を示すことによって、人間の本性の展開を追跡することは興味深いことであるだろう（個々の人間の本性、すなわちそれゆえに個々の年代の本性の展開を）。一部ではこのような試みを同一の著述家、たとえば我々〔デンマーク人〕の起源である著述家のホルベア（Ludvig Holberg, 1684-1754）によって行うことによって。また一部では、様々な種類の喜劇的なものによって。どの年代で悲劇的なものが最も好評を博するかについての諸々の探究や試みと結びついて、また喜劇的なものと悲劇的なものとの間の関係についての他の心理学的諸考察と結びついて、なぜ人はたとえば悲劇的なものを一人で読むことを好み、喜劇的なものを仲間の中で読むことを好むのかということは、その作業に対して寄与するだろう。私が思うに、人が今や書くべきであるのはすなわち、魂（Sjæl）の静止状態の連続性（概念の連続性ではない）の内にある、人間の魂の物語（ちょうど普通の人間の内にあるような）である。そのような物語は個々のクライマックスで強化される（すなわち、諸々の人生観を代表する、世界史的に奇妙な人々の中で）。（*SKS* 17, s. 240, DD:55）

この日記記述でキェルケゴールは、同時代に書かれるべき作品と見なしていたものが「喜劇的なもの」を参考にするべきであると示唆している。「喜劇的なもの」は、まさしく「諸々の人生観を代表する、世界史的に奇妙な人々」を題材としている。「喜劇的なもの」こそが、「笑い」によって「人間の本性の展開を追跡すること」を可能にしてくれると、キェルケゴールは考えていたのである。そして彼は、概念で捉えることの不可能な「魂の静止状態の連続性」を表す物語が、同時代の要請であることを感じていた。この「魂の静止状態の連続性」とは、第一章第三節（1）で論じた「内的直観」のことである[146]。

翌1838年3月13日、本節（1）で先に述べたように、恩師メラーが死去する。その後キェルケゴールは、この「喜劇的なもの」と「悲劇的なもの」を表現しようと構想を練ることになる。その構想の最初のものは、同年7月11日の次の日記記述である。

> 次のことは優れた悲劇的題材であろう。それは、〔ローマ皇帝〕マルクス・アウレリウスによる迫害のもとで、司教ポリカープ（Polycarp）や、そのような男たちの死に際の勇敢な姿に熱狂して、自分も殉教者（Martyr）になろうとした青年のことである。しかし人々はその青年に、そのことがひどい苦痛であると言い聞かせたので、彼は心細くなり…異教徒たちが要求したように、キリストを呪った。――このことから分かるのは、世俗の生活で行われるのと同じことが、キリスト教で行われるということである。すなわち、人はまず神と人間たちとのために成長しなければならず、たとえ我々が現代では、そのような苦痛なやり方で全体を破滅させるような大きな誘惑には曝されていないとしても、やはり、たとえば将来の神学者たちは、そのような誘惑に曝されないよう用心しなければならないのである。彼らは、若すぎる時期に説教を始めることによって、キリスト教の中で自らを生かしたり見出したりせず、むしろキリスト教の中へおしゃべりしに行くのである。（*SKS* 17, s. 256, DD:119）

この日記記述は、キェルケゴールと同世代の若い神学者たちに対する批判として読むことができる。そしてそのような批判をふまえて、美学的な観点から

146）「内的直観」については、本書第七章第四節も参照。

見れば、すなわち表現のあり方に注目すれば、次のようなイロニーが窺える。すなわち、キェルケゴールの眼には、命を賭した本当の「殉教者」になることが、ここで明言されているように「悲劇的」であると同時に、「喜劇的」にも映っているというイロニーである。このことは常識的な観点から見れば冒瀆的であるかもしれない。しかしあくまで美学的な観点から見れば、この日記記述でキェルケゴールがまさしく、「悲劇的なものを喜劇的なものと結びつけ」（*SKS* 17, s. 233, DD:33）ていることが見逃されてはならない[147]。

このようなイロニーは、「最大の振動にまで徹底化されたイロニー」（*SKS* 17, s. 234, DD:36）としてのフモールになっている。そして、イロニー論のこのような深化に大きく影響を及ぼしたのが、キェルケゴール自身によるゲーテおよびハーマンについての研究である。まず次節で、先に始められたゲーテ研究のほうから見ていくことにしたい。

第二節　ゲーテ研究の開始

1836年8月21日の覚書で、キェルケゴールは以下のように記している。

> 私が別の側面から中世に見た両面性はまた、自然と芸術が共に、偉大な詩人の形成に属しているということにも見ることができる。それゆえに中世は、それら二つの極をおのずから発展させた――すなわち自然詩人と芸術詩人とを発展させたが、両者を互いの内で支配することは滅多にしなかったか、あるいは全くしなかった。（*SKS* 27, s. 144, Papir 174）

この覚書叙述では、「偉大な詩人」とは、自然と、人間の努力の成果である芸術とを共に包摂しうる者であるということが主張されている。自然と芸術との関係は、美学の古くからの大きな問題の一つであるが、キェルケゴールは、

147）このように、イロニーがフモールの形をとって「冒瀆的なもの」に接近しうるという危険性を、キェルケゴールは認識していた。このことは、この日記記述（*SKS* 17, s. 256, DD:119）以前の、彼のハーマン研究から窺える。詳細は本章第四節および第五節参照。

この両者を、それらの相互関係に基づいて「支配する」ことができるような美学理論を模索していたのである。

そのような模索においてキェルケゴールが注目したのが、ゲーテおよび彼の代表作『ファウスト』である。第二章第一節で既述したように、キェルケゴールにとってファウストは、「三つの偉大な理念」の一つであり、「懐疑」を表す理念であった。「懐疑」は、悟性による「反省」を突き詰めた状態のことであり、イロニーによる思考の支配下にあり、前章で既述したように、「最大の振動にまで徹底化されたイロニー」（*SKS* 17, s. 234, DD:36）としてのフモールの前提をなす。

しかしキェルケゴールの関心は、作品人物としてのファウストだけではなく、作家であるゲーテ自身にも向けられていた。キェルケゴールは同年8月19日の覚書ですでに「ゲーテは確かに、イロニーとフモールとを持っている。しかし彼はこの両者の上を浮遊している（svæver）」（*SKS* 27, s. 143, Papir 173）と記している。この「浮遊している」ということはつまり、次の二つの点でゲーテが位置づけられていることを意味している。すなわち第一に、のちに『イロニーの概念について』で「イロニーが多くあればあるほど、それだけ自由に、かつ詩的に、詩人は自らの文学作品の上を浮遊している（svæver）」（*SKS* 1, *BI*, s. 353）と述べられるように、高みから自らの作品を支配する詩人としてである。そして第二に、第二章第二節で挙げた、この1836年8月19日のもう一つの覚書記述（*SKS* 27, s. 143, Papir 172）にも書かれているように、「両項の間を絶え間なく揺れ動く振子運動」（*ibid.*）としての「人生」を体現する人物としてである。

C・ロースによれば、1836年の2月にキェルケゴールは『ゲーテ全集』（全55巻、1828-33年）を購入しており、この購入以前にも他から借りるなどの方法によってゲーテの作品は断片的に読んでいたが、この購入以後、本格的にゲーテ研究を開始した[148]。そして早くも1836年3月の読書ノートには、『ヴィル

148）　Carl Roos, *Kierkegaard og Goethe*, København 1955, s. 9.

ヘルム・マイスターの修業時代』と『ヴィルヘルム・マイスターの遍歴時代』についての、次のような総括的見解が見られる。

> もし私が、ゲーテの『ヴィルヘルム・マイスター』について、そもそも卓越した点であると見なしていることを、簡潔に述べねばならないとしたら、次のように述べるだろう。すなわち、作品全体を貫いているものは、円熟した摂理（den afrundede Styrelse）であると。この長編小説自体でより教義的に展開され、作品全体の中に内在しているものは、フィヒテ的な道徳的世界秩序全体である。この道徳的世界秩序全体は、ヴィルヘルムを、こう言ってよいならば、理論において与えられている地点へと徐々に導いていく。このようにして、この長編小説の結末に近いところでは、詩人〔＝ゲーテ〕が主張してきた世界観が、つまり、以前はヴィルヘルムの外部に実在していたような世界観が、今や生き生きと彼の内部を占めてしまうのだ。（*SKS* 19, s. 102, Notesbog 3:5）

キェルケゴールによれば、『ヴィルヘルム・マイスター』全体を貫く「円熟した摂理」が指しているのは、次の二つのことである。一つは、この作品では、主人公ヴィルヘルムの内面と外面の世界観とが一致しているということである。このことは言い換えれば、作品理念と登場人物との一致である。もう一つは、もっと重要な事実として、そのような一致を生み出す詩人ゲーテの文学的手法が、人間としての彼自身が拠って立つ世界観でもあるということである。つまり、作者ゲーテ自身の世界観が、作品全体の中に基軸として表現されているのである。

またロースは、キェルケゴールがゲーテという人物を高く評価したのは、そもそもゲーテが人生観を追求しているからであり、キェルケゴールが最初の著作『いまなお生ける者の手記より』で長編小説作家としてのアンデルセンを酷評したのも、アンデルセンにこの人生観が欠如していると考えるからであったという見解を示している[149]。つまり、アンデルセンに対するキェルケゴール

149）　Cf. *ibid.*, s. 158f.

の辛辣な批評の背景として、ゲーテ読書が基盤となっていたとロースは解釈しているのである。この解釈は妥当性を有していると、筆者も考える。

キェルケゴールによれば、人生観と世界観を有するということは、「自らの人格（Person）に対する、および長編小説作家にとって不可欠な諸々の知識の基盤に対する不均衡な関係（Misforhold）によって制約されて」（*SKS* 1, *LP*, s. 44）いないこと、すなわちまさしく「人生のイロニー」（*SKS* 17, s. 27, AA:12）および「世界のイロニー」（*SKS* 17, s. 46, AA:27.a）から自由であるということを意味する。そしてこのような自由は、この「不均衡な関係」の「宥和」によってのみ可能となると、この当時の初期キェルケゴールは考えていたのである。

そしてキェルケゴールは1836年8月25日の覚書で次のように、ゲーテおよびヘーゲルについて考察している。

> ゲーテが古典古代的なもの（det Antique）への移行を創造した時、なぜ時代は彼に従わなかったのか。ヘーゲルがそのことを行った時、なぜ時代は彼に従わないのか。なぜこのことが作用しないのか。その理由は、この両者が美的および思弁的展開を、古典古代的なものへの移行へと還元してしまったからである。しかし政治的展開は、時代のロマン主義的展開をも生き抜かなければならなかったのであり、それゆえにまさしく最近のロマン派全体も――政治家たちなのである。（*SKS* 27, s. 144, Papir 177）

SKS は、ここで言われている「最近のロマン派」とは、「青年ドイツ派」や「青年フランス派」を指しているという注釈を付けている[150]。キェルケゴールは、これらの「最近のロマン派」に対しては、その急進的傾向のゆえに批判的であった。そしてキェルケゴールは、自らの同時代が「政治的展開」の時代であって、決して「美的展開」や「思弁的展開」の時代ではないと診断している。

しかしキェルケゴールは、時代の賛同を得られずに「美的展開」を「古典古

150）　Cf. *SKS*, Kommentarbind 27, s. 331.

代的なものへの移行」と同一視してしまったゲーテを、イロニー論の観点から改めて評価し直そうとしていた。そのような再評価としてとりわけ注目すべきなのは、キェルケゴールが同年9月8日の長文の覚書（*SKS* 27, s. 146ff., Papir 180）に記した、『ファウスト』についての作品分析である。この覚書は、大谷愛人も述べているように[151]、第二章第二節で挙げた、同年8月19日の覚書記述（*SKS* 27, s. 143, Papir 172）で述べられている、イロニーとフモールとの間の「振子運動」（*ibid.*）を深く考察し抜いた結果として重要なものである。

この1836年9月8日の覚書（*SKS* 27, s. 146ff., Papir 180）の中でキェルケゴールは、イロニーとフモールの両者を高みから観察するゲーテが「イロニーとフモールとに耐えて生き延びてきたのであって、その限りでは古典古代的以上である（すなわち、ロマン主義的・古典古代的（romantisk-classisk）である。）」（*SKS* 27, s. 146, Papir 180）と評価している。このような評価は、少し前の同年8月19日の覚書でキェルケゴールが示した、「古典古代的美―ロマン主義的美―絶対的美」（*SKS* 27, s. 143, Papir 172）という三段階論に則っている。つまり彼によれば、ゲーテは、「直接性」を主張する第一段階としての「古典古代的美」を乗り越えて、「反省」によるイロニーを主張する第二段階としての「ロマン主義的美」の段階を経て、「ロマン主義的・古典古代的美」という、最終段階としての「絶対的美」の一歩手前に至っているのである。

しかしゲーテは、この最終段階としての「絶対的美」には到達していないのである。なぜならキェルケゴールが言うには、ゲーテの『ファウスト』には、本当の意味での「個々の感激的な認識の瞬間」（*SKS* 27, s. 148, Papir 180）が欠けているからである。このことは、第二章第三節（1）で挙げた、この1836年の8月25日の覚書における、「ファウストに特有のものと見なされねばならない認識の感動というものは、実はゲーテの論述では、欠如しているのではなかろうか？」（*SKS* 27, s. 144, Papir 178）という記述内容に対応している。同覚書でキェルケゴールは、ファウストをドン・ファンと比較し、「ファウストの恋愛

151）　大谷前掲書、985頁参照。

生活、ファウストの感性は、決してドン・ファンのようにはならないのである」（*SKS* 27, s. 145, Papir 178）と述べ、ファウストの感性が間接的なもの、すなわちあくまで悟性による「反省」を介して認識するものにとどまっていることを指摘していた。

またキェルケゴールは端的に、「**ファウストはイロニーの盛衰に依存している**」（*SKS* 27, s. 146, Papir 180）とも評している。つまり、ゲーテが叙述するファウストはイロニーに翻弄され続け、自律性を有していないことが強調されている。ここで注意すべきなのは、キェルケゴールによれば、作家としてのゲーテ本人は、外部世界と「自分自身との絶え間ない矛盾の自覚」（*SKS* 17, s. 117, BB:24）としての自律性を有している一方で、そのゲーテが叙述するファウストにはそのような自律性が欠けている、という相違が存在することである。このことは、キェルケゴールによる、1837 年 1 月 22 日の次のような覚書に見てとることができる。

> キリスト教は矛盾律（Modsigelsens Grundsætning）を越えていかないということは、まさしくキリスト教のロマン主義的性格を示している。ゲーテが自らのファウストの内で明らかにしようとしたものは、まさしくこの命題以外の何であろうか？（*SKS* 27, s. 109f., Papir 82）

キェルケゴールによれば、キリスト教は、外部世界と「自分自身との絶え間ない矛盾の自覚」（*SKS* 17, s. 117, BB:24）としての自律性を有してはいないがゆえに、「ロマン主義的なもの」を無限に追い求めてしまうのである。この「ロマン主義的なもの」は、まだ外部世界を知らず、したがって自らの主観的努力の無限性と外部の客観的世界の有限性との間のイロニーを認識することはない。そしてこのようなキリスト教精神の具現者として、ゲーテのファウストは描写されていると、キェルケゴールは考えている。

しかし、ゲーテの『ファウスト』第二部では、ファウストは外部の客観的世界と「宥和」するに至る。これはファウスト自身のキリスト教的要素によるものであると、キェルケゴールは分析し、同じく1837年の日記で、次のようにキリスト教のフモール的側面をも指摘している。

> キリスト教はすなわち、最高度の相対性を主張することによって、つまり、一つの理念という、他の一切はその側面によって消滅してしまうところの大きな理想を設定することによって、ある意味で多大な鎮静力（beroligende Kraft）を有している（これはキリスト教のロマン主義的、フモール的側面である）。（*SKS* 17, s. 141, BB:50）

「ある意味で多大な鎮静力」とは、宗教的「宥和」をもたらすという意味での「鎮静力」ということであろう。またキェルケゴールは、この日記記述（*ibid.*）と同年に書いた日記（*SKS* 17, s. 49, AA:36）で、次のように記している。

> ヘーゲルはキリスト教に刺激された限りで、キリスト教の中に存在するフモール的要素を除去しようとし（そのことについては、私の文書の別の箇所にいくばくのことが見出される）、それゆえに世界と完全に宥和し、一種の静寂主義（Quietisme）に至った。同じことが『ファウスト』のゲーテの場合にとっても存在し、奇妙なことに同書第二部で相当遅れて出てくる。同書第一部をゲーテは容易に提示することができた。しかしどのようにして彼はひとたび起こされた嵐を鎮める（berolige）ことになったのかということが問題である。第二部はそれゆえ、第一部よりはるかに主観的な側面を有している（いやそれどころか、ゲーテが『ファウスト』全体で十分に表明したことは、どのようにして彼が生き抜いたものがあれこれの芸術作品にもたらされたかということである）。このことはちょうど、彼が自分自身を鎮めるためにこのような信仰告白を行っているようなものである。（*ibid.*）

キェルケゴールは、ゲーテが『ファウスト』第二部で「自分自身を鎮めるために」『ファウスト』を、ファウストと外部世界との宗教的「宥和」という形で完結させたにすぎないと分析しているのである。したがってキェルケゴールの解釈によれば、『ファウスト』は、第一部では「ロマン主義」が提示されているのに対して、第二部では宗教的「宥和」が強調されているのである。確かに、両部は異質な二つの作品として見られなくもない。実際、ゲーテが『ファウスト』第一部を完成させたのは1806年4月（対仏戦争の影響のため刊行は1808年）であるが、この後彼は『ファウスト』関連の仕事を全くやめてしまい、健康状態が悪化しつつあった1825年2月になってようやく『ファウスト』第二部の執筆を再開するのである[152)]。この再開について、キェルケゴールは1835年11月1日の覚書に、以下のように不満を表明していた。

> ゲーテが決して『ファウスト』を継続させなかったならば、そのことは私を大いに喜ばせただろうし、私は同作品を奇跡と呼んだことであろう。しかしここで人間的な弱さがゲーテを征服してしまった。ある種の強さに属するのは、ある作品で主人公が闘いに敗れて、ここで自らの懐疑について絶望してしまうのを見ることである。しかしこのことがまさしくファウストを、彼であるところの偉大な人物にしたものであったのである。まさしく改心によって彼はより日常的なものへと抑圧される。彼の死は同作品の中での完全な調和（Harmoni）であり、我々は確かに彼の墓のそばに座って泣くことができるが、死によって彼を我々の視界から見えなくさせた幕を引き上げることに直面することは決してできないのである。（*SKS* 27, s. 125, Papir 112）

このようにキェルケゴールは、ゲーテの『ファウスト』第二部の中でのファウストの死が、ゲーテが「自分自身を鎮めるため」（*SKS* 17, s. 49, AA:36）の主観的な「信仰告白」（*ibid.*）にすぎず、ファウストと外部世界との宗教的「宥和」という形をとって陳腐なものになってしまっていると批判しているのである。確かにキェルケゴールはゲーテを、現実世界と、人間の努力の成果である芸術との差異というイロニーを自覚しており、両者相互を文学作品の中で「支配する」（*SKS* 27, s. 144, Papir 174）ことのできる作家として高く評価している。しかしそのイロニーを宗教的「宥和」という形で解消させてしまった『ファウス

---

152)　柴田翔「年譜」、『ファウスト（上）』、柴田翔訳、2003年、370-375頁。

ト』第二部については、失敗作として酷評しているのである。

しかし他面から見れば、『ファウスト』第二部で宗教的「宥和」が成り立ちうるということの根底には、ゲーテが、現実にはイロニーが厳然として存在することを自覚していた作家であったことが基盤となっていると考えることもできる。つまり、宗教的「宥和」はあくまで文学作品としての『ファウスト』の中で成り立ちうる仮象にすぎず、ゲーテ自身が伝えようとしたのは、現実では人生および外部世界の諸現象との間の宗教的「宥和」は成り立ちえないというイロニー以外の何物でもないと解釈できなくもない。その証拠としてキェルケゴールは、この後に書いたマギスター学位論文『イロニーの概念について』の最終節で、ゲーテの「自らの作品に対するイロニー的な態度」(*SKS* 1, *BI*, s. 352)、すなわち「統御されたイロニー(behersket Ironi)」(*SKS* 1, *BI*, s. 353) を自らの主張として論じている。つまり、キェルケゴールの関心対象が、登場人物のファウストから、作家のゲーテ自身の「自らの作品に対するイロニー的な態度」へと徐々に移っていったのである。

第三節　シューバート著『ゲーテ著「ファウスト」講義』の集中的読書

キェルケゴールは、シューバートの書いた『ゲーテ著「ファウスト」講義』(1830年) を、1836年8月27日から9月2日までの間に集中的に読んだ。この読書はキェルケゴールにとって、ゲーテの『ファウスト』をイロニー論の観点から読解するに際して、大いに得るところがあった。キェルケゴールは、シューバートのこの書の読後感を大量に日記に書き留めており (*SKS* 17, s. 76ff., BB:7)、同書からゲーテの『ファウスト』をイロニー論的に分析する視点を学んだと言っても過言ではないので、本節ではその日記の内容について考察しておくことにしたい。

ただし、この日記記述は長大なものであるため、その全部について考察することは本書では行わない。この日記記述でキェルケゴールは、まず冒頭で

「我々はさしあたり『献呈の辞』、『舞台での前奏曲』、および『天上での序曲』を無視する」（*SKS* 17, s. 76, BB:7）と言明し、『ファウスト』第一部の第一場（「夜」）と第二場（「市門の外」および「書斎」）についてのシューバートによる解釈を論評した後、「第三場以降はシューバートによって詳述されていないも同然である」（*SKS* 17, s. 80, BB:7）と述べている。したがって、キェルケゴールが特に注目したのは『ファウスト』第一部の第一場および第二場についての、イロニー論の観点からのシューバートによる理解であることになる。

まず、『ファウスト』第一部第一場についてシューバートが書いた部分について、キェルケゴールは、シューバートがファウストの「意識」の中に「人生と知識との間の葛藤」（*SKS* 17, s. 76, BB:7）、すなわちキェルケゴール自身の言葉で言えば「人生のイロニー」（*SKS* 17, s. 27, AA:12）がどのようにして生じたかを詳述していると見なしている。しかしこの「人生と知識との間の葛藤」から脱出しようとするファウストは、「自分自身との宗教的葛藤、すなわち権威と自らの見解との間の関係」（*SKS* 17, s. 77, BB:7）にも囚われてしまう。つまりファウストは、キェルケゴールの言葉で言えば、「人生のイロニー」（*SKS* 17, s. 27, AA:12）に加えて、「世界のイロニー」（*SKS* 17, s. 46, AA:27.a）にも陥ってしまうのである。

次に、『ファウスト』第一部第二場のシューバートによる理解について、キェルケゴールは、悪魔メフィストフェレスが、人間の「すべての過大な努力を妨げたり風刺したりしているがゆえに、ある方法で私がイロニーと呼ぶであろうものである」（*SKS* 17, s. 78, BB:7）と評している。「ある方法で」ということについてのキェルケゴールの説明がその後に続く。メフィストフェレスの誘惑によってファウストは、「諸々の努力に対して自由になって、人生を単なる享楽としてしか受け取らない」（*SKS* 17, s. 79, BB:7）ようにさせる。そしてファウストは、「他人がより低次の段階で享楽している」（*ibid.*）のを見ることになる。このことはシューバートによれば、「そのより低次の段階の上を浮遊した状態で、半ばイロニー的にその段階を享楽する」（*ibid.*）こと、すなわち、「享楽」しているファウスト自身と、自身より低次の段階で「享楽」している他人とを同時に見下す状態であるとされる。このようにしてファウストは「自分自身および全世界に対する軽蔑（Foragt）」（*SKS* 17, s. 80, BB:7）に達するとシューバートが見ていることに、キェルケゴールは注目していた。

以上本節で見たように、シューバートの『ファウスト』論はキェルケゴールのイロニー論の枠組みで理解できるものであったがゆえに、キェルケゴールは熱心にその『ファウスト』論の読後感を記していたのである。

第四節　ハーマン研究の開始

先行研究によれば、キェルケゴールはハーマンの名前を、『ハーマン著作集』（全7巻、ロート（Friedrich Roth）編、1821-27年、のち1842-43年に書簡と索引が加えられて全8巻として完成）のヘーゲルによる書評（1828年）や、本章第二節で触れた全55巻の『ゲーテ全集』に所収の『詩と真実』（第一部1811年、第二部1812年、第三部1814年、第四部1833年）などから知り、『ハーマン著作集』の既刊分の全7巻を、1836年9月頃に購入して読み始めたとされる[153)]。同月9日の覚書には、ゲーテ研究と関連してハーマンの名前が、『ハーマン著作集』も一緒に引き合いに出されて、次のように挙げられている。

> ゲーテは、自らの作品『ファウスト』でメフィストフェレスに、次のようなことをさせている。すなわち同書九十三頁でメフィストフェレスは、新入生を、一方では学部の（試験）勉強を経験させることによって、他方では彼を迷わせ、脅して、そのような圧力によって強化できた彼の偉大な計画を妨害したり駄目にしたりすることによって、〔その新入生の〕広範な努力を嘲笑する際に、まさしく学部の研究について迷わせている。ゲーテをしてそのようにさせているものは、普通のゲーテ的な世界経験（Verdens-Erfarenhed）なのだろうか。人はこのことについて、容易にハーマンのことを思い浮かべるに至る。彼もまた、この点では、一つの原型なのである。彼の生涯に関しては、『ハーマン著作

153）　大谷前掲書、927-928頁参照。

集』第1巻172頁参照。(*SKS* 27, s. 148, Papir 181)

この覚書記述では、新入生の努力を嘲笑するメフィストフェレスがイロニカーとして叙述されている。つまりメフィストフェレスが人間の努力の無限性を、外部世界の有限性との対比のもとに、イロニーという形式で嘲笑しているのである。ファウストもまた、そのようなイロニーという形式によってメフィストフェレスによる嘲笑の対象となる。しかしゲーテは『ファウスト』でそのようなイロニーを徹底化させていき、ファウストは最終的に、人間の努力の無限性と外部世界の有限性との間の宗教的「宥和」の「殉教者」となる。すなわち『ファウスト』の結末では、「殉教者」を生み出す、「最大の振動にまで徹底化されたイロニー」(*SKS* 17, s. 234, DD:36) としてのフモールが機能しているのである。このようなフモールの「殉教者」として、人が容易に思い浮かべるのがハーマンであると、キェルケゴールは述べているわけである。この覚書記述で挙げられている『ハーマン著作集』第1巻172頁には、ハーマンの自伝『私の生涯についての見解 (*Gedanken über meinen Lebenslauf*)』の中の、次のような記述がある。

> 私の愚かさが常に私に示してくれたのは、パンのために研究することではなく、好みに従って暇つぶしのために、そして学問それ自体への愛情から研究することが、一種の高潔さと崇高さとを有しており、詩神たちの日雇い労働者や傭兵であるよりも、詩神たちの殉教者であることのほうが良いということである。[154)]

キェルケゴールはハーマンを、人間の努力の無限性と外部世界の有限性との宗教的「宥和」を試み、「殉教者」になる運命にあったフモリストとして理解

---

154) Johann Georg Hamann, „Gedanken über meinen Lebenslauf“, in: *Hamanns Schriften,* Bd. 1, Berlin 1821, S. 172. ハーマンのこの文章には、大谷愛人も注目している（大谷前掲書、929頁参照）。なお大谷は、キェルケゴールに最も影響を与えた人物として、ハーマンを挙げている（同、925頁参照）。

している。つまりキェルケゴールは、「共感」としてのフモールが元々キリスト教に存在していたものであると見なしており、そのようなキリスト教に由来するフモールの代表的人物として、ハーマンの名前を挙げているのである。このことは、以下に示す、翌1837年3月末から6月初めの間に書かれた日記記述からも明らかとなる。

ハーマンは、次の三つの点の必然的結果として、キリスト教の中に存在しているところの（そしてキリスト教の別の機会〔＝宗教改革〕については、キリスト教をめぐって存在しているところの）、しかし彼の場合には一面的に展開されているところの、フモール的性向の良き代表者となることができた。すなわち、a）キリスト教の中にそのようなものとして存在しているフモールの必然的結果として。b）宗教改革によって定められた、個人の孤立の必然的結果として。すなわち、個人というものはカトリシズムでは前面に現れてこなかったし、カトリシズムは周知のように教会を有していたので、確かに、たとえまさしく教会としての純粋な概念の形で、「世俗（Verden）」に立ち向かう傾向をあまり持っていなかったとしても、「世俗」に十分対抗することができた。しかしいずれにせよ、カトリシズムはフモールを、一切に対抗するものへと展開させることはできなかった。またカトリシズムはそのことによって、かなり不毛であった。〔すなわち、〕少なくともすっかり繁茂した植物を欠いていて、小さな白樺の木がまばらに生えているにすぎないほど〔個人の後退が〕先鋭化していた。（このような〔個人の後退の〕先鋭化は、〔プロテスタントであった〕ハーマンには当てはまらないが、個人というものの基礎は、ハーマンの深い感情と、幅において狭まっている分だけ深みを持っている、彼の偉大な天才性との中に探し求められねばならない（そしてハーマンは、知識に対して貪欲な同時代の人々を、つまり、大皿まで舐める人々を、饗宴に招くことを楽しんでいた〔ほど、偉大であった〕。）。しかしハーマンは、そのように一面的にフモールが展開されているにもかかわらず、この〔フモールの〕立場である、真の中庸を非常によく代表した人物でありうるのだ。）c）ハーマン自身の生来のフモール的性向の必然的結果として。それゆえハーマンは、キリスト教における最も偉大なフモリストであると、おそらく本当の意味で言うことができるだろう（すなわち、それ自体最もフモール的な世界史的人生観における最も偉大なフモリストである――つまり世界で最も偉大なフモリストであるということである。)。(*SKS* 17, s. 214, DD:3)

キェルケゴールは、フモールが元々キリスト教、とりわけ宗教改革以降のプロテスタンティズムの内での「個人の孤立」という状況のもとに現れたという見解を示し、キリスト教が「それ自体最もフモール的な世界史的人生観」であると解釈している。このようなキリスト教のフモール的性格について彼が述べる根拠としては、「世俗」に対する否定的「態度」を挙げることができるし、以下に示す1837年6月3日の日記記述の中に述べられているように、キリスト教の「自己否定」的性格というものをも挙げることができる。

キリスト教のフモール的なものは、「私のくびきは軽く、私の荷は重くない」という命題でも表現される。というのも、荷というものは確かに、世俗の人々にとっては最も重く、考えることができる最も重いもの――すなわち自己否定(Selvfornægtelse)であろうからである。(*SKS* 17, s. 216, DD:6)[155)]

この「自己否定」は、突き詰めれば、それを行う本人を真理のための「殉教者」に至らしめる。このような事情からも、キェルケゴールは、キリスト教を「それ自体最もフモール的な世界史的人生観」(*SKS* 17, s. 214, DD:3) として特徴づけているのである。

このように、キリスト教のフモールの「殉教者」としてハーマンをキェルケゴールは挙げているが、もう一つ、彼がハーマンの名前を挙げる理由として、ハーマンが、「無知」というソクラテス的見解を有していたことを指摘しておかねばならない。キェルケゴールはこの「自己否定」を論じた日記記述(*SKS* 17, s. 216, DD:6) で、続けて次のように述べる。

キリスト者の無知(Uvidenhed)(この純粋にソクラテス的な見解は、そのように

---

155)「私のくびきは軽く、私の荷は重くない」というイエス・キリストの言葉については、『マタイによる福音書』十一章三十節参照。

してたとえばハーマンの中にある）はもちろんまたフモール的なものでもある。というのも、フモール的なものの中でキリスト者の無知は、人がその無知によって、自分自身を最も低い立場へとへりくだらせ（nedtvinge）、そこから世間一般の見解を見上げる（すなわち、見下げる）ことなしに存在しており、そのようにして自らを引き下げること（Sig-Nedsætten）の背後にはやはり、自らを高めるということ（sig Ophøien）が存在しているからである。（*SKS* 17, s. 216 og s. 218, DD:6）

キェルケゴールによれば、「無知」は、他人に対してへりくだったり、他人を見下げたりするなどという、他人との関係の中に存在しているものではないがゆえに、「純粋にソクラテス的な見解」なのである。そしてソクラテスのイロニーと、ハーマンのフモールは、共に「無知」というあり方をとって通底し合うのである。

ソクラテスの「無知」について、キェルケゴールは、第一章第三節（2）で挙げた、1835年8月1日の「ギレライエの日記」（*SKS* 17, s. 23ff., AA:12）に書きつけているように、知識として知ってはいたが、この1836-37年頃になって、ハーマンを読んで、いっそう理解を深めたと考えられる。ハーマンは『ソクラテス追憶録』（1759年）の中で次のように述べている。

ソクラテスは自らの無知（Unwissenheit）について、心気症の患者が自らの思い込みの病について語るのと同様に、たびたび語ったと思われる。心気症の患者を理解して思慮を得るためには、その心気症自体を知らねばならないのと同様に、ソクラテスの無知を把握するためには、もしかすると無知に対する共感（Sympathie）が必要であるかもしれない。[156)]

ハーマンは実際には、生前から博識で知られており、「無知」であるとは言いがたいが、「無知」に対する多大な「共感」能力を持ち合わせていたと、キェルケゴールは解釈したのである。そのような「共感」が、ハーマンによる

156）　Hamann, „Sokratische Denkwürdigkeiten“, in: *Hamanns Schriften,* Bd. 2, Berlin 1821, S. 30.

フモールでは表されるのである。前章第一節で既述したように、キェルケゴールは当初、文字で書くという手段に依存しないということを含意するフモールという方法によるイロニーの「再生」（*SKS* 17, s. 235, DD:39）、すなわち宗教的「宥和」を意図していた。そこで彼が注目することになったのがハーマンであった。なぜならこれまで見てきたように、ハーマンは、ソクラテスとイエス・キリストという、文字による記述を一切残さなかった二人の古代人に注目することの重要性を説いているからである。

ただしキェルケゴールは、そのようなハーマンの同時代に対する関係のあり方について、「論難的（polemisk）」であるという評価を与えるようになる。キェルケゴールは、1836–37 年頃に書いた、「ハーマンに関することども」と題した日記の中（*SKS* 17, s. 209, CC:25）で、次のような文章を残している。

> 私が期待するのは、元来の意味で歴史の一時代を満たしているとされるすべての人が、常に論難的に始めなければならないということを、ある世代が告知することである。なぜならまさしく、次の段階はそれに先行する段階の単なる結果ではないからである。ホルベアの場合でも、ゲーテの場合でも、カントの場合でも、そうではなかっただろうか？（*ibid.*）

この日記記述には直接ハーマンの名前は出てこないが、キェルケゴールは、ハーマンをホルベアやゲーテやカントと同じく、自らの同時代に対して「論難的に」生きた人物として理解している。その「論難的に」というのは具体的には、「最大の振動にまで徹底化されたイロニー」（*SKS* 17, s. 234, DD:36）としてのフモールによって、ということである。

しかし、ここで言う「論難的」という言葉は肯定的な意味合いを持つものではない。この「論難的に」という表現によってキェルケゴールは、前章第一節で挙げたように、1836 年 6 月 4 日に恩師メラーが、「ロマン主義的なもの」という美学理念に囚われていたキェルケゴールに投げかけた、「君は、全く恐ろしいほどに、どこまでも論難的なのだね」（*SKS* 25, s. 461, NB30:93）という忠告の言葉を暗示していると言ってよいだろう。つまりキェルケゴールは、このメラーの言葉に基づいて、「論難的」であったと自身が見なすハーマンに対して不賛同を表明していると考えられる。

キェルケゴールは、1837年の日記で、「ハーマンが好んで、使徒や天使からよりも、むしろパリサイ人の口から出る真理を自らの意志に反して聞こうとする立場を述べる場合、それは最高度のイロニーではないだろうか」(*SKS* 17, s. 120, BB:27) と述べている。キェルケゴールはまた、同年の別の日記では、「ハーマンの論難 (Polemik) はあまりにも行き過ぎており、時々、何か冒瀆的なもの (noget Blasphemisk)、すなわちそれによってあたかも「神をそそのかす (friste)」ことを欲しているように思われるところのものを含んでいるように、私には見える」(*SKS* 17, s. 129, BB:37) と書いている。さらに同年7月6日の日記の欄外でもキェルケゴールは、「フモールは、冒瀆的なもの (det Blasphemiske) に近づきかねない」(*SKS* 17, s. 225, DD:18.c) と述べて、フモールが「冒瀆的なもの」になりうる危険性を指摘していた。

フモールという方法によるイロニーの「再生」(*SKS* 17, s. 235, DD:39)、すなわち宗教的「宥和」を画策していたキェルケゴールにとって、このフモールが「冒瀆的なもの」になりかねないという危険性は無視できないものであった。それゆえに彼は、フモールが持つこのような危険性について、さらに考察を進めていく。次節では、そのような、フモールに関する彼の考察の深化について見ておくことにしたい。

第五節　フモール論の深化

「冒瀆的なもの」になりかねない危険性を有するフモールを、キェルケゴールはハーマン以外にも、ハイネの中に見出していた。そこで、前章第一節で部分的に挙げた、1837年8月26日のキェルケゴールによる日記記述の全文 (*ibid.*) を見てみることにしよう。

> ハイネは、まぎれもなくフモリストである（フモリストは、キリスト教そのものの全きフモールとして展開される。その展開は、キリスト教が、フモールの形をとって、イロニーの形で展開してきた世界に対して対立した、ないしは対立する時に、そして自らの教義によって、そのイロニーからフモールの閃光を引き出した時に起こる。すなわち、キリスト教が躓きとなり、今やそのイロニーがフモールによって再生（gjenføde）させられることはありえず、したがって宥和（forsone）させられることはありえず、悪魔的フモール（diabolisk Humor）として展開した時に起こる）。しかしハイネは一人であり続けることはできず、世俗が教会に対する永久的なフモール的論難（Polemik）として今や設立されようとした際に、世俗に対してフモール的に展開する教会の対像（Modbillede）を設立したのである。（*ibid.*）

キェルケゴールによれば、ハイネの場合には、フモールが、宗教的「宥和」の触媒としての元来の役割を果たすことがなく、「悪魔的フモール」として自己目的化してしまうという誤った事態に陥っているのである。そしてキェルケゴールは、ハイネが、世俗とキリスト教会との間の対立を「宥和」させることなく、その対立の一方の極であるキリスト教会の「対像」、すなわち世俗の像を描写しているにすぎないと見ているのである。

ハイネとキリスト教との関係について、キェルケゴールは翌1838年4月16日の日記で、以下のような詳細な考察を行っている。

> ハイネにとってキリスト教はバロック的な形姿をとって現れていたので、彼は不安になった。このような諸々の苦しみのもとで、彼の魂の中にある詩的なものは、美しい叙情詩的作品集（『歌の本（*Buch der Lieder*）』）の中で十分に休らったのであるが、今や反省が始まったのである。この反省は今やそもそも、キリスト教の形姿は実際そのようなものであるのかどうかをできれば思案するために、キリスト教へと投げかけられるべきであったが、その代わりにその反省はハイネ自身の憂いに沈んだ姿へと投げかけられて（彼は深い意味で、憂いに沈んだ姿をした、現代の騎士である）、彼は自分自身の憂いに沈んだ姿に恋してしまった。そして今やその現象は貶められてしまったので、彼の『歌の本』の中

で我々の悲哀を喚起しているものが、彼の散文の中では我々の否認を喚起しており、その散文の中で彼は態度を硬化させているのである。(*SKS* 18, s. 99f., FF:126)

この日記記述では、ユダヤ教からキリスト教（プロテスタント）に改宗した際のハイネの心境が分析されている。「バロック的な形姿」とは、真と偽、善と悪といった二元論的対比構造のことを意味する。このような二元論的構造は、ハイネにとっては「不安」や「苦しみ」や「憂い」といった悲痛な心境をもたらすものでしかなかったというのである。そしてハイネの「反省」はこのような心境の原因であるキリスト教自体へと向けられる代わりに、そのようなハイネの悲痛な心境自体へと向けられて、ハイネは硬化的「態度」に陥ってしまったと、キェルケゴールは洞察しているのである。

キェルケゴールはさらに、フモール一般について、1837年10月11日の日記の中で、次のように「絶望」と結びつけて分析していた。

イロニカーがフモリストの機知や着想によって笑う場合、それは、ハヤブサがプロメテウスの肝臓をつつく場合と同じようなものである。というのも、フモリストの着想とは気まぐれの娘たちではなくて、苦痛の息子たちなのであって、その各々の息子たちはフモリストの内臓の小さい切片を伴っているからであり、痩せ細ったイロニカーはフモリストの絶望した深みを必要としているからである。(*SKS* 17, s. 243, DD:68)

キェルケゴールによれば、イロニカーは悟性による「反省」を突き詰めた「意識」としての「懐疑」に囚われており[157]、その典型はファウストである。このような「懐疑」に囚われたイロニカーは、「絶望した深み」としてのフモールを渇望するに至る。ここで言われている「絶望」とは、本節冒頭で先に

157)　キェルケゴールによれば、フモリストも「懐疑」を有している。すなわち、『イロニーの概念について』では、「フモールは、イロニーよりもはるかに深い懐疑（Skepsis）を内包している」(*SKS* 1, *BI*, s. 357) と述べられている。

述べたように、フモールが、誤って用いられて「悪魔的フモール」（*SKS* 17, s. 235, DD: 39）として、「冒瀆的なもの」になった状態のことである。キェルケゴールは1840年の覚書で、「フモールは宗教的（religieus）でありうるか、魔力的（dæmonisk）でありうるかのどちらかである」（*SKS* 19, s. 187, Notesbog 5:30）と断言している。K・イェンセニウスによれば、この後者の「魔力的フモール（den dæmoniske Humor）」が、キェルケゴールのアハスヴェルス（永遠のユダヤ人）的「意識」、すなわち「絶望」の本質をなしており、この「絶望」の端緒は、本章第三節で詳しく見た、シューバート著『ゲーテ著「ファウスト」講義』の読後感の記録（*SKS* 17, s. 76ff., BB:7）にすでに見出されるとされる[158]。

イェンセニウスのこの説に従えば、同記録（*ibid.*）を書いた1836年8月末から9月初めにかけての時期は、メラーがキェルケゴールに対して「覚醒の力強いラッパ」（V B 46, s. 102）を鳴らした同年6月4日のすぐ後の時期に当たる。この1836年6月4日という日は、本章第一節（1）の注142）でも示しておいたように、「ロマン主義的なもの」に囚われていた彼が自殺を意図し、「覚醒の力強いラッパ」（*ibid.*）としての忠告をメラーから聞いた日である。少なくともこの日までのキェルケゴールの心境は、悟性による「反省」を突き詰めた「意識」としての「懐疑」を越えて、自殺を意図するほどの「絶望」の淵にまで追い込まれていたのである。彼をこの「絶望」の淵から救い出してくれたのが、メラーによる「覚醒の力強いラッパ」だったのである。キェルケゴールがこの時の自らの「絶望」の心境を、シューバート著『ゲーテ著「ファウスト」講義』で描写されているファウストの中に見出したという可能性は十分考えられる。キェルケゴールが1838年1月13日の日記に「フモリストは猛獣と同様に、常にただ一人で歩む」（*SKS* 18, s. 108, FF:173）と書いているのも、キェルケゴールがそのような孤独な「絶望」の道をさまよっていた頃の状況の直喩である。

ゲーテの『ファウスト』の結末では、「絶望」からファウストを解放するた

158）Cf. Jensenius, *op. cit.*, s. 79ff.

めに、人間を超越した力による救済が行われる[159]。その救済は、本章第二節で既述したように、宗教的「宥和」という形式で行われる。その宗教的「宥和」のための触媒は、正しく用いられたフモール、すなわち、本節で挙げた、キェルケゴールの覚書記述（*SKS* 19, s. 187, Notesbog 5:30）に従って言い換えれば、「宗教的フモール（den religieuse Humor）」である。ファウストは悪魔メフィストフェレスの誘惑によって「懐疑」から「絶望」へと追い込まれてしまうが、最終的には「宗教的フモール」によって救済されるということになる。ただしこのような「宗教的フモール」を触媒とする宗教的「宥和」は、キェルケゴールにとっては、前章第二節の注130）で既述したように、不十分なものであった。

以上のようにキェルケゴールは、フモールの功罪両面を執拗に考察し抜いていた。このような事情は、イロニーについても該当する。第一章で考察したように、イロニーは「主観と客観との疎外」を抱えている。キェルケゴールは、マギスター学位論文『イロニーの概念について』の中で、この「主観と客観との疎外」を「統御されたイロニー（behersket Ironi）」（*SKS* 1, *BI*, s. 353）という形で克服しようとすることになる。

それでは次章ではいよいよ、概念による認識に付随する疎外の問題と、その解決策として考えられてきた「宥和」とについて、『イロニーの概念について』の議論をもとにして考察していくことにしたい。

159）Cf. Johann Wolfgang von Goethe, „Faust. Eine Tragödie", in: *Goethes Werke* (Hamburger Ausgabe), Bd. 3, Hamburg 1949, Zweiter Teil, Fünfter Akt, S. 333-364.

第五章

『イロニーの概念について』における 疎外論と「宥和」論

キェルケゴールは『イロニーの概念について』の中で、「イロニーは本質的には実践的であって、それが理論的であるのはもっぱらそれが再び実践的になるためにほかならないこと、別の言葉で言えば、イロニーにとって問題なのは事柄ではなくてイロニー自体であること」(*SKS* 1, *BI*, s. 295) を強調している。イロニーが「再び実践的になる」とは、彼にとっては、第三章で論じたような、イロニーの「再生」(*SKS* 17, s. 235, DD: 39) のことを意味している。彼はこのような実践的なイロニーを「実行的イロニー (en executiv Ironi)」と呼んで、「観想的イロニー (en contemplativ Ironi)」から区別している (*SKS* 1, *BI*, s. 293)。彼はこの二つのイロニーのうち、「実行的イロニー」の代表者については明示してはいないが、「観想的イロニー」の代表者についてはゾルガーであると述べている (*SKS* 1, *BI*, s. 341)。

また『イロニーの概念について』の中でキェルケゴールは、ヘーゲルの『美学講義』(著者死後の 1835 年に刊行) の表現[160] をそのまま借用して、イロニーを「無限に絶対的な否定性 (den uendelig absolute Negativitet)」(*SKS* 1, *BI*, s. 292) であると定義し、その後で次のように指摘している。

> だが無限に絶対的な否定性という、先述の箇所で与えられたイロニーの一般的特徴に立ち返るならば、この特徴の中で十分に示唆されているのは、次のようなことである。すなわち、今やイロニーがもはやあれこれの個別の現象に、

160) Hegel, „Vorlesungen über die Ästhetik I", in: *Werke in zwanzig Bänden*, Bd. 13, Frankfurt am Main 1970, S. 98. なおキェルケゴールは、Hegel, *Vorlesungen über die Aesthetik*, 3 Bände, herausgegeben von Heinrich Gustav Hotho, Berlin 1838 を所有していた (cf. Rohde (udg.), *op. cit.*, Ktl. 1384-86)。

すなわち個別に現存しているもの（Tilværende）に向かわず、むしろ存在するもの全体（hele Tilværelsen）がイロニーを認識する主観にとって疎遠に（fremmed）なり、この主観がまた存在するものにとって疎遠になっているということ、また現実的あり方（Virkelighed）がイロニーを認識する主観に対して自らの妥当性を失うことによって、イロニーを認識する主観自身がある程度まで非現実的になっているということである。もっとも「現実的あり方」という語はここでは、まず歴史的な現実的あり方、すなわちある時代と状況のもとで与えられた現実的あり方の意味に受け取られねばならない。（*SKS* 1, *BI*, s. 297）[161]

キェルケゴールはここで明確に、イロニー一般では「イロニーを認識する主観」や「現実的あり方」が疎外されることを問題にしている。そして彼は、次の叙述に見られるように、疎外されるそれらのものに対して並々ならぬ関心を示している。

現実的あり方をしていない存在が多数あり、また人格の中には、何か少なくとも契機としては現実的あり方と共通の尺度で測ることができない（incommensurabelt）ものがあるということが確かである限り、イロニーの内に真理があるということもまた確かである。（*SKS* 1, *BI*, s. 292）

そこで本章では以下、「イロニーを認識する主観」と「現実的あり方」とがそれぞれ疎外される場合について見ていき、先に挙げた、キェルケゴールによる指摘（*SKS* 1, *BI*, s. 297）を検証していくことにしたい。

第一節　ソクラテスのイロニーで疎外された「イロニーを認識する主観」

ソクラテスは、自らの著作を一切後世に遺さなかったことで知られている哲学者である。このこと自体がすでにイロニーである。なぜなら、彼の生前のあ

161）「歴史的な現実的あり方」については、本書第一章第三節（2）を参照。

りのままの姿、すなわち「歴史的ソクラテス」は、彼の弟子であったプラトンなどの周囲の人物たちの著作から推測するほかなく、この点にすでに「歴史的ソクラテス」と描写されたソクラテスとの間の疎隔が生じるからである。したがって、本書の以下の叙述で扱うのも、「歴史的ソクラテス」ではなくて、あくまでキェルケゴールのソクラテス像であることに注意されたい。

(1) 「ギレライエの日記」のソクラテス像

ソクラテスの名前がイロニーとの関係で最初に登場するのは、第一章第三節(2) で言及した、1835年8月1日の「ギレライエの日記」(*SKS* 17, s. 23ff., AA:12) においてである。その日記記述をもう一度ここで引用して、キェルケゴールのソクラテス像を考察したい。

> 人は何か他のものを認識する前に、まず自分自身を知ることを学ばねばならない（汝自身を知れ）。人間がこのようにして内面的に自分自身を理解して、今や自らの行路上の歩みを理解する場合に初めて、その人の人生は安らぎと意義を得るのだ。そしてその場合初めてその人は、かの厄介で不吉な道連れから——すなわち、認識の領域に現れて、ちょうど神が世界を無（Intet）から創造したのと同様に、真に認識することに対して、無知（Ikke-Erkjenden）（ソクラテス）でもって始めることを命じる、かの人生のイロニー（Livs-Ironi）から——自由になるのである。(*SKS* 17, s. 27f., AA:12)

この日記記述から、何を読み取ることができるだろうか。第一に、ソクラテスの名前が「汝自身を知れ」という、自己認識についての箴言と結びつけて挙げられているということである。この箴言について、『イロニーの概念について』の中でキェルケゴールは次のように説明している。

> ソクラテスに関して言えば、この自己認識（Selverkjendelse）はそれほど内容豊かではなかった。それはそもそも、後に認識の対象となったものからの区別、分離以上のものを含意していなかった。「汝自身を知れ」という言葉は、「汝自

> 身を他のもの（Andet）から区別せよ」ということを意味している。まさしくソクラテス以前にはこの自己（Selv）が存在しなかったからこそ、またソクラテスの意識と通じ合う神託のお告げは、「汝自身を知れ」と彼に命じたのである。（*SKS* 1, *BI*, s. 225）[162)]

「ギレライエの日記」を書いた1835年夏の時点ではキェルケゴールはまだ、ソクラテス研究を本格的には始めておらず、「汝自身を知れ」という箴言を一般的知識として知っていたにすぎなかった[163)]。キェルケゴールはようやく『イロニーの概念について』で、その箴言がソクラテスにとっては、自己と他のものとを区別せよ、すなわち他のものから敢えて孤立せよということを意味していると理解したのである。

第二に読み取ることができるのは、ソクラテスの名前が「無知」という否定性と結びつけられていると言うことである。キェルケゴールは1837年の覚書ですでに、「無知（Uvidenhed）というイロニーでもってソクラテスは始まっている」（*SKS* 27, s. 209, Papir 258:8）と指摘していた。この「無知というイロニー」を、キェルケゴールは『イロニーの概念について』の中で次のように説明している。

> ソクラテスは、自分が無知だと述べたとしても、何かを知っていた。なぜなら彼は自分の無知について知っていたからである。しかし他方で、この知っていたということは何かについて知っていたということではなかった、すなわち、肯定的内容を持っていなかった。その限りで、彼の無知はイロニー的だったのである。（*SKS* 1, *BI*, s. 306）

162） ここでキェルケゴールが述べている「他のもの」が具体的には何を指しているのかということについては、議論の余地がある。たとえばR・マルティネスは、この「他のもの」とはアテナイ国家のことであり、暗示的にはアテナイ市民の世論のことであると解釈している（cf. Roy Martinez, *Kierkegaard and the Art of Irony*, New York 2001, p. 41）。

163） キェルケゴールは、ソクラテスについての本格的な研究を1837年に、イロニー研究との連関で始めたとされる（大谷前掲書、1111頁参照）。また、本書第三章第一節も参照。

またW・アンツは、ソクラテスのこの「無知」について、「無知の告白で我々が認めるのは、真理は、我々がそれによって生きているにもかかわらず、同時に我々から逃れているということである」[164]と評している。つまりアンツによれば、ソクラテスは、言語を通じて表現された真理は、もはや元の真理ではなくなっているということを自覚していたがゆえに、真理についての「無知」を告白した、というのである。アンツは、「ソクラテスの哲学は一つの配慮（Sorge）から生じている。そしてその配慮は、概念（Logos）と、概念の中に準備されている、何が本当に存在しているのかというソクラテス的問いを立てうる可能性とを通じて可能となる」[165]とも述べている。

アンツのこの二つの言述はいずれも、概念と現象の間にイロニーが生じているということを示している。事実、たとえば「我々が肉体を持ち、我々の魂がこの肉体という悪と混ざり合っている限り、我々は求めているものを、決して満足できる形で獲得することはできない」[166]という、『パイドン』の中でのソクラテスによる発言は、概念と現象の間の隔たり、すなわちイロニー[167]をほのめかしている。つまりキェルケゴールはソクラテスを、概念と現象の間のイロニーを最初に発見した哲学者として高く評価するのである。

マランチュクは、概念と現象の間のこのようなイロニーをソクラテスが発見したことについてのキェルケゴールの見解に関して、次のように推測している。

> もしかしたらキェルケゴールは、〔魂の不死性に関する〕ソクラテスの「証明」について調べるうちに、その後自らの思考の中の確固とした諸要素に属するこ

164）　Wilhelm Anz, „Zum Sokratesverständnis Kierkegaards“, in: *Orbis Litterarum*, Vol. 18, København 1963, S. 4.

165）　*Ibid.*

166）　Platon, „Phaidon“, in: *Werke*, Bd. 3, übersetzt von Friedrich Daniel Ernst Schleiermacher, Darmstadt 1974, 66b. なお、キェルケゴールはシュライアマハーによるドイツ語訳の『プラトン著作集』（*Platons Werke*, 6 Bände., Berlin 1817–28）を所有していた（cf. Rohde（udg.）, *op. cit.*, Ktl. 1158–63）。

167）「概念と現象の間の隔たり」が「イロニー」であることの由来については、この後次項（2）で説明する。

> とになる次のような考えを確認させられたのかもしれない。すなわち、人は全体として受け取れば、何らかの証明によって――なぜなら証明は思考の領域に属するのだから――まさにこの現実的あり方に到達することはできないという考えである。[168)]

このような、概念と現象の間のイロニーの発見者としてのソクラテスについて、キェルケゴールが神学生時代から注目していたことがまず分かる。それでは彼は、このソクラテスのイロニーにおいて、どのように「イロニーを認識する主観」が疎外されると判定しているのだろうか。このことについて、次項で考察してみたい。

(2) ソクラテスの「否定的自由」

キェルケゴールは、「他のもの（Andet）」によって拘束されていないソクラテスのような道徳的個人は「否定的に自由な個人（det negativ frie Individ）」（*SKS* 1, *BI*, s. 270）であると述べている。キェルケゴールによれば、この「否定的自由」は、本節（1）で先に述べたように、「汝自身を他のものから区別せよ」という意味での「汝自身を知れ」という箴言をソクラテスが遵守する態度そのものである。

それゆえキェルケゴールは、「ソクラテスの無知の中に横たわる否定性は、彼にとっては結果でも、より深い思弁のための出発点でもなかった」（*SKS* 1, *BI*, s. 222）と断言している。またこの「否定性」とは、キェルケゴールによれば、常にイロニーが「自分自身に立ち返ろうと試み、自分自身の内に閉じこもる（slutter sig i sig selv）」（*SKS* 1, *BI*, s. 265, anm.）性質を持っていることを示している。言い換えればこの性質は、「周囲を気にせずに、**自分自身の中に沈潜すること**（at fordybe sig i sig selv）」（*SKS* 1, *BI*, s. 191）なのである。つまりこの性質は、「現象から身を引いて距離をとり、概念によって現象を対象化する」という性質である。そしてこのような性質から、前項（1）で先述した、「概念と

168） Malantschuk, *op. cit.*, s. 190f.

現象の間の隔たり」という「イロニー」の意味が派生しているのである。

このようなイロニーの「否定性」を、キェルケゴールは決して批判してはいない。むしろ、彼はこの「否定性」が「人格にとって特徴的なもの」(*SKS* 1, *BI*, s. 265, anm.) であると述べ、「イロニーは人格についての規定である」(*ibid.*) と、擁護的な言明をしている[169]。そしてこのような、「自分自身に立ち返ろうと試み、自分自身の内に閉じこもる」という意味での、「ソクラテスの無知の中に横たわる否定性」が、「ダイモニオン (daimonion; det Dæmoniske)」とソクラテスが呼ぶものである。この「ダイモニオン」について、キェルケゴールは次のように注意を促している。

> 私は読者に、次のことに注意するようお願いしなければならない。すなわち、このダイモニオンが命令するものとしてではなく単に警告するものとして、つまり肯定的なものとしてではなく否定的なものとして叙述されているということが、ソクラテス解釈全体にとって非常に重要であるということである。(*SKS* 1, *BI*, s. 209)

キェルケゴールは、「理念は、そこからソクラテスがイロニーによる満足を伴って自分自身のうちに戻っていくところの限界というものにとどまっている」(*SKS* 1, *BI*, s. 214) という指摘を行っている。ソクラテスの「ダイモニオン」とは、理念を実現するよう命令するという「肯定的」方法にではなく、理念という限界に突き当たった後に自分自身に向き返って沈潜するよう警告するという「否定的」方法に依拠しているのである。このことからキェルケゴールは、「ダイモニオンは、我々が見たように、ギリシア精神に対する関係では主観性の規定であるが、その主観性はダイモニオンの中では完成されていない」(*ibid.*) と指摘している。そしてキェルケゴールは次のように述べている。

> ソクラテスを支えているものは、いまだいかなる肯定性 (Positivitet) をも生み出

169)　ここで言われている「規定」とは、概念規定のことを意味している（『キルケゴール著作集 20　イロニーの概念（上）』、250 頁、訳注 2 参照）。

したことのない否定性（Negativiteten）なのである。このことから、生死さえも彼にとってはその絶対的妥当性を失っていることが、説明のつくものとなる。（*SKS* 1, *BI*, s. 243）

このことはキェルケゴールによれば、次のように説明されている。

そのイロニカー（Ironikeren）〔＝ソクラテス〕は、明らかに諸理念をすら非常に気軽に扱っており、そうすることによって彼は最高度に自由である。なぜなら、絶対的なもの（det Absolute）とは彼にとっては無（Intet）であるからである。（*SKS* 1, *BI*, s. 196）

ソクラテスというイロニカーにとって絶対的妥当性を有しているのは、「無」だけなのである。それゆえ、生死をも含んだ「既存の現実的あり方は、ソクラテスにとっては非現実的なものであった」（*SKS* 1, *BI*, s. 307）。M・トイニッセンはこの「既存の現実的あり方」について、「現実的あり方そのものは拘束的かつ規定的、すなわち限定的かつ制限的に作用する」[170)]と説明している。つまりソクラテスのイロニーでは「ソクラテスの無知の中に横たわる否定性」が「既存の現実的あり方」と共通の尺度で測ることができないという側面が、キェルケゴールによって強調されているのである。

そしてこの「ソクラテスの無知の中に横たわる否定性」（*SKS* 1, *BI*, s. 222）は、「既存の現実的あり方」としての有限な外部世界からのみならず、それと対立する「理念的あり方という元来の王国」（*SKS* 1, *BI*, s. 179）からも疎外されている。この二重の疎外について、キェルケゴールは次のように説明している。

ソクラテスのイロニーは理念的自我（det ideelle Jeg）と経験的自我（det empiriske Jeg）との間を揺れ動いている（oscillerer）。前者はソクラテスを哲学者

170） Michael Theunissen, *Der Begriff Ernst bei Sören Kierkegaard*, Freiburg im Breisgau und München 1958, S. 8.

にしようとし、後者はソフィストにしようとする。しかしソクラテスをソフィスト以上のものたらしめるものは、ソクラテスの経験的自我が普遍的妥当性を有しているということなのである。(*ibid.*)

キェルケゴールによれば、ソクラテスは、有限な経験的自我を出発点として、無限な理念的自我との間をどっち付かずのまま揺れ動いているイロニカーであったのである。岩田靖夫は、ソクラテスのイロニーを次のように的確に評している。

ソクラテスはおよそ類型化を拒む人間である。ソクラテスをなんらかの像として確定することは、ソクラテスをソクラテスならざる何者かへと化することである。何故か。ソクラテスが現存の実在を限りなく超えてゆく否定の精神であり、その意味で実体化を許さない存在であるからである。ソクラテスは、既存の慣習道徳や宗教的観念を批判し、現行の政治を批判し、そういう批判を実行しているソフィストたちの理論を更に批判し、その上、批判している自分自身の知恵のなさを批判し、こうして、あらゆる足場を取り払って、自己がその上に立つべき土台をすべて打ち壊してしまったからである。このこと、すなわち、土台のなさ、中空における浮遊状態、それが、ソクラテスがイロニーの人であるということの本当の意味である。[171)]

岩田によれば、無限の「否定の精神」であったソクラテスは、自らによる批判の土台をも打ち壊してしまったのである。キェルケゴールは、ソクラテスのこの「土台のなさ、中空における浮遊状態」を見事に表現しているのが、アリストパネスの喜劇『雲』の中で登場する「雲」であると評して、次のように述べている。

アリストパネスのイロニーは疑いもなく、相互の無力、すなわち、客観的なものを持とうと欲しながら自分自身の比喩を得るだけにすぎない主観の無力と、

171） 岩田前掲書、143-144 頁。

> 主観の比喩を捉えるにすぎず、対象を見ている間だけその主観の比喩を作るにすぎない雲の無力との内に横たわっている。さて、このことによって見事に特徴づけられているのが、もっぱら否定的な弁証法（den blot negative Dialectik）である。この弁証法は、絶えず自分自身の内にとどまり、生活や理念の諸規定へと出ていくことはせず、それゆえに諸々の連続性が命令してくる拘束を軽蔑する自由を実際に喜ぶのである。（*SKS* 1, *BI*, s. 185f.）

「理念的自我と経験的自我との間を揺れ動いている」（*SKS* 1, *BI*, s. 179）、どっち付かずの「あれでもなく、これでもない」というソクラテスの状態を、アリストパネスは「雲」と表現し、キェルケゴールは「もっぱら否定的な弁証法」と表現するのである。ここで「もっぱら」というのは、彼によれば、「全く何も与えない純粋に否定的な立場（et reent negativt Standpunkt）」（*SKS* 1, *BI*, s. 195）という意味合いを有している。そして彼は、「この立場は主観性の立場であると言うことはできない。なぜなら、主観性の立場は常に何かを、すなわち抽象的理念という世界全体を与えるからである」（*ibid.*）と断っている。このことによってソクラテスはソフィストたちから区別されるのである。

そしてキェルケゴールは、「ソクラテスは、諸理念の永遠な充実の代わりに、自己沈潜による最も禁欲的な素朴さ（Tarvelighed）を獲得している」（*SKS* 1, *BI*, s. 203）と述べて、このようなソクラテスの立場を次のように結論づけている。

> 諸理念に対するこの立場の関係は否定的である、すなわち、諸理念は弁証法の限界である。絶えず現象を諸理念にまで引き上げようと構えていながら（弁証法的活動）、個人が突き戻されるか、あるいは個人が現実的あり方の中へ逃げ帰るのである。しかし現実的あり方そのものは、やはり行われはしないが絶えず現実的あり方を越えていこうとすることへの機縁（Anledning）であるという妥当性を持っているにすぎない。これに対して個人は、この主観性の努力（molimina）を自分の内に取り戻し、人格的な満足の中でその努力を自分の中に閉じこめる。しかしこの立場こそまさしくイロニーなのである。（*SKS* 1, *BI*, s.

204f.)

「イロニーは人格の規定である」(*SKS* 1, *BI*, s. 265, anm.) というキェルケゴールの命題は、主観性の無限な努力を有限な自分自身の内に取り戻すというソクラテスの立場に照らして、明確なものとなるのである。『雲』には、ソクラテスの次のような台詞がある。

> 私は複雑に絡み合った類の諸々の理念と研究対象とを宙にぶら下げて、それらと同類の空気と混ぜ合わせるのでなければ、天上の事物を決して正しくは見ないだろう。私は地上にいて下から上を眺めようとしたならば、きっと上方のものを決して発見できなかっただろう。[172)]

以上から、「何か少なくとも契機としては現実的あり方と共通の尺度で測ることができないもの」(*SKS* 1, *BI*, s. 292) とは、ソクラテスのイロニーの場合では、「ソクラテスの無知の中に横たわる否定性」(*SKS* 1, *BI*, s. 222) としての「ダイモニオン」に根拠づけられたソクラテス自身の「イロニーを認識する主観」であることが明らかになる。キェルケゴールはアリストパネスのソクラテス解釈をふまえて、次のように結論づけている。

> ますます軽やかにソクラテスは上昇し、自らのイロニーによる鳥瞰の内で一切が自らの足下に消え去っていくのを見る。そして、無限な否定性のそれ自身の絶対的帰結に支えられて、彼自身はイロニーによる満足の内でそれらの上に浮かんでいる。このようにして、彼は自らの属している全世界にとって疎遠な (fremmed) ものとなり (たとえ別の意味で彼がどれほどその全世界に属していようとも)、同時代の意識は彼を特徴づけるいかなる述語をも持たず、名づけようもなく、また規定しようもなく、彼は別の構造に属しているのである。(*SKS* 1, *BI*, s. 243)

---

172) Aristophanes, *Die Wolken: Eine Komödie*, übersetzt von Christian Wilhelm Friedrich August Wolf, Berlin 1811, S. 38. キェルケゴールは、アリストパネスの著作集については、ラテン語訳、ドイツ語訳、デンマーク語訳の三種類を所有していた (cf. Rohde (udg.), *op. cit.*, Ktl. 1051-55)。

ここでも繰り返し注目すべきなのは、ソクラテスは自らのイロニーによって、自分自身が「既存の現実的あり方」と「理念的あり方という元来の王国」の両方から疎外されざるをえなかったということである。このことをソーザークヴィストは、次のように表現している。

> 一方の極には、ソクラテスが逃れた倫理的慣習の実体的世界がある。もう一方の極には、彼が手を伸ばさない形而上学的諸理念の世界がある。彼は確信を持てずにこの二つの極の間を揺れ動くのである。なぜなら、彼は直接的な倫理的生活には戻れないし、また形而上学が保証する真理にも安らげないからである。[173)]

キェルケゴールによれば、このような「純粋に否定的な立場」(*SKS* 1, *BI,* s. 195) にフィヒテ以後のイロニーは立脚していなかった。それでは次節では、そのフィヒテ以後のイロニーで疎外された「現実的あり方」について見ていくことにしたい。

第二節　フィヒテ以後のイロニーで疎外された「現実的あり方」

キェルケゴールによれば、「理念的自我と経験的自我との間を揺れ動いている」(*SKS* 1, *BI,* s. 179) ソクラテスのイロニーに対して、無限な理念的自我に立脚したままで、自らを取り囲むような「現実的あり方」をこしらえようとしたのが、フィヒテ以後のイロニーである。このフィヒテ以後のイロニーについて、キェルケゴールはフィヒテを含めて、その問題点を述べている。

フィヒテに対するキェルケゴールの関心は、E・ヒルシュによれば、「ギレライエの日記」(*SKS* 17, s. 23ff., AA:12) にすでに現れているとされる。たとえ

173) Soderquist, *op. cit.*, p. 76. ソーザークヴィストは「倫理」という語を、この世に生きる人間のあり方という意味で用いている。本書で以下筆者が用いる「倫理」という語も、同様の意味である。

ば、同日記の中の次の記述はその典型であるとされる。

そもそも私に欠けているのは、何を私は認識すべきかについてではなく、何を私は為すべきかについて、私自身の意見を純粋に述べることである。その限りで、認識は個々の行為に先立つはずがないのだ。重要なのは、私の使命（Bestemmelse）を理解することなのだ。すなわち、神がそもそも、何を私が為すべきであると望んでおられるかを理解することなのだ。（*SKS* 17, s. 24, AA:12）

ヒルシュは「ギレライエの日記」に、認識よりも実践の優位を説くカントの実践哲学を継承したフィヒテの著作『人間の使命（*Die Bestimmung des Menschen*）』（1800年）の影響を見てとっている。そしてヒルシュは、フィヒテとのこのような接触をキェルケゴールの精神的展開の一大転機と見なしている[174)]。またキェルケゴールはすでに、同日記を書く少し前の1835年3月16日の覚書（*SKS* 27, s. 185, Papir 252:5）に、この『人間の使命』で表現されているものを「フィヒテの道徳的世界秩序（Fichtes moralske Verdensorden）」と記述しており、同年夏にシェラン島北部のギルベアを訪れた際に書いた日記（7月29日付）でも、同書の名を挙げている（*SKS* 17, s. 16, AA:6）。これらのことから、キェルケゴールが、実践理性の優位を説くフィヒテの影響をある程度受けていたことは認めてよいであろう。ただしキェルケゴールにとっては、この「ギレライエの日記」の記述から分かるように、実践の優位を基礎づけるのは、あくまで神である。

しかしさらに、このフィヒテは、形而上学の領域で「絶対的自我（das absolute Ich）」[175)]を要請することによって、理論的認識と実践的行為とを統一しようとした。すなわちフィヒテによれば、「絶対的自我」は、本書第一章第二節で既述したような、純粋に自己産出的な活動として、すなわち「事行（Thathandlung）」として表象される。そしてこの「絶対的自我」は、常にただ

174)　Cf. Emanuel Hirsch, *Kierkegaard-Studien*, Bd. 2, Vaduz 1978, S. 25ff.
175)　Fichte, *op. cit.*, S. 109ff.

有限化された「経験的自我（das empirische Ich）」の中で実現されるところの、原理としての自我、すなわち原型的自我とでも言うべきものである[176)]。「絶対的自我」と「経験的自我」とを合わせた「自我（das Ich）」は一切である。しかし根源的に対立を持たない、無限な制約者である「絶対的自我」は、あくまで理論的自我であり、これに対して有限で被制約的な「経験的自我」が実践的自我として作用する[177)]。フィヒテは、このような「絶対的自我」が概念によって媒介されるものではなく、カントが禁止した「知的直観（die intellektuelle Anschauung）」[178)]という認識形式によってのみ捉えることができると規定した。この意味でフィヒテの「絶対的自我」は、カントの「物自体（Ding an sich）」と同様に、「叡智的なもの（Noumenon）」である。

キェルケゴールは、このようなフィヒテの方法によって実現されるのは抽象的な「現実的あり方」にすぎず、具体的な「現実的あり方」が疎外されているとして、次のように指摘している。

> フィヒテはこのように「自我＝自我」の内に抽象的同一性（den abstracte Identitet）を確保し、自らの理念的王国で現実的あり方と全く関わろうとしなかったことによって、絶対的な始まりを獲得した。そしてこの始まりから出発して、非常にしばしば話の種となったことであるが、世界を構築しようと欲したのである。（*SKS* 1, *BI*, s. 310）

フィヒテのこの「自我＝自我」という原理から出発したのが、第二章第二節で言及した、フリードリヒ・シュレーゲルとティークである。キェルケゴールは、「前期フィヒテに結びついた諸立場の一つであるシュレーゲル的・ティーク的イロニー」（*ibid.*）について「ロマン主義およびロマン主義者」という呼称を用いると言明している（cf. *SKS* 1, *BI*, s. 312, anm.）。そしてキェルケゴールは、美学の領域で「ロマン主義者たちの味方となり、ロマン主義者やロマン主義イ

176)　Cf. Günter Zöller, *Fichte lesen*, Stuttgart-Bad Cannstatt 2013, S. 29.
177)　Cf. *ibid.*, S. 26.
178)　Fichte, „Zweite Einleitung in die Wissenschaftslehre“, in: ders., *op. cit.*, S. 463ff.

ロニーの代弁者となった」のがゾルガーであると見なしている（cf. *SKS* 1, *BI*, s. 348f.）。そこで本節では以下、このゾルガーについてのキェルケゴールによる批評を検討していくことによって、「現実的あり方」の疎外について考察していきたい。

このゾルガーは、『美学講義』（著者死後の1829年に刊行）で次のように述べている。

> 芸術家は現実の世界を無化しなければならないのだが、それは単に現実の世界が仮象である限りでだけでなく、それが理念の表現である限りででも同様である。自らのこのような情調を通じて、芸術家は現実の世界をはかないもの（das Nichtige）として措定する。我々はこの情調を、芸術家のイロニーと呼ぶ。[179]

ゾルガーは、具体的な「現実の世界」を「はかないものとして措定する」芸術家の見解を、イロニーとして理解している。しかしキェルケゴールによればこのゾルガー自身も、フィヒテと同じく、具体的な「現実的あり方」を疎外しているというのである。つまりキェルケゴールによれば、「ゾルガーは有限なものを具体的にすることができない。彼は有限なものをはかないもの（det Nichtige）、消えゆくもの（det forsvindende）、はかない一切（det nichtige All）と見なしている」（*SKS* 1, *BI*, s. 344）。それゆえにゾルガーにとっては有限性全体

179）Karl Wilhelm Ferdinand Solger, *Vorlesungen über Ästhetik*, Darmstadt 1974 (Reprint der Originalausgabe von Leipzig 1829), S. 125. キェルケゴールは、ゾルガーによる同書の1829年版の原典を所有していた（cf. Rohde (udg.), *op. cit.*, Ktl. 1387）。ここでゾルガーが言う「理念」とは、「個々に存在するものの範型であるに止まらず、さらにそうした存在するものすべての作動因的な根拠付けとしての意味を付与される」（清浦康子『ゾルガーの哲学・美学とイロニー――その宗教的、存在論的基底をめぐって――』、2013年、62頁）ものである。また、「はかないもの」と訳したdas Nichtigeは形容詞nichtigの名詞化であり、この形容詞nichtigは否定詞nichtから派生した語である。1838年にグリム兄弟が編纂し始めた『ドイツ語辞典』でnichtigの項目をひもとくと、いくつか記載された用例の中でも、「はかない」を意味するhinfälligで言い換えられると注記された用例が一つある（Jacob Grimm und Wilhelm Grimm, „nichtig“, in: *Deutsches Wörterbuch*, Bd. 13, Leipzig 1889, S. 715）。このhinfälligという語は、ゾルガー美学では美の性質について用いられ、「はかない」を意味する重要用語であるので、本書でもこのことを考慮して、das Nichtigeを「はかないもの」と訳出した。

が、「このような事態を無（Intet）と見なす形而上学的観想（Contemplation）の中へと消えていく（svinder hen）」（*ibid.*）というのである。

しかし、キェルケゴールのこのゾルガー批判は正しいだろうか。当のゾルガーの見解も見ておこう。ゾルガーは「現実的あり方」について、次のように述べている。

> 有限なもの、すなわち平凡な（gemein）事実が真の現実的あり方ではないのは、無限なもの、すなわち諸概念や変転する諸対立に対する関係が永遠なものではないのと同様である。真の現実的あり方とは、直観という一つの契機である。この直観という契機の中で、神ないし永遠なものが啓示されることによって、有限なものと無限なものとが完全に止揚される（aufgehoben）。〔それに対して、〕我々の平凡な悟性（unser gemeiner Verstand）は、これら有限なものと無限なものとを、これら両者相互の関係において認識するにすぎないのである。[180)]

ゾルガーは、「平凡な事実」である「有限なもの」を、「無限なもの」と接触させて「止揚」することが必要だと考えている。そして「有限なもの」と「無限なもの」とについての、ゾルガーによるこのような理解の中心になっているのが、彼が「真の現実的あり方」と見なす「直観という一つの契機」である。つまりゾルガーの場合「現実的あり方」とは、認識論的次元において存在しているのである。それに対してキェルケゴールの場合、「現実的あり方」とは、第一章第三節（2）で述べたように、「必然性」と「偶然性」との総体としての「歴史的な現実的あり方」のことであり、歴史的次元において存在している。つまりキェルケゴールは、そもそも「現実的あり方」という概念をめぐる定義の次元がゾルガーと違うことを顧慮していないのである。

また、ゾルガーが「真の現実的あり方」と見なす「直観という一つの契機」については、第一章第三節（1）で述べたように、キェルケゴールも「内的直

---

180)　Solger, *Nachgelassene Schriften und Briefwechsel*, Bd. 1, Heidelberg 1973（Reprint der Originalausgabe von Leipzig 1826）, S. 600. キェルケゴールは、ゾルガーによる同書の1826年版の原典を所有していた（cf. Rohde（udg.）, *op. cit.*, Ktl. 1832–33）。

観」として重要視していた。そして「この直観という契機の中で、神ないし永遠なものが啓示される」というゾルガーの表現は、第七章第四節で述べるように、キェルケゴールの考えに近似している[181]。この近似についても、キェルケゴールは無頓着である。

さらに、ゾルガーは「止揚」という、ヘーゲル哲学の概念を用いている。このことから、キェルケゴールは「私にとって最も好ましいのは、ゾルガーをヘーゲルの肯定的な体系のための一つの犠牲と考えることである」（*SKS* 1, *BI*, s. 352）と、ゾルガーをヘーゲルに引き寄せて解釈しようとしている。しかしこのキェルケゴール自身も、実はヘーゲルに引き寄せられているのである。そしてこのヘーゲルからの自らへの影響についても、この当時のキェルケゴールは無頓着なのである。その事情は以下のようなものである。

キェルケゴールは、「ゾルガーは否定的なもの（det Negative）の中にすっかり迷い込んでいる」（*SKS* 1, *BI*, s. 341）と述べている。ここで言う「否定的なもの」について、キェルケゴールは「否定的なものには二重の機能があり、一方では有限なものを無限化し、他方では無限なものを有限化する」（*SKS* 1, *BI*, s. 342）と定義している。キェルケゴールのこの定義は、明らかに次のような、ヘーゲル著『美学講義』における「理念の活動」についての定義から着想を得ていると考えられる。

> ゾルガーは他の人々とは違って、表面的な哲学的教養に満足せず、内奥に潜む真に哲学的な欲求に駆り立てられて、哲学的理念の深みに沈潜していった。このことによって彼は理念の弁証法的な契機に、すなわち、私が「無限に絶対的な否定性」と名づけるものに到達した。それは、無限で普遍的なものが自らを否定して、有限で特殊的なものとなり、さらに、この否定を再び破棄して、有限で特殊的なものの内に無限で普遍的なものを再確立するという、理念の活動

181）ただし厳密に見れば、両者の「啓示」観は異なる。ゾルガーにおける「啓示」とは、神が永遠性の中へ時間性を昇華させること、つまりは「止揚」することである。それに対して、キェルケゴールにおける「啓示」とは、神が永遠性を時間性の中へ持ち込んで基礎づけることを指す。このキェルケゴールの「啓示」観については、本書第七章第四節を参照。

である。[182)]

ヘーゲルのこの評は、ゾルガーに対して好意的である。しかし他方でキェルケゴールは、「ゾルガーは有限なものと無限なものとの間の絶対的同一性をもたらそうと欲しており、この両者を非常に多くの方法で分かとうとする隔壁をなくそうとする」（*SKS* 1, *BI*, s. 343）と、ゾルガーを批判しているのである。

しかし、キェルケゴールのこのようなゾルガー批判は限定的なものであると言わざるをえない。キェルケゴールはこの批判の傍らで、次のようなゾルガーの言葉については、「全く正しい」（*SKS* 1, *BI*, s. 341, anm.）と評しているのである。

> しかし、それでは一体このイロニーというものは、人間にとって本質的で真剣な関心事のすべてを、すなわち人間本性における葛藤（Zwiespalt）全体を、つまらないものとして無視することなのだろうか？決してそうではない。[183)]

ここで言う「葛藤」とは、「有限なもの」と「無限なもの」との葛藤にほかならない。キェルケゴールはイロニーに関する問題意識については、ゾルガーと少なくともある程度共有していたのであり、ゾルガーと共に、ヘーゲルからの影響を少なくともある程度受けていたと言えよう。つまりキェルケゴールもゾルガーも、「有限なものを具体的にする」ためには、この「有限なもの」を「無限なもの」と接触させて、「無限なもの」との「葛藤」ないし矛盾を現出させることが必要だと考えているのである。結局、ゾルガーが「現実的あり方」を疎外しているのだという、キェルケゴールによる批判は、公平な立場で判断すれば、いささか説得力に欠けていると言わねばならないだろう。なぜなら本節で見てきたように、「現実的あり方」という概念をめぐる定義の次元がこの両者の間では違うからであり、また、両者の三つの共通点（直観の重要視；ヘー

---

182)　Hegel, *op. cit.*, S. 98f.
183)　Solger, *op. cit.*, Bd. 2, S. 514.

ゲルからの影響；イロニーに関する問題意識）にキェルケゴールが無頓着であるからである。

しかし、この三つの共通点のうち最後のもの、すなわちイロニーに関する問題意識が、次節で述べる、キェルケゴールの「実存」概念には影響しているのである。

第三節　「統御されたイロニー」の諸機能

キェルケゴールは『後書き』で偽名著者ヨハネス・クリマクスに、「実存」の定義を次のように語らせている。

> 実存（Existentsen）そのもの、実存することとは、努力であり、そして情念的であると同時に喜劇的でもある。情念的であるというのは、努力は無限であり、すなわち、無限なものに向けられているからであり、最高の情念を意味する無限化であるからである。喜劇的であるというのは、努力は自己矛盾だからである。（*SKS* 7, *AUE*, s. 90f.）

この引用文で注目すべきは、最後に記された、「努力は自己矛盾だからである」という一節である。「努力」が「無限なものに向けられている」ということは、キェルケゴールにとっては、「キリスト者になること」という理想を実現するために不可欠な「信仰（Tro）」を意味している。ただしヨハネス・クリマクスことキェルケゴールは、「信仰とはまさしく、内面性の無限の情熱と客観的不確実性との間の矛盾のことである」（*SKS* 7, *AUE*, s. 187）と述べ、「信仰」が「無限の情熱」という「直接性」と、「客観的不確実性」という「イロニー」との矛盾のことであると告白している。つまり、キェルケゴールが言う「信仰」は、主観性の無限の努力自体にではなく、むしろその努力によって生じる、主観性と客観性との間の矛盾に、力点を置くのである。

またキェルケゴールは、「主観性すなわち内面性が真理である」（*SKS* 7, *AUE*,

s. 187ff.）という命題によって、主観性ないし内面性が一切であって、客観性を無視してよいということを言おうとしているのではない。彼は「もし主観性が真理であるなら、真理の規定は同時に、客観性への対立の表現を自らの内に含んでいなければばならない」（*SKS* 7, *AUE*, s. 186）と断言している。このような主観性と客観性との対立関係を念頭に置いて、彼は「主観性すなわち内面性が真理であるという命題の内には、ソクラテス的知恵が含まれている」（*SKS* 7, *AUE*, s. 187）と評している。

さらにヨハネス・クリマクスことキェルケゴールは、この「主観性すなわち内面性が真理である」（*SKS* 7, *AUE*, s. 187ff.）という命題の後で、「主観性は非真理である」（*SKS* 7, *AUE*, s. 189）とも述べ、「今や我々は、個人の非真理を罪（Synd）と呼ぼう」（*SKS* 7, *AUE*, s. 191）と付言している。ここで言われている「罪」とは、キリスト教神学の「罪」概念のことを意味する。つまりキェルケゴールによれば、人間の自分自身に対する「態度」として、つまり「哲学的美学」として見れば、あくまで「自分自身に立ち返ろうと試みる」（*SKS* 1, *BI*, s. 265, anm.）ソクラテスを称えるという意味で、「主観性すなわち内面性が真理である」。しかし他方で、神に対する人間の「態度」として、つまり「神学的美学」として見れば、神の前では人間個人の主観性はすべて「罪」であるという意味で、「主観性が非真理である」のである。

このように主観性と客観性との矛盾対立関係をわきまえたキェルケゴールは今や、イロニーに伴う「主観と客観との疎外」を、ゲーテやシェイクスピア（William Shakespeare）に代表される「統御されたイロニー（behersket Ironi）」（*SKS* 1, *BI*, s. 353）という形で克服しようとする。「統御されたイロニー」は、主観性に支配させるのではなく、敢えて「客観的なもの（det Objective）に支配させようとする」（*ibid.*）。ここで言われている「客観的なもの」とは、具体的には何を指しているのだろうか。そのための手がかりであると筆者が考えるのは、後期の1849年のキェルケゴールによる、以下のような日記記述である。

識者による諸々の注釈がしばしば、著述家と、著述家が最も好んで切望する

> 読者たちとの間の関係を邪魔するのと同様に、また日刊紙が元来の文学と読者との間の関係を邪魔してきたのと同様に、人は至る所で神と現実的あり方との間に介在する客観性（Objektiviteten）を妨害して、神をはるかに、はるかに遠くで顕現させてきた。その教えは客観的なもの（det Objektive）であるべきである代わりに、そして私の自我がその教えを人格的に自分のものにして（tilegne sig）、それゆえ私が現実的あり方において一人称で語るべきである代わりに、人は、私が私の自我を捨て去って客観的に語ることを欲している。（*SKS* 22, s. 319, NB13:76）

ここでキェルケゴールが言う「現実的あり方」とは、すでに第一章第三節(2)で見たように、「形而上学的なもの」と「偶然的なもの」との両方を含んだ「歴史的な現実的あり方」のことである。「客観的なもの」とは、そのような「現実的あり方」と神との間の関係性を表す「教え」のことであるべきである、とキェルケゴールは述べている。ただしそのような「教え」としての「客観的なもの」は、そのまま「客観的に語る」べきものではなく、各人が「人格的に自分のものにする」べきである、すなわち自分自身に即した課題として受容すべきものであると、キェルケゴールは釘を刺している。

つまり「統御されたイロニー」は各人に対して、「現実的あり方」と神との関係性を表す「客観的なもの」を、自分自身に即した課題として受容するよう諭すのである。キェルケゴールは「統御されたイロニー」のこのような教育性について、次のように述べている。

> イロニーは統御されて初めて、統御されずに自らの生命を表明していく場合のイロニーとは正反対の運動を行うのである。統御されたイロニーは制限し、有限化し、限定し、そしてそのことによって真理性、現実的あり方、内容を与える。統御されたイロニーは懲らしめ、罰し、そしてそのことによって態度（Holdning）と首尾一貫性（Consistents）を与える。統御されたイロニーは、それを知らない者には恐れられるが、知る者には愛される厳格な教師である。（*SKS* 1, *BI*, s. 355）

ここで言われている「態度」とは、序論第一節で言及した「客観性に対する思想の一つの態度」としての、キェルケゴールにとっての「美学」のことである。そしてキェルケゴールは、「統御されたイロニー」を実行する具体的方法について、「統御された契機としてのイロニーは、まさしく現実的あり方を実現することを教えることによって、つまり現実的あり方をそれ相応に強調することによって、その真理性の中で示される」(*SKS* 1, *BI*, s. 356) と付言している。

そしてキェルケゴールは、この「現実的あり方」について、「現実的あり方というものは、行為 (Handling) によって自らの妥当性を獲得する」(*SKS* 1, *BI*, s. 357) と述べている。つまり「現実的あり方」にどのように関わるべきかという実践哲学的関心が、彼の「美学」の背景に存在しているのである。言い換えれば、倫理との接触という契機を、彼の「美学」はすでに含んでいるのである[184]。

第四節 量的差異を減少させる方策にすぎない「宥和」

前節で見たように、キェルケゴールは、「主観と客観との疎外」の問題を「統御されたイロニー」という形で克服しようとした。他方で、この問題に対する解決策として自らがそれまで考えてきた「宥和」については、次のように述べている。

> 詩 (Poesien) がいっそう高次の現実的あり方を開き、不完全なものを完全なものにまで拡大させて美化させることによって、一切を暗澹たるものにしようとする深い苦痛を和らげるのは、不完全な現実的あり方の否定を通じてなされる。その限りで詩は一種の宥和であるが、真の宥和ではない。なぜなら、詩は私を、私が生きている現実的あり方と宥和させるのではないからである。この宥和によっては所与の現実的あり方の変質は起こらない。詩は別の現実的あり

184) 『後書き』では、「イロニーは美的なものと倫理的なものとの間の境界 (Confiniet) である」(*SKS* 7, *AUE*, s. 455) と述べられている。

> 方、すなわちいっそう高次でいっそう完全な現実的あり方を私に与えることによって、私を所与の現実的あり方と宥和させるのである。ところでこの対立が大きければ大きいほど、そもそも宥和はそれだけ不完全であり、しばしば根本的には宥和とならず、むしろ敵対となる。それゆえ元来は宗教的なもの（det Religiøse）こそが、初めて真の宥和をもたらすことができる。なぜなら、宗教的なものは現実的あり方を私に対して無限化するからである。（*SKS* 1, *BI*, s. 330f.）

詩という触媒がもたらす美的「宥和」では、「所与の現実的あり方」すなわち「不完全な現実的あり方」を否定する「いっそう高次でいっそう完全な現実的あり方」が強調される。ただしB・アレマンが的確に指摘しているように、この「いっそう高次でいっそう完全な現実的あり方」は、あくまで詩が作り出した仮象という「文学的世界」でしかない[185]。つまり、「所与の現実的あり方」の不完全性を強調して、この「所与の現実的あり方」と人間の主観性との「宥和」を実現させるために設けられた虚構でしかない。

またこの美的「宥和」にはもう一つ問題点があると、キェルケゴールは察知している。すなわち彼はこの独立引用文の中で、「この宥和によって所与の現実的あり方の変質は起こらない」と述べている。つまり美的「宥和」は、「所与の現実的あり方」と「いっそう高次でいっそう完全な現実的あり方」との間の差異は量的なものでしかないと誤解してしまっているのである。

また、「真の宥和」をもたらす宗教的「宥和」とは、第三章第二節（1）ですでに挙げた「キリスト教的宥和」（*SKS* 17, s. 225, DD:18）のことである。しかしこの「キリスト教的宥和」も、「現実的あり方を私に対して無限化する」、すなわち「所与の現実的あり方」を無限化するという量的な操作によって、「所与の現実的あり方」と「いっそう高次でいっそう完全な現実的あり方」との間の差異が克服できると誤解してしまっている。

つまり、美的「宥和」も「キリスト教的宥和」も、真に「キリスト者になること」（*SKS* 7, *AUE*, s. 347ff.）を目指すキェルケゴールにとっては、あくまで

185） Cf. Beda Allemann, *Ironie und Dichtung*, Pfullingen 1956, S. 95.

「内在」の領域内での量的操作にすぎず、不十分なものなのである。このような「宥和」は、「主観と客観との疎外」を克服する方策とはなりえない。なぜなら第一章で論じたように、「主観と客観との疎外」、言い換えれば概念と現象の疎外は、「共通の尺度で測ることができない」がゆえに、質的な疎外であるからである。

イロニーに関するキェルケゴールの言及は、彼の初期の著述活動以後は大幅に減る。しかし、第三章第二節（1）で既述した、「神と人間との間の質的差異という深淵」（*SKS* 11, *SD,* s. 211）、すなわち神と人間の和解不可能性という、宗教的意味でのイロニーが、キェルケゴールを大きく悩ませることになる。つまりこの宗教的意味でのイロニーは、キリスト教神学と哲学との間の矛盾対立関係について認識し、「キリスト者になること」という理想を持つようになったキェルケゴールにとって、喫緊の課題となっていくのである。

そして、神を中心に論じるキリスト教神学と、人間を中心に論じる哲学との間の、この矛盾対立関係を克服する一つの解決策が、この第一部で折に触れて見てきた「宥和」であった。この「宥和」概念は、ヘーゲルが確立したものであり[186)]、「総合（Synthesis）」と言い換えることもできる。しかし、このヘーゲル的な「宥和」ないし「総合」は、少なくともキェルケゴールにとっては、神と人間という両者の間にある質的差異を量的差異に変換して両者を統一しようとする、倒錯した行為にほかならなかった。飯島宗享は、このような行為について次のように評している。

> およそ差異を明確にしつつ関係を問うのは知識ないし学問の基本である。その場合、質的差異と見られたものを、関係の解明を通じて量的関係に還元し、質を量の関数と理解して「量の質への転化」の理論を樹立するのは、科学の対象的思考の特質である。しかし、これとはまったく別の、主体そのものにかかわる内面的思考が、そしてそれだけがキルケゴールの問題なのである。それゆえ、質的差異も、そこでの関係も、もっぱら内面的な事実であって、他者の眼

186）　Stewart, *op. cit.,* pp. 390–392.

による対象的思考にはうかがい知ることの許されぬ当事者自身の秘密に属する。その意味でキルケゴールの思想は、ソクラテス的な「汝みずからを知れ」を生のまったき意味で追い求めることのみにあり、その締めくくりがキリスト教信仰にあるという事情である。[187)]

つまり飯島は、キェルケゴールの思想は、質的差異という、「科学の対象的思考」が扱うことのできない問題を扱うものであると主張している。そして「量的関係への還元」という言葉で飯島が考えているのは、明らかにヘーゲルである。ヘーゲルは『エンツィクロペディー』で量と質との関係について、次のように、キェルケゴールとは正反対に考えていた。

量こそは止揚された質以外のなにものでもなく、ここで考察された質の弁証法を通じて、この止揚が成立するのである。まず登場したのが存在（Sein）であり、存在の真理として生成（Werden）が現れた。この生成は、存在するもの（Dasein）へと移行し、存在するものの真理として、我々は変化（Veränderung）を認識する。しかし変化の結果として示されたのは、他のものとの関係や他のものへの移行を抜け出した対自存在（Fürsichsein）である。そしてこの対自存在が最終的に、反発（Repulsion）と牽引（Attraktion）という両面を有する過程の中で自らを止揚し、それゆえ、質をその全契機にわたって止揚したのである。しかし今や、この止揚された質は、抽象的な無でもなければ、抽象的で無規定な存在でもなく、規定性に対して関わりを有しない存在にすぎない。このような存在の形態が、我々の日常的表象では量として現れもするのである。[188)]

ここでヘーゲルが言おうとしているのは、質は自らに規定されている、つまりは限界づけられているが、量は自らに規定されていない、つまりは限界づけられていないので、質よりも量のほうが高次であるということである。しかし

187） 飯島宗享編・訳・解説『単独者と憂愁――キルケゴールの思想――』、2012年、137頁。ここで飯島が述べている「他者」とは、人間としての他者のことである。

188） Hegel, „Enzyklopädie der philosophischen Wissenschaften I“, in: *Werke in zwanzig Bänden*, Bd. 8, §98, S. 208f.

このようなヘーゲルの見解に対して、キェルケゴールは『哲学的断片』(1844年) の中で、次のように反論している。

> 量というものは、限界づけられているくせに、この限界内では無制限の行動の自由を有しているのである。量というものは人生の多様性であり、絶えず多彩な織物模様を作っている。量というものは、〔人生という〕糸を紡いでいる、かの運命の女神のようなものである。しかしその場合重要なのは、もう一人の運命の女神として、思想というものが、その〔人生という〕糸を切る役目を負うということである。この役目は、比喩を取り除いて言うならば、量が質を形成しようとするたびに果たされねばならないのだ。(*SKS* 4, *PS*, s. 295f.)

この言述でキェルケゴールは、「量」が限界づけられていないというヘーゲルの主張は、この世的な「人生の多様性」という範囲内での「無制限の行動の自由」のことを意味しているにすぎないと解釈している。そして、本当の意味で限界づけられない人生、すなわち人生の「自由」を獲得するためには、その人生が一度断ち切られた上で、「量」としての人生から「質」としての人生への転化が果たされなければならないと主張している。このような転化こそ、キェルケゴールが「質的飛躍 (et qvalitativt Spring)」と呼ぶものであり、次の第二部で見るように、初期以後の彼の思想において中核をなす概念の一つなのである。

中間考察

第一部で見てきたのは、「主観と客観との疎外」としてのイロニーから「自由」になろうとする闘いが、キェルケゴールの初期著述活動を貫いているということである。そしてその闘いは、人間がどのように現実的であるべきかを執拗に問うキェルケゴールの実践哲学的「態度」に裏打ちされているのである。

初期キェルケゴールのイロニー論の意義を要約すれば、それは第五章第三節で考察したように、「統御されたイロニー」(*SKS* 1, *BI*, s. 353) が教える「人間の有限性についての自覚」であると言うことができる。この自覚が、「キリスト教とのはるかに親密な関係」(*SKS* 17, s. 255, DD:117)、すなわち「キリスト者になること」という理想を目指す「努力」としての「実存」(*SKS* 7, *AUE*, s. 90) の母胎となっている。

しかし同じく第五章第三節で既述したように、この「努力」は「自己矛盾」(*SKS* 7, *AUE*, s. 91) であった。つまり、キェルケゴールは「キリスト者になること」という理想を目指して「努力」すればするほど、外部の客観的世界（神、他人、自然、共同体、社会など）との間に質的矛盾を感じるようになるのである。しかしこのような質的矛盾が「信仰」の端緒であると、キェルケゴールは断言する。すなわち、同じく第五章第三節で引用したように、「信仰とはまさしく、内面性の無限の情熱と客観的不確実性との間の矛盾のことである」(*SKS* 7, *AUE*, s. 187)。つまりキェルケゴールが言う「信仰」とは、単なる「内面性の無限の情熱」という主観的ないし個人的なものではなく、むしろその内面性ないし主観性と外部の客観的世界との矛盾を表す概念なのである[189]。このことに関して、マランチュクは次のように述べている。

〔キェルケゴールにおける〕信仰は、決して静止ないし静的な尺度として理解されてはならず、実存に関する他の諸規定と類似して、境界づける様々な立場や段階を介した弁証法的・実存的運動と見なされねばならない。[190]

キェルケゴールは「信仰」概念によって、主観性の無限の「努力」を一辺倒に説くのでもなければ、外部の客観的世界への同化を勧めているわけでもない。むしろ、その「努力」によって生じる、主観性と客観性との間の質的矛盾にふみとどまることを訴えるのである。言い換えれば、主観性にも客観性にも静的に安住することなく、この両者の間の質的矛盾に身を置くことによって、ここでマランチュクが言っている「境界づける様々な立場や段階を介した弁証法的・実存的運動」を遂行することを、キェルケゴールは訴えるのである。つまり「境界づける様々な立場や段階」の一つの例が、この主観性と客観性の対立である。そのほかの例としては、有限性と無限性、審美的実存と倫理的実存、倫理的実存と宗教的実存の対立などが挙げられよう。

それゆえ、序論第一節の冒頭で述べたような、「キリスト者であること」という主観的理想と、実際の自分自身は「一人の詩人兼思想家」でしかないという客観的現実との間で、生涯を通じて葛藤していたキェルケゴールにおける人格論的意味でのイロニーも、彼が言う「信仰」概念に反映されているのである。

ところでこの「信仰」は、このようにイロニーと関係していると共に、以下第二部で論じるように、キリスト教的「良心」とも関係しているのである。

189） ノーアントフトはこのことを、キリスト教思想の文脈に位置づけて、「律法との断絶、すなわち福音は、貧しい人たちのために存在しており、〔貧しい人たちにとっては〕信仰は「内面の」関心事であるだけではない」（Nordentoft, *op. cit.*, s. 112）と解釈している。つまり、「信仰」そのものが「律法との断絶」、すなわち神からの一方的命令との矛盾という契機をも含んでいることを、ノーアントフトは示唆している。このような契機については、キェルケゴールは『おそれとおののき』で、旧約聖書におけるアブラハムによる息子イサクの奉献を題材にして、詳しく論じている。

190） Malantschuk, *op. cit.*, s. 295.

第二部　初期以後のキェルケゴールの神学的美学：良心論

第六章

誤った方向をとった「反省」に抗して
――キェルケゴールによるハイベア批判――[191]

本章では、第一部で見たようなイロニーを生み出す「反省」という認識形態にキェルケゴールが注目するようになった背景を考察していくことにしたい。その考察の際、具体的事例として取り上げたいのが、キェルケゴールによるハイベア批判である。

第一部で見たように、キェルケゴールは神学生時代にハイベアに私淑していた時期があり、少なくとも初期にはハイベアの思想の影響を、とりわけ彼の美学の影響を強く受けていた。そしてハイベアは、イロニーについての理論をデンマーク思想界に導入した第一人者でもあった。ハイベアとキェルケゴールの関係は、キェルケゴールの最初の偽名著作『あれか、これか』についての、ハイベアの的外れで揶揄的な書評が発表されて両者が決裂するに至るまでは、良好であった。このことについては、キェルケゴールの遠い親戚筋に当たる、コペンハーゲン大学の古代哲学教授ブレクナー（Hans Brøchner, 1820-75）が、次のように証言している。

> キェルケゴールはハイベアを、同時代のドイツの美学者の誰にもまして高く買っていた。（注：フィッシャー（Friedrich Theodor Vischer）は当時まだ比較的小さな作品によって、その名を知られていたにすぎなかった。）その後『あれか、これか』が刊行され、ハイベアが同書についての有名な書評を書いた後で、キェルケゴールはある時私に対してハイベアについて語ったが、ハイベアのやり口についての不満をはっきりと露わにした。キェルケゴールは美学者としてのハイ

191） 本章は、拙論「行き過ぎた『反省』を撤収させるということ――キェルケゴールによるハイベア批判と『教養』の問題をめぐって――」（『新キェルケゴール研究』第20号、2022年、1-16頁）の内容の一部に、新たな考察を加えたものである。

ベアの意義を承認してはいたが、今やまたハイベアの限界をも強調したのである。「私は、ハイベアが予感もしなかったような一連の美学的問題を引き出すことができるだろう」〔とキェルケゴールは語った〕。[192]

本章はハイベアとキェルケゴールとの間の、この決裂の背景について論じることで、両者の違いを浮き彫りにすることを試みる。

第一節　「デンマーク黄金時代」とハイベア

ハイベアは、キェルケゴールが著述活動の大半を行った19世紀前半における「デンマーク黄金時代（den danske Guldalder）」の代表的文化人の一人であった。

「デンマーク黄金時代」の嚆矢となったのは、「北欧の詩王」と称えられたロマン主義詩人のA・エーレンスレーヤーである。彼は北欧の神話や古代史の精神を称揚することで、ナポレオン戦争での敗戦に打ちひしがれていたデンマーク国民を鼓舞した。尾崎和彦は、エーレンスレーヤーを「デンマーク黄金時代」の第一世代、ハイベアを第二世代、そしてキェルケゴールやアンデルセンを第三世代と規定している[193]。そして新しい世代が古い世代を批判する形で、「デンマーク黄金時代」は形成されていったと、尾崎は主張している。本章ではまず、尾崎によるこの主張を検討する意味でも、1827年から翌28年にかけてのハイベアによるエーレンスレーヤー批判を次節で論じることにする。その前に、本節では以下で、ハイベアの経歴の概略を簡単に述べておく[194]。

ハイベアは、一般的にはヘーゲル主義者として知られているが、元々1810

192） *Erindringer om Søren Kierkegaard*, samlet udgave ved Steen Johansen, København 1980, s. 97. なおフィッシャーは、ヘーゲル学派に属するドイツの美学者、詩人、小説家であった。

193） 尾崎和彦『北欧学 構想と主題――北欧神話研究の視点から――』、2018年、388-403頁参照。

194） ハイベアの経歴についての叙述は、基本的に次の二つの文献による。Tonny Aagaard Olesen, "Heiberg's Initial Approach: The Prelude to his Critical Breakthrough", in: *Johan Ludvig Heiberg. Philosopher, Littérateur, Dramaturge, and Political Thinker*, edited by Jon Stewart, København 2009, pp. 211-245; 大谷『キルケゴール青年時代の研究』、359-378頁。

年代に戯曲作家として著作活動を始めた時はまだ、エーレンスレーヤーのロマン主義の影響を色濃く受けていた。しかしその後1820年代にドイツのキール大学にデンマーク語講師として赴任していた時に、ヘーゲルの哲学と美学に傾倒するようになる。

ハイベアはドイツから帰国後、このヘーゲルの弁証法的手法を用いて、文芸批評家としての活動も始めた。そして1827年から翌28年にかけて、エーレンスレーヤーの北欧ロマン主義の非現実的あり方や「直接性」を批判したことがきっかけで、デンマークで名を馳せることになる。そして1830年代には、デンマークを代表する文化人になっていく。

キェルケゴールはハイベアの名声を聞いて、1834年に、ハイベアが主宰していた文学サークルに入った。キェルケゴールはこのサークルに入るやいなや、ハイベアの知性に魅了され、1827年から37年まで（1829年および1831-33年は休刊）週2回発行していたハイベア編集の週刊紙『コペンハーゲン飛行便（*Kjøbenhavns Flyvende Post*）』を熱心に読み、同紙に自ら投稿も行った。

1827年から翌28年にかけての、ハイベアによるエーレンスレーヤー批判も、この『コペンハーゲン飛行便』紙上で行われた。それでは、その批判の詳細を次節で見てみよう。

第二節 ハイベアによるエーレンスレーヤー批判[195]

1826年に発表された、エーレンスレーヤーの十二作目の悲劇『コンスタンティノープルのヴェーリングたち（*Væringerne i Miklagard*）』[196]は、翌27年に初演され、大成功を収めた[197]。この悲劇の主題は、ヴェーリングたちの首領である主人公ハーラル（Harald）をはじめとする、屈強で素朴な北欧人と、ビザンツ皇妃ゾーエー（Zoe）をはじめとするギリシア人との対比である。北欧精神

195） 本節の叙述は、次の文献に多くを負っている。Tonny Aagaard Olesen, “Heiberg's Critical Breakthrough in 1828: A Historical Presentation”, in: *Johan Ludvig Heiberg. Philosopher, Littérateur, Dramaturge, and Political Thinker*, edited by Jon Stewart, pp. 247-307.

を称揚するエーレンスレーヤーが重点を置いているのは前者である。ゾーエーは密かにハーラルを愛しているが、ハーラルはゾーエーの親戚であるマリア（Maria）を愛している。マリアに嫉妬するゾーエーは、マリアをハーラルから引き離し、宮殿に呼び出して短刀で刺し殺す。その直後、マリアを救出しようとハーラルが駆けつけたが時すでに遅く、マリアはハーラルの腕の中で息絶える。以上がこの悲劇の概略である。

エーレンスレーヤーのこの悲劇に対しては、まず1827年にユダヤ系経済学者のダーヴィズ（Christian Nathan David, 1793-1874）が、「Y・Z」という偽名で「コンスタンティノープルのヴェーリングたち」と題した批評を三回にわたって『コペンハーゲン飛行便』に連載した。ダーヴィズは、エーレンスレーヤーのこの悲劇が、「時代の肖像画を提供する」ことによって、エーレンスレーヤー自身の著述活動の中で新時代を画している、と評した[198]。

このダーヴィズの批評に対して、エーレンスレーヤーはすぐに反応した。すなわち、彼は同1827年に、『「コンスタンティノープルのヴェーリングたち」についてのY・Z氏の批評に対する返答』と題した書を刊行してダーヴィズの見解を否定し、「時代の肖像画を提供する」ことはそもそも自らの目的ではない、と反論した[199]。エーレンスレーヤーは、文学が「歴史の侍女でも哲学の侍女でもない」[200]ことを強調した。

そしてエーレンスレーヤーとダーヴィズのこのような応酬に割って入る形

196）Adam Oehlenschläger, "Væringerne i Miklagard", in: *Oehlenschlägers Tragedier*, bd. 4, Kiobenhavn 1842, s. 117-240. Miklagardは古ノルウェー語で「大きな（=mikla）都市（=gard）」を意味する。スカンディナヴィアの戦士たちは、この戯曲の舞台である1037年頃には、ビザンツ帝国の傭兵（ヴェーリング；Væring）として首都コンスタンティノープルに雇われている者たちが少なくなかった。そして彼らはコンスタンティノープルを「ミクラゴー（Miklagard）」と呼んでいた。この11世紀当時コンスタンティノープルは、バグダッドと並んで世界最大の都市であった。ヴェーリングについての詳細は、マッツ・G・ラーション著『ヴァリャーギ――ビザンツの北欧人親衛隊――』（荒川明久訳、2008年）を参照。

197）Cf. Olesen, *op. cit.*, p. 250.

198）Cf. *ibid.*, p. 252.

199）Cf. Oehlenschläger, *Svar til Herr Y. Z. paa hans Recension over Væringerne i Miklagard*, Kjøbenhavn 1827, s. 4.

200）*Ibid.*, s. 7.

で、ハイベアは同1827年に「『コンスタンティノープルのヴェーリングたち』についての批評」と題する批評を『コペンハーゲン飛行便』に三回にわたって連載した。ハイベアはこの批評の中で、「エーレンスレーヤーは生まれつき、戯曲詩人（dramatisk Digter）であるというよりはむしろ、はるかに叙情詩人（lyrisk Digter）である」[201]と規定して、次のように述べている。

> 戯曲的であるよりもむしろ叙情詩的であるような天才を持つ詩人たちは、一つの特徴を単純な会話の中で展開させることに苦労する。会話では、一切を表明する機会は非常に稀にしか存在せず、それどころか留保（Tilbageholdenhed）や偽装（Forstillelse）にしばしば制約される。しかし戯曲芸術は、まさしく我々に、秘密を通じて全体を把握させ、真理の歪曲を通じて真理を把握させることによって存立している。[202]

ハイベアによれば、戯曲には、「留保」や「偽装」という手段によって「真理を把握させる」というイロニーがある。そしてこのイロニーを用いないエーレンスレーヤーは「戯曲詩人」ではなく「叙情詩人」と呼ばれるのが適切である、とハイベアは言うのである。

ハイベアによるこの批評にもエーレンスレーヤーは反論し、翌1828年に『「コンスタンティノープルのヴェーリングたち」についての、「コペンハーゲン飛行便」における批評について』という書を刊行した。エーレンスレーヤーはこの書で、ハイベアの批評は「全体および詳細において、皮相さを証明している」[203]と批判した。

ハイベアはエーレンスレーヤーによるこの批判に対し、同1828年に「エーレンスレーヤー教授の著書『「コンスタンティノープルのヴェーリングたち」

201） Heiberg, “Critik over ‘Væringerne i Miklagard’ ”, in: *Kjøbenhavns Flyvende Post*, nr. 100（den 14. December）, Kjøbenhavn 1827, s. 3（*Prosaiske Skrifter*, bd. 3, Kjøbenhavn 1861, s. 183）.

202） Heiberg, “Critik over ‘Væringerne i Miklagard’ ”, in: *Kjøbenhavns Flyvende Post*, nr. 99（den 10. December）, Kjøbenhavn 1827, s. 4（*Prosaiske Skrifter*, bd. 3, s. 179）.

203） Oehlenschläger, *Om Kritiken i Kjøbenhavns Flyvende Post over Væringerne i Miklagard*, Kjøbenhavn 1828, s. 14.

についての、「コペンハーゲン飛行便」における批評について』に対する返答」と題する批評を、『コペンハーゲン飛行便』に八回にわたって連載した。この批評は長文であり、もはやエーレンスレーヤーに対する返答にとどまらず、ハイベア自身の美学を明確に打ち出したものにもなっている。この批評の中でハイベアは、前年の自らの批評を補う形で次のように言明している。

> 叙事詩と戯曲は詩的でなければならないだけでなく、叙事詩は叙事詩的でもあるべきだし、戯曲は戯曲的でもあるべきだ。それゆえ技術的なもの（det Techniske）だけが批評の対象である。詩的なもの（det Poetiske）は一般に直接性の感情（den umiddelbare Følelse）に、すなわち公衆の判定（den offentlige Dom）に委ねられねばならない。[204)]

この言明からは、エーレンスレーヤーが「直接性の感情」である「公衆の判定」に委ねられた「詩的なもの」を表現することに長けた「叙情詩人」であるという主張が見てとれる。そしてエーレンスレーヤーが、「技術的なもの」を扱う「批評」の圏内には存在していないというハイベアの主張も暗に見てとれる。ハイベアはまた次のようにも述べている。

> 道理にかなっているのは、人は叙情詩人や叙事詩人であればあるほど、自らの天才のこれらの限界を越えていくことができなくなるということである。というのも、叙情詩的なもの（det Lyriske）と叙事詩的なもの（det Episke）の無化によってのみ、戯曲的なもの（det Dramatiske）へと道は通じているからである。[205)]

ハイベアは、自らの批評の領分であると信じる「戯曲的なもの」が、「叙情詩的なもの」と「叙事詩的なもの」の止揚によって生じるということを示唆し

204）　Heiberg, "Svar paa Prof. Oehlenschlägers Skrift 'Om Kritiken i Kjøbenhavns Flyvende Post, over Væringerne i Miklagard' ", in: *Kjøbenhavns Flyvende Post*, nr. 7（den 25. Januar）, Kjøbenhavn 1828, s. 2（*Prosaiske Skrifter*, bd. 3, s. 199）.

205）　Heiberg, "Svar paa Prof. Oehlenschlägers Skrift 'Om Kritiken i Kjøbenhavns Flyvende Post, over Væringerne i Miklagard' ", in: *Kjøbenhavns Flyvende Post*, nr. 8（den 28. Januar）, Kjøbenhavn 1828, s. 2（*Prosaiske Skrifter*, bd. 3, s. 206）.

ている。ここに、「直接性」と「反省」を止揚した文学としての戯曲の定義という、ヘーゲル的弁証法を見てとることは容易である。なぜなら、B・トローエルセンも的確に指摘しているように、「意識の生（主観的なもの、感情）における直接的なものには、詩における叙情詩的なものが対応する。また反省的なものには叙事詩的なものが対応する」[206]からである。ハイベアは、「批評」の領域を新たに規定することによって、長らく時代を風靡していた国民的詩人エーレンスレーヤーを一昔前の世代として位置づけようとした。ハイベアはより露骨には、「エーレンスレーヤーの天才は直接性の段階にあり、それゆえに、反省（Reflexionen）と呼ばれるところの、外部世界との戦いにまだ覚醒していない」[207]とも述べていた。この「直接性」と「反省」という対概念が、ハイベアによるエーレンスレーヤー批判の鍵概念であり、次節で述べるように、キェルケゴールにも強い影響を与えることになる。

第三節 キェルケゴールの反応

1834年にハイベアの文学サークルに入ったキェルケゴールは、さっそく『コペンハーゲン飛行便』を読み始めた。そして1837年1月17日のキェルケゴールによる覚書、すなわち「私は、エーレンスレーヤーに関してハイベアが主張していることに類似したことを理解する。『コペンハーゲン飛行便』のエーレンスレーヤーに対する返答の第三回目の連載の二枚目の左欄の上部を参照」（*SKS* 27, s. 156, Papir 206:2）という記述は、ハイベアとの関係を示すものとして重要である。この覚書記述で言及されている『コペンハーゲン飛行便』の

206） Bjarne Troelsen, "Adam Oehlenschläger: Kierkegaard and the Treasure Hunter of Immediacy", in: *Kierkegaard and His Danish Contemporaries, Tome III: Literature, Drama and Aesthetics*, edited by Jon Stewart, Farnham（England）and Burlington（USA）2009, p. 265. なおトローエルセンはここで、本書とは異なって、「意識」という語を「感情」と見なしている。本書における「意識」の定義は、序論第一節で既述しておいたように、知性（対象を概念によって思考する能力；悟性）と感性（対象から感情ないし心情が触発されるというやり方で、表象を得る能力；本書第一章第三節（1）参照）とを媒介する役割を果たすというものである。

207） Heiberg, *op. cit.*, s. 3（*Prosaiske Skrifter*, bd. 3, s. 219）.

該当箇所を読んでみよう。

> 叙情詩は、詩の理念に関しては、最初の理念であるが、結局はほとんど最初の理念ではない。というのも、天才は直接性という形をとって、自分自身にではなく外部世界に向かうのであって、自己省察（Selvbetragtning）がまずもって反省の産物であるからである。天才は、ちょうど直接性（たとえば、子供の直接性）という形をとるのと同じように、この反省の産物を自己意識となる以前の諸対象についての意識と共有している。しかしこのように覚醒させる客観的意識は、たとえ客観的という特徴を有していても完全ではない。なぜなら、明確に諸対象を意識するためには、（私の「自我」からの限定すなわち区別によってのみ定義される）それらの対象を限定するやいなや自分自身を意識することが要求されるからである。それゆえ詩的天才は、直接性という形をとって、確実に客観的表現という最高点に到達するわけではない。それは、詩的天才が主観的理解という最低点に確実に到達するわけではないのと同様である。[208]

ハイベアによるこの批評で主張されているのは、「天才」は主観と客観を区別する段階以前にとどまっており、子供同然であるということである。ハイベアは王立劇場の支配人になるやいなや、10歳未満の子供たちを入場禁止にしたという事実[209]からも分かるように、子供という存在については軽視していた可能性が否めない。それゆえハイベアは、「天才」を高く評価してはいなかったと考えられる。

そしてキェルケゴールは、前節で見たような、ハイベアによる「叙情詩―叙事詩―戯曲」という三段階論について、すでに1836年8月19日の覚書で「ハイベアは正しい」（*SKS* 27, s. 143, Papir 170）と述べていた。また第四章第一節（1）ですでに示したように、キェルケゴールはこの三段階論に基づいて『いまなお生ける者の手記より』（1838年）で、「我々は、アンデルセンが叙情詩的

208）　Heiberg, *op. cit.* (*Prosaiske Skrifter*, bd. 3, s. 218f.).

209）　Cf. Karen Krogh, "Den uafrystelige Kotzebue", in: *Oehlenschläger Studier 1973*, København 1973, s. 33.

段階の後で通常ほとんど通過しなければならないだろう段階である叙事詩的段階をほのめかすものを、全く見出さないも同然である」（*SKS* 1, *LP*, s. 26）というアンデルセン批判を行った[210)]。

しかしキェルケゴールは、ハイベアのこのような三段階論には賛同するものの、当のハイベア自身の作品がその最終段階である「戯曲」には到達していないと見なしていた。というのも、キェルケゴールは 1837 年の日記に次のように記しているからである。

> 奇妙なやり方で、反省というものはある者（Een）にまとわりつきうるものだ。私が念頭に置いているのは、そのある者が劇場で同時代の誤りを上演しようとすることである。しかし彼自身は観客の中にいるので、結局、そのことは誰の気にもかかっていないと見なして、そのことを自らの隣人の中に見出そうとしない。彼は依然として試み、劇場でこのような場面を上演し、観客はその場面を笑ってこう言う。「多くの人々にとって、それは恐ろしいことだ。彼らは他人の誤りは確かに理解できるが、自分たち自身の誤りは理解できないのだ」などなどと…。（*SKS* 17, s. 51, AA:45）

ここで挙げられている匿名の「ある者」とは、当時の劇場人の第一人者であったハイベア以外には考えられない。すなわちこの 1830 年代当時ハイベアは、辛辣な時代風刺の効いた喜歌劇であるヴォードヴィルの作家として、揺るぎない地位にあったのである。しかしキェルケゴールは、「同時代の誤り」、すなわち誤った方向をとった「反省」を指摘するハイベア自身が「観客」と同様に、誤った方向をとった「反省」に陥っていると考えていた。

その後キェルケゴールは、本章冒頭で先に述べたように、『あれか、これか』についてのハイベアによる書評に失望したことでハイベアと決裂した。つま

---

210)　キェルケゴールによるアンデルセン批判がハイベアによるエーレンスレーヤー批判の枠組みを踏襲していることについては、次の二つの文献を参照。Stewart, *op. cit.*, pp. 123-124; George Pattison, “Johan Ludvig Heiberg: Kierkegaard’s Use of Heiberg as a Literary Critic”, in: *Kierkegaard and His Danish Contemporaries, Tome III: Literature, Drama and Aesthetics*, edited by Jon Stewart, p. 176.

り、『視点』で述べられているように、『あれか、これか』をはじめとする「美学的著作」は「キリスト者となることの決意がいかに無限で重大なことであるか」（*SKS* 16, *SFV*, s. 72）を示しているが、このことをハイベアは全く理解せず、的外れで揶揄的な書評を浴びせたのである[211]。それでは次節で、この決裂の背景と考えられるものについて考察することにしよう。

第四節　ハイベアとキェルケゴールの決裂の背景

(1)　詩人観の相違

すでに見たように、ハイベアが「詩的なもの」を「公衆の判定」に委ねたのに対し、キェルケゴールは、「詩的なもの」が他人の判定に委ねることのできない個人的なものであることを主張している。序論冒頭でも挙げた、1849 年 4 月 25 日の日記でキェルケゴールは、「私はキリスト教的な一人の詩人兼思想家にすぎないのだ」（*SKS* 21, s. 368, NB10:200）と述べて、自分自身に「詩的なもの」が内在していることを吐露していた[212]。

またしばしば誤解されることだが、キェルケゴールの言う「詩人」は宗教性を有している。彼がハイベアとの決裂直後に書いた『反復』（1843 年）には、次のような文章がある。

> 詩人の人生は生活全体との闘争で始まるので、慰めか正当な権利を見つけてやらねばならない。というのも、最初の闘争で詩人は常に負けるに違いないからである。詩人はいきなり勝とうとすれば、正当な権利を持っていないことになる。私の詩人は、自分自身をいわば無化させようとしたその瞬間に、まさしく生活から放免されて、今や正当な権利を見出す。こうして詩人の心は宗教的

211）ハイベアによるこの揶揄的な書評については、詳しくは桝田啓三郎「解説 三」、『キルケゴール全集 2』、桝田啓三郎訳、1966 年、494-500 頁を参照。

212）Cf. Sylvia Walsh, *Living Poetically. Kierkegaard's Existential Aesthetics*, University Park 1994, p. 224. なお拙稿前掲論文 10 頁では、この日記記述の日付が「1848 年 4 月 25 日」と誤記されている。この場をお借りしてお詫びし、訂正する次第である。

な響きを帯びる。この響きは、決して発現するには至らないが、そもそも詩人を担っているものなのだ。（*SKS* 4, *G*, s. 94）

キェルケゴールによれば、「詩人」とは、自らの宗教性に対して詩的ないし美的な関わり方しかできない人のことである。しかし「詩人」は、自らの「宗教的な響き」を発現できないとしても、常に「意識」していなければならないのである。この「宗教的な響き」とは、次章で詳述する良心のことであると筆者は考える。キェルケゴールは、宗教性が「詩人」には不要と見なすも同然のハイベアによる、的外れな『あれか、これか』書評に失望して、『反復』のこの文章を書いたのである。

(2)　教養観の相違

前節で述べたように、キェルケゴールのハイベア批判は、「同時代の誤り」（*SKS* 17, s. 51, AA:45）としての誤った方向をとった「反省」を指摘するハイベア自身が、誤った方向をとった「反省」に陥っているというものである。この両者の「反省」理解の差異については、K・P・モーテンセンによる次の批評が一つの参考になる。

自己についての反省（self-reflection）に関する、ハイベアとキェルケゴールの重大な差異は、次の単純な事実に由来する。すなわちキェルケゴールは、自己についての反省への頽落という帰結を克服して自然と精神を再統一することができるという、大部分の同時代人たちの楽観主義的な信念に賛同しなかったという事実である。[213]

モーテンセンによれば、ハイベアら「大部分の同時代人たち」は、「自己についての反省」による自然と精神との分裂を「頽落」と見なし、さらにこの

213）Klaus Peter Mortensen, “The Demons of Self-Reflexion: Kierkegaard and Danish Romanticism”, in: *Kierkegaard Revisited*, edited by Niels Jørgen Cappelørn and Jon Stewart, Berlin and New York 1997, p. 451.

「頽落」は思弁によって「再統一」すなわち「宥和」することができるという「楽観主義的な信念」を有していたというのである。またH・C・ウィンも、「諸々の否定的経験は重要であるが、何か肯定的なものに変わりうるという楽観主義に、観念論哲学とその教養思想すべては休らっている」[214]と批評している。このような「楽観主義」へのキェルケゴールの反発は事実であり、『不安の概念』（1844年）の「序論」で頂点に達している。彼は次のように批判している。

> ほとんど予備的にすぎない研究の中で、しばしば思弁的知、すなわち認識する主観と認識されたものとの同一性である「主観的＝客観的なもの」などを表すために宥和という言葉が用いられるのを見ると、それを用いた男は才気に富んでいて、この才気の助けによってあらゆる謎を解き明かしてくれたのだと、たやすく理解されてしまう。とりわけ、謎を解き当てる前に謎の言葉によく耳を澄ますという、日常生活で用いられる用心深さを学問の上では用いないようなすべての人々に対して、あらゆる謎を解き明かしてくれたのだと、たやすく理解されてしまうのである。（*SKS* 4, *BA*, s. 318）

キェルケゴールによれば、「宥和」をめぐるこの「楽観主義」は、「宥和」が倫理性を欠いていることに由来する。彼は『文学批評』で、「倫理的なものの根源性を失ったことによって一種の荒廃状態、偏狭な風俗習慣となってしまった、化石化した形式主義」（*SKS* 8, *LA*, s. 63）が同時代に跋扈していると批判している。そして彼はこの「化石化した形式主義」のことを、「反省の不毛さ」（*SKS* 8, *LA*, s. 65）ないし「悟性の錯覚」（*ibid.*）と表現している。

ただしキェルケゴールは、「反省」自体の意義を全否定しているわけではない。その証拠に彼は「反省は悪ではない。しかし反省の中で立ち止まったり静止してしまったりすることが、行動の諸前提を逃げ口上に変えて後戻りを引き起こす、厄介で有害なことなのだ」（*SKS* 8, *LA*, s. 92）と指摘している。すでに

214）　H. C. Wind, “Dannelsestanke og religion: en religionsfilosofisk betragtning”, in: *Dannelse*, redigeret af Martin Blok Johansen, Aarhus 2002, s. 133.

『イロニーの概念について』の中にも、「反省が絶えず反省を反省することによって、思考は常軌を逸してしまった」(*SKS* 1, *BI*, s. 308) という、誤った方向をとった「反省」に対するキェルケゴールによる批判の文章がある。彼は、「反省」はあくまで「行動の諸前提」であると見なしていたのである。それゆえ彼は、「反省」自体が自己目的化してしまい、「反省」のために「反省」を行ってしまうような事態に警鐘を鳴らしていたのである[215)]。彼の目には、ハイベアはこのような自己目的化した「反省」を行っていると映ったのである。

また、注目すべきことに、キェルケゴール自身が、徹底した「反省」の持ち主であった。彼は『視点』の中で次のように告白している。

> 私は直接性というものを持たなかったがゆえに、全く人間的に理解するならば、生きてはいなかったのだ。私はいきなり反省をもって〔人生を〕始めたのである。私は近年になって少しばかりの反省をかき集めたというのではなく、最初から最後までそもそも反省であったのだ。(*SKS* 16, *SFV*, s. 61f.)

このキェルケゴール自身の徹底した「反省」の原因は、何よりもまず、第三章第二節で既述したように、父ミカエルから受け継いだ「憂愁」に求めることができる。しかし同時にまた、当時のデンマーク知識人社会を制約していた「教養 (Dannelse)」、すなわち自己形成の問題にも求めることができる。「教養＝自己形成」を意味するこのデンマーク語名詞 Dannelse は、「形成する」を意味するデンマーク語動詞 danne から派生した語である。

キェルケゴールはハイベアを、同時代のデンマークにおける「教養文化 (dannelseskultur)」の典型的体現者、かつ自らの反面教師と見なしていたと言ってよい。すなわち、デンマークの知識人社会では、啓蒙主義に特徴づけられた18世紀末の国家改革以来、大学教員を主な担い手とする「教養文化」(別称「国家公務員文化 (embedsmandskultur)」) が1830年代に至るまで存在していた。

---

215)　この「反省」の自己目的化について筆者は、拙論「キェルケゴールにおける『直接性』と『反省』」(『新キェルケゴール研究』第17号、2019年、31-45頁) ですでに論じた。

大学教員は国家公務員として、学問と行政の領域で政治的影響力を振るい、ナポレオン戦争敗戦後は国家再建の主要な担い手となっていたのである[216)]。

それではハイベアは、「教養」をどのように考えていたのだろうか。彼は、1833年に刊行した『現代にとっての哲学の意義について』で、次のように述べている。

> 我々は個々人を知識人たち（de dannede Individerne）と知識人でない人々（de udannede Individerne）に分けることができる。知識人たちは、人類の代表者たち（Repræsenterne）と見なすことができる。しかしそれは、貴族院という、より少数の人々から成る議院とは違って、より多数の人々から成る民衆的な議院の類である下院が、我々が実際に代議士たち（Repræsentanter）という名を与えた人々から構成されているのとちょうど同様のことである。それに対して、知識人でない人々は、もっぱら個人的人生に制限されており、自分自身の人格についての表象以外のすべての表象から排除されている。[217)]

ここで「知識人たち」と訳したde dannede Individerneは、逐語訳すれば「教養を身につけた個々人」であり、つまりは「教養文化」の担い手を指している[218)]。ハイベアは、「知識人たち」が「合理主義（Rationalismen）」[219)]よりも首尾一貫していて、「宗教から結果だけを取り出して保存し、それゆえ教会問題に関して教会を切り離した後で、自分たちが夢見た共和国の外側に教会を置

216）Cf. Søren Gorm Hansen, *H. C. Andersen og Søren Kierkegaard i dannelseskulturen*, København 1976, s. 19ff.

217）Heiberg, "Om Philosophiens Betydning for den nuværende Tid", in: *Prosaiske Skrifter*, bd. 1, Kjøbenhavn 1861, s. 394f.

218）このことについては、大谷前掲書、123頁および138頁も参照。

219）合理主義とは、啓蒙主義時代に支配的であったキリスト教神学内部の思潮を指す。この合理主義の特徴は、信仰に関するあらゆる命題が理性に即して根拠づけることができるはずだと理解する点である。したがって合理主義は、人間の理性による理解力を凌駕するあらゆる信仰を拒絶した。それゆえ、合理主義神学者たちは、キリスト教における啓示の教え、聖書の記述、そして教会の教義を、理性や経験と矛盾しないよう解釈しようとした。キェルケゴールの時代には合理主義はかなり広まっていて、特に神学教授たちや牧師たちの間に浸透していた（cf. *SKS*, Kommentarbind 17, s. 56f）。

こうと努めている」ことを称賛する[220]。つまりハイベアが言いたいのは、「現代の宗教は、概して知識人でない人々の問題にすぎないのに対して、知識人たちの世界にとっては過去のものに、すなわち踏破されたものに属している」[221]ということである。この点で、自身も「知識人」であったハイベアは、宗教の存在意義は認めるものの、その現代的意義は少ないと見なしている。すなわちハイベアは、上掲の独立引用文の比喩で言えば、いわば世俗を超越した宗教的権威である「貴族院」には見切りをつけて、「民衆的な議院の類である下院」のほうに現代的意義を認めるのである。

そして芸術と詩についてもハイベアは、宗教と同じく「神的で永遠なものについての直接的確信」[222]を有しているにすぎないとして、やはりその存在意義は認めるものの、現代的意義は少ないと見なしている。ハイベアが最も現代的意義を見出す対象は、哲学、すなわち「永遠な、ないし思弁的な理念や、理性や、真理についての認識」[223]である。哲学が、ハイベアにとっては「最高次の審級（den øverste Dommer）」[224]なのである。そしてハイベアは、哲学の役割について次のように述べる。

> 哲学だけが、我々の有限な、とりわけ政治的な目標の数多くの細部に入り込むことができる。哲学だけが、無限なものへと向かうそれらの細部の傾向性を理解することができ、このような認識によって、それらの細部における不明瞭なものを明瞭にすることができる。このことによって、哲学だけが、それらの細部を無化せずに止揚することができるのである。それどころか、それらの細部を無限なものへと止揚することによって、哲学はまさしくそれらの細部の有効性を確認するのである。このようにして、我々の有限な努力は無限なものに

220）　Cf. Heiberg, *op. cit.*, s. 396.「合理主義」についてハイベアは、「合理主義は、神が解明しがたく認識不可能であると帰結し、この帰結のもとに宗教を保存しようとするものである」（*ibid.*）と批判している。

221）　*Ibid.*

222）　*Ibid.*, s. 400.

223）　*Ibid.*, s. 385.

224）　*Ibid.*, s. 403.

> よって接ぎ木される。すなわち人間的なものは神的なものによって接ぎ木され、制限というものが消滅してしまうのである。[225]

ハイベアが考える哲学とは、「有限なもの」を「無限なもの」の中でも有効になるよう導くものなのである。言い換えれば、先述した、「個人的人生に制限されて」いる「知識人でない人々」を、「神的なもの」へと「接ぎ木」するものなのである。しかしハイベアはまた、「多数の知識人たち〔＝教養を身につけた人たち〕（de Dannede）は哲学をまだ自分のものにしておらず、意識してもいない」[226]とも診断している。つまりハイベアは、「教養」があくまで、人間が到達しうる最高状態とされる思弁哲学への前段階にすぎないと見なしていた。

これに対してキェルケゴールは、「教養」をどのように考えていたのだろうか。ハイベアとの決裂直後にキェルケゴールが『反復』に続いて書いた『おそれとおののき』には、次のような文章がある。

> 一体教養とは何だろうか？それは単独者（den Enkelte）が自分自身に到達する（indhente sig selv）ために通過した課程だと、私は思っていた。しかしこの課程を修了しようと欲しない者にとっては、たとえその者が啓蒙を極めた時代に生まれたとしても、この課程はほとんど役に立たない。（*SKS* 4, *FB*, s. 140）

キェルケゴールは「教養」を、あくまで個人が「自分自身に到達する」単独者となるための、すなわち「自己形成」のための「課程」と考えていた。この点でキェルケゴールはハイベアと教養観を異にしており、この『おそれとおののき』の文章も、「自己形成」をなしえないハイベアの教養観に対する間接的な批判となっている。

また、この「自分自身に到達する」という表現を、ガーフは「周囲の文化の価値観や規範を受け継がずに、これらの価値観や規範に先立って存在している

225）*Ibid.*, s. 407.
226）*Ibid.*, s. 417.

自分自身を受け取り直して反復する（gentage）、ないしは受け入れる（modtage）こと」[227] と解釈している。ガーフのこの解釈は、受け取り直す対象である「自分自身」というものが「周囲の文化の価値観や規範」によって一旦疎外される、すなわちよそよそしいものにされることを前提している。つまり、この『おそれとおののき』の文章で問題とされているのは、ヘーゲルが『精神現象学』第Ⅵ章B「自分に対して疎外された精神——教養」で次のように述べているような、「反省」がもたらす、個々の人間精神における疎外であると考えられる。

> 自分に対して疎外された精神の場合には、現在的なものとは、対象としての現実的あり方（Wirklichkeit）のことを意味するにすぎない。〔すなわち〕対象としての現実的あり方は、自らの意識をあの世に有しているようなものである。〔対象としての現実的あり方の〕個々の契機はどれも本質（Wesen）として存在しながら、この現在的なものを受け取り、そのことによって、一つの別のものから現実的あり方というものを受け取る。だからそれらの個々の契機は、現実的である限りでは、自らの本質が自らの現実的あり方とは別のものであることになる。[228]

ヘーゲルがここで述べている、個々の人間精神における本質的あり方と現実的あり方との疎外[229] は、すでに第一章第二節で見たように、キェルケゴールがベルリン大学で聴講した、ヘーゲル右派神学者のマールハイネケによる講義でも取り上げられていた問題である。

しかしヘーゲルは『法哲学要綱』で、「教養」が、このような疎外をもたら

227） Garff, “Dannelse, identitetsdannelse og dannelseskritik”, in: *At komme til sig selv*, udgivet af Joakim Garff, København 2008, s. 125. ここで用いられているデンマーク語動詞 gentage は「受け取り直す」と「反復する」の両方の意味を持ちうることに注意されたい。

228） Hegel, „Phänomenologie des Geistes“, in: *Werke in zwanzig Bänden*, Bd. 3, Frankfurt am Main 1970, S. 361.

229） ここで言う「本質的あり方」と「現実的あり方」はそれぞれ、本書第三章第二節（1）で論じた「本質存在」と「現実存在」のことである。

しうる「反省」から生まれることを、次のように強調している。

> 諸々の衝動に関係する反省は、これらの衝動を表象し、考慮に入れ、互いに比較する。次にこの反省は、これらの衝動を、諸々の手段や結果と、そしてこれらの衝動を充足させる全体――すなわち幸福――と比較する。その場合この反省は、このような素材に形式的普遍性をもたらし、このような外面的な方法で、これらの素材を生(なま)で野蛮な状態から純化する。このように思考の普遍性が芽吹き出すことが、教養の絶対的な価値である。[230)]

ここで述べられている「衝動」は、「直接性」と言い換えてもよい。ヘーゲルは「直接性」に外面的な「形式的普遍性」をもたらして思考を活性化させるのが「反省」であると考えていた。ヘーゲルにとっては、この「形式的普遍性」をもたらす「反省」の延長線上に、人間精神における本質的あり方と現実的あり方との普遍的統一をもたらす「教養」が位置しているのである。ヘーゲルは「教養」の役割について、『精神現象学』で次のように述べている。

> こうして、自分に対して疎外された精神において個人が妥当性と現実的あり方とを有するのは、教養を通じてのことなのである。自然的なあり方を疎外する精神が、個人の真の根源的な本性と実質なのである。それゆえ、このように〔自然的なあり方を〕捨てること〔＝放棄すること〕（Entäußerung）が、個人の目的であり、個人が現存するということ（Dasein）なのである。同時に、このように捨てること〔＝放棄すること〕は、手段ないし移行であって、思考された実質を現実的あり方へともたらすだけでなく、また逆に、規定された個人性を本質的あり方（Wesentlichkeit）へともたらす。このような個人性が自己を形成して（sich bilden）〔＝教養を経て〕、自分自身に即した（an sich）ものになるのだ。[231)]

ヘーゲルは sich bilden という再帰動詞を用いて、「教養＝自己形成」の意義

---

230)　Hegel, „Grundlinien der Philosophie des Rechts“, in: *Werke in zwanzig Bänden*, Bd. 7, §20, S. 71.

を説いている。すなわち彼によれば、個人は現実的あり方と本質的あり方との相互浸透による統一によって、「自分自身に即した」存在へと、試行錯誤しながら自己を形成していくのである。ヘーゲルがこのような「教養＝自己形成」の役割を担う「反省」を「直接性」よりも重視していたことは、疑いようがない。彼は『エンツィクロペディー』の「第二版への序文」（1827年）で次のように、「直接性」に拘泥する思想を批判している。

> 直接性のような不毛なカテゴリーを探求し、さらにその先へと進まないのが精神の最高の欲求だとされたり、直接性によって決断すべきだとされたりしている。特に、宗教的対象が扱われる場合には、哲学する行為（Philosophieren）がはっきりと排除され、これによってあたかもあらゆる悪が追放され、誤謬や欺瞞から守られているとされている。[232]

ヘーゲルは、「直接性」に拘泥することは無批判で停滞的な思想になりやすいと批判しているのである。ハイベアが「反省」を「直接性」よりも重視した背景には、このようなヘーゲルの「直接性」批判があった。ヘーゲルやハイベアにとって「直接性」とは、認識論における「不毛なカテゴリー」以外の何物でもなかったのである。

本項の議論をまとめよう。キェルケゴールとハイベアは、「教養＝自己形成」の問題を考えるにあたって、「教養」を生み出す「反省」に伴う疎外の問題を、ヘーゲルと共有していた。ハイベアは、「教養」を経た「反省」を思弁哲学に至らしめ、「神的なもの」に接ぎ木することで、その疎外が克服できると考えた。しかしキェルケゴールは、ハイベアの言う「教養」はそもそも、その

231）Hegel, „Phänomenologie des Geistes", in: *Werke in zwanzig Bänden*, Bd. 3, S. 364. ここで「捨てること」と訳出したEntäußerungという語は、ヘーゲル哲学研究者の間では伝統的に一貫して「外化」と訳されてきた。しかし少なくともこの疎外論の文脈では、「外化」と訳したのでは意味が通らない。それゆえ筆者は、Entäußerungの原義である「捨てること、放棄すること」という訳語を採用した。

232）Hegel, „Enzyklopädie der philosophischen Wissenschaften I", in: *Werke in zwanzig Bänden*, Bd. 8, S. 16.

「教養」を経験する個人の「自己形成」を考慮していないとして、ハイベアの「楽観主義」を批判した。

そこでキェルケゴールは、このような「反省」に伴う疎外に対する解決策の一環として、キリスト教的「良心」を提示した。このことについて、次章で考察していきたい。

第七章

イロニーと良心の協働
――『愛のわざ』を中心に――[233]

終章となる本章では、「反省」に伴う疎外に対する解決策として、キェルケゴールが「反省」がもたらすイロニーと、「直接性」に根ざしたキリスト教的「良心」との協働を提示したことについて、『愛のわざ』を中心に考察していきたい。

第一節 「不安にさせられた良心」

前章第四節で考察した「教養」を意味するデンマーク語名詞 Dannelse は、ドイツ語名詞 Bildung から意味を受け取っており、この Bildung 概念は、ギリシア語の paideia（育成）とラテン語の cultura amini（心の陶冶）という語に由来している[234]。キェルケゴールは、誤った「反省」に陥っていた同時代デンマークの「教養文化」を解体して、この paideia と cultura amini という元の理念に立ち返り、キリスト教的「良心（Samvittighed）」の陶冶というプログラムを構想したと考えられる[235]。なぜならキェルケゴールは 1846 年の覚書で、次のように端的に述べているからである。

良心は直接性の中に存在し、善悪の区別を無限に強調する。〔中略〕ある人間

233） 本章は、拙論「行き過ぎた『反省』を撤収させるということ――キェルケゴールによるハイベア批判と『教養』の問題をめぐって――」（『新キェルケゴール研究』第 20 号、2022 年、1-16 頁）の内容の一部に、新たな考察を加えたものである。

234） Cf. Martin Blok Johansen, “Dannelses dannelse”, in: *Dannelse*, s. 5f.

235） 「良心」概念はキリスト教思想史で重要な位置を占める。同概念に関する詳細な先行研究としては、M・ルターの場合を中心に検討した、金子晴勇『ルターの人間学』（1975 年）の第二部「ルターの人間学における良心概念の研究」、195-543 頁が一つの参考になる。

における最も強情な抽象化でさえも、完全には直接性を否定することはできず、逆に、その人間は絶えず直接性を意識してしまうのだ。〔中略〕直接性は人間の足場である。人間は、どれほど浮遊しようとも、すなわちどれほど想像力によって常軌を逸しようとも、決してその足場を完全に離れることはできない。(*SKS* 27, s. 357f., Papir 340:14)

キェルケゴールによれば、良心は、誤った方向をとった「反省」に歯止めをかけうる「人間の足場」としての「直接性」の中に存在しているのである。つまり、善悪の区別についての抽象化に拘泥して自己目的化しかねない「反省」に対して、良心は、善悪の区別を無限に強調する「精神の構え」としての「美学」を付与するのである。

またキェルケゴールは、このように「直接性」を「人間の足場」に定めることによって、ゲーテやソクラテスのようなイロニカーの弱点であった「浮遊」状態[236]を克服しようとするのである。つまりキェルケゴールは、人間が地上に立って生きていかねばならないこの世的存在であるという基本的事実に立ち返るのである。そして、本章第二節および第三節で詳述するように、キェルケゴールは、あくまでこの「直接性」という「人間の足場」に立って「反省」的営為を行うことを、同時代人たちに対して要求するのである。

このような「直接性」の中に存在する「良心」を意味するデンマーク語Samvittighedは、接頭辞sam「共に」と名詞Vittighed「知ること」との合成語である。誰と共に知るのかというと、神と共に知るのである[237]。それでは、一体どのようにして人間は神と関係を持って、神と共に知るに至ると、キェルケゴールは考えているのだろうか。

キェルケゴールは同じく1846年の日記で次のように言う。「そもそも良心は、人格を構成している。人格とは、良心の可能性の中で神に知られることで確立される個人の意識のことである」(*SKS* 18, s. 279, JJ:420)。そして『コリント

---

236)　ゲーテについては本書第四章第二節を、ソクラテスについては本書第五章第一節（2）を、それぞれ参照。

237)「何を」神と共に知るのかについては、本書結語参照。

の信徒への手紙一』八章三節では、「しかし神を愛する人がいれば、その人は神に知られているのです」と述べられている。したがって、キェルケゴールが言う「良心の可能性」とは、「神を愛しうる」ことである。

そしてキェルケゴールの言う良心とは、神という超越的な絶対存在から疎外されたと感じる無力な人間こそがその神を能動的に「意識」するという、神と人間の逆説的な関係性のことであって、近代哲学的な意味での自律的主体としての人間に内在するものではない。このことについてキェルケゴールは1848年の日記に、次のように記している。

> キリスト教が存在するのはまさしく、人が神からはるかに遠のいていると冷静に感じる時に、何よりもまず神のことを考えるようになり、自分が神のことを考えるよう助けたまえと神に祈るようになる場合である。（*SKS* 21, s. 108, NB7:65）

キェルケゴールの考えるキリスト教には、人間が神に対してどこまでも質的差異を有するということを「冷静に感じる」ことが求められるというのである。そしてそのような神からの疎外の極みにおいてその疎外が反転するという逆説的論理が、キリスト教には伏在しているというのである。

このような、神との逆説的関係を持つに至った人間は、「良心の可能性」を持つ。すなわち、「神を愛しうる」のである。そしてそれは、イエス・キリストの贖罪（Forsoning）という歴史的原事実を「意識」することによってである。そしてこの「意識」は、キリスト教の領域へのイロニーの応用である。なぜなら、E・ピヴチェヴィッチによれば、「イロニーをキリスト教的なものに読み替えるというキェルケゴールの試みは、イロニーの中心を（人間から神へと）転化させること（Inversion）に等しい」[238]からである。すなわち、この「イロニーの中心を（人間から神へと）転化させること」によって、イロニーがもたらす「主観と客観との疎外」は、神が人間イエス・キリストに受肉してこの世

238）Edo Pivčević, *Ironie als Daseinsform bei Sören Kierkegaard*, Gütersloh 1960, S. 18.

に現れ、この世の人間たちの罪を贖って十字架で処刑されたというキリスト教的「逆説」を内容として有する「信仰」と解釈し直されるのである。実際、キェルケゴールは『おそれとおののき』(1843年)で偽名著者ヨハネス・デ・シレンツィオに、「信仰の逆説とは、外面と共通の尺度で測ることができない(incommensurabel)内面性が存在するということである」(*SKS* 4, *FB*, s. 161)と語らせている。つまりキェルケゴールの言う「信仰」概念は、明らかにイロニー的性質を保存しているのである[239]。

このイエス・キリストについてのキェルケゴールの見解としては、すでに初期の1837年の日記に、次のような記述が見られる。

> あらゆる真の愛は、第三者において互いに愛し合うということに基づいている。このことは、たとえば第三者において互いに愛し合う最も低次の段階から、兄弟はキリストにおいて互いに愛し合うべきだというキリスト教の教えに至るまで同様である。(*SKS* 17, s. 136, BB:45)

キェルケゴールはキリストを、個々人が互いに愛し合うための基盤となる「第三者」の一人として考えている。すなわちキェルケゴールによれば、人間の罪の贖い主であるキリストの死という歴史的原事実が、「愛し合うということ」にとっての基盤なのである。

またキェルケゴールは「人生のために」と題した1849年の日記では、次のように述べる。

> 今や罪人(つみびと)であるほどにまで不安にさせられた良心の不安(den ængstede Samvittigheds Ængest)の中で、それにもかかわらず、まさしく敢えてキリストに賛同しようとしないならば、君は決してキリスト者にはならない。(*SKS* 21, s.

239) キェルケゴールの言う「信仰」は、本書第五章第三節で論じたように、「内面性の無限の情熱」としての「直接性」の側面と、「客観的不確実性」としての「イロニー」の側面との「矛盾」(cf. *SKS* 7, *AUE*, s. 187)を表す概念である。そしてこの「矛盾」自体が、さらにもう一段上のメタ的次元におけるイロニーである。ここで述べた、「信仰」の「イロニー的性質」とは、このもう一段上のメタ的次元におけるイロニーのことを指している。

316, NB10:112)

この日記記述の「不安にさせられた良心の不安」という語は、「不安」が重複して用いられているがゆえに、不自然に聞こえる。筆者はこの不自然な語を、キェルケゴールに即して、次のように解釈する。すなわち、始めのほうの「不安」は彼自身における、父ミカエル譲りの「憂愁」に由来し、後のほうの「不安」はレギーネに対する一方的な婚約破棄（1841年）[240] に由来するものであると解釈する。そしてこの日記記述の最後の「君」とは、キェルケゴール自身であると解釈する。筆者のこのような解釈の理由は、次のようなものである。

キェルケゴールがこの婚約破棄事件と自らの著述活動との関係について多くを語り始めるのは、1847年以降の後期著述活動に入ってからである。この1847年という年は、彼の人生の転換点である。すなわち、第一章第一節で既述したように、キェルケゴールの兄姉は、長兄ペーターを除いて五人が、34歳を待たずして亡くなっていた。次は我が身かと自らを案じた末弟のキェルケゴールは、自分も34歳までに死ぬだろうと予想していたが、その予想に反して、この1847年5月5日に34歳になったのである。この34歳の誕生日を迎えた直後の日記に、キェルケゴールは次のように書いている。

> 私は、彼女〔＝レギーネ〕を棄てた時、死を選んだのである——まさにそれゆえにこそ、〔自分が死ぬだろうと予想していた今年までの間に〕私は非常に巨大な仕事をこなすことができたのである。彼女は「私は死にます」と言って泣き叫ぶような下手な演技をした一方で、私はあたかも今ようやく自分の人生を享楽し始めるかのように振る舞ったのは、全くよくできている。すなわち、彼女は一人の女性であり、私はイロニカーなのである。しかし原因はもっと深いところにある。私に彼女を棄てるよう促したもの、私のかのこの上なく深い不幸、それは当然にも、今や私にとって全く別の意味を持つようになった。なぜなら、私は自らの不幸によって、彼女を不幸にせざるをえなかったし、自らの

240）　この婚約破棄事件全体の経緯については、詳しくは大谷『続 キルケゴール青年時代の研究』、1579-1629頁を参照。

良心を殺さねばならなかったからである。それゆえその時から、私の悲惨が私を征服してしまったし、それ以外に原因はありえなかった。絶えず私は、彼女に対する自分の態度を弁明するために、私の根本の不幸を思い起こさねばならない。これが私の事情である。

驚くべきことに、私は今や三十四歳になった。それが私には全く理解しがたい。私はその誕生日の前後に死ぬものと確信していたので、私の誕生日が間違って届けられていたとしても、三十四歳の年には死ぬことを受け入れるよう、本当に迫られていたのだ。（*SKS* 20, s. 122f., NB:210）

この日記記述で、キェルケゴールは自分自身がイロニーの使い手であると告白している。つまり彼は、婚約破棄によってレギーネが死を口にした時、「あたかも今ようやく自分の人生を享楽し始めるかのように振る舞」うというイロニー的態度をとることによって、レギーネを失望させて、「彼女を棄てる」ことを試みたというのである。しかし彼にそうさせたのは、「私のかのこの上なく深い不幸」ないし「私の根本の不幸」、すなわち父ミカエル譲りの「憂愁」である[241)]。この「憂愁」という「不安」が、キェルケゴール自身の良心をも「殺す」、すなわちもう一つの「不安」にさせる結果になったのである。この二重の「不安」を、本節で先に挙げた、「人生のために」と題した1849年の日記記述（*SKS* 21, s. 316, NB10:112）は回顧しているのである。そしてこの二重の「不安」に襲われたキェルケゴール自身の良心を客観的に見つめ直すことを目的の一つとして、『愛のわざ』が1847年に書き上げられて、同年9月に刊行された、と、筆者は解釈する。

また、この「不安にさせられた良心」という語は、ルターに由来する概念でもある。『愛のわざ』と同時期の19世紀中葉にグリム兄弟が編纂した『ドイツ語辞典』で「不安（Angst）」という項目をひもとくと、ルターの『詩篇講解』（1529-32年）からの、次のような説明が引用されている。

241）『セーレン・キェルケゴールの日誌 第1巻 永遠のレギーネ』、橋本淳編・訳、1985年、286-287頁参照。

> ヘブライ語で不安という語は、狭さがあるというほどのことであり、私の思うところでは、ドイツ語の不安という語も、狭さがあるということに由来している。狭いところでは、人間は不安（bange）で心苦しくなり、すぐに息が詰まって、圧迫され、押しつぶされてしまう。それは、あたかも試練や不幸に襲われた場合のごとくであり、格言に言うように、私にとっては世界が狭すぎたということである。[242)]

ルターは絶えず自らの「不安」と闘っていたことが、グリム兄弟によって引用された、このルター本人の説明から見てとることができる。そしてこの闘いが行われる場が、「すぐに息が詰まって、圧迫され、押しつぶされてしまう」危険性を持った良心である。キェルケゴールは『愛のわざ』の中で、ルターを引き合いに出して、「不安にさせられた良心」という語をやはり用いて、次のように言明している。

> キリスト教が、恐ろしい調子でかつてのように、躓くか、それともキリスト教を受け入れるかどうかの選択を与えて人間たちに迫ってくる場合、人間たちは、自分の立場を弁護しうるかどうか、そして自分の選択するものが自分自身に対して弁護たりうるかどうかを見極めねばならない。それゆえ、躓きの可能性をキリスト教から取り去ったり、あるいは不安にさせられた良心の闘い（den ængstede Samvittigheds Kamp）（しかしルターの卓抜な解明によれば、この点にキリスト教の教えのすべてが関連づけられねばならない）を罪の赦しから取り去ったりするならば、教会などできるだけ早く閉鎖したほうがいいし、さもなくば、教会を終日営業の娯楽場にしたほうがいい。（*SKS* 9, *KG*, s. 199）[243)]

242）Jacob Grimm und Wilhelm Grimm, „Angst", in: *Deutsches Wörterbuch*, Bd. 1, S. 358. 引用元のルターの文章は、次の文献による。Martin Luther, „Psalmenauslegungen"（1529-32）, in: *D. Martin Luthers Werke: kritische Gesamtausgabe*（Weimarer Ausgabe）, Bd. 31, Abt. 1, Weimar 1964, S. 93. なお、ルターのこの文章についての知見は、以下の文献から得た。Wolf Lepenies, *Gefährliche Wahlverwandtschaften. Essays zur Wissenschaftsgeschichte*, Stuttgart 1989, S. 50.

243）キェルケゴールのルター解釈に関しては、拙論「キェルケゴールと内村鑑三における『信仰』と『わざ』――彼らのルター解釈との関連性をもとにして――」（『新キェルケゴール研究』第13号、2015年、19-33頁）を参照。

キェルケゴールは、この「躓くか、それともキリスト教を受け入れるかどうかの選択」について、正しい選択肢がどちらであるかについては明示していない。しかし『愛のわざ』のこの言明から読み取れるのは、そもそも躓く可能性がなければ、それは真のキリスト教ではないということである。それゆえ、たとえ人が最終的にキリスト教を受け入れることができなくても、この「躓きの可能性」自体はその人から失われてはならないとキェルケゴールは主張しているのである。なぜならこの「躓きの可能性」によって生じるのが、「自分は本当に真のキリスト者たりえているだろうか」というキリスト教的「不安」、言い換えればキリスト教的「良心」の呵責だからである。そしてこのキリスト教的「良心」の呵責こそがまさに、序論第一節の冒頭で示したキェルケゴールの葛藤にほかならないのであって、また彼がここで「不安にさせられた良心の闘い」と呼ぶものなのである。

そしてこの「不安にさせられた良心の闘い」こそ、キリストによる贖罪を理解するための、唯一無二の不可欠な条件なのである。このことについてキェルケゴールは、1846年の日記に次のように記している。この日記記述は長文であるが、キェルケゴールの良心論にとって重要であると考えられるため、その全文を引用する。

> ルターによる言述は卓越したものであり、唯一必要なものであり、唯一の説明である。すなわち、(贖罪についての、そして根本的にはキリスト教全体についての) この教え全体は、不安にさせられた良心の闘いに帰せられなければならないという言述である。不安にさせられた良心を取り去るならば、君は教会を閉鎖して、舞踏場にすることもできるのだ。不安にさせられた良心こそがキリスト教を理解するのだ。君が動物の前に石とパンを置いて、その動物が空腹であるならば、その動物も同じように理解するのだ。すなわちその場合その動物は、パンは食べることができるが、石は食べることができないことを理解するのである。不安にさせられた良心もそのようにキリスト教を理解するのだ。もし食べる前にまず空腹であることの必要性を証明しなければならないならば、然り、ややこしいことになる。

> しかし君は、「私には贖罪がどうしても理解できない」と言う。ここで私は、どのような意味で君が贖罪という語を用いているのかを尋ねざるをえない。すなわち、不安にさせられた良心の意味においてなのか、それとも無関心的で客観的な思弁の意味においてなのかと、尋ねざるをえない。もし研究室に静座して客観的に思弁するならば、贖罪の必要性をどのように理解しうることになるのだろうか。なぜなら実際のところ、贖罪は、不安にさせられた良心の意味においてのみ必要だからである。もしある人に、食べることを必要としないで生きていく力があるとすれば、その人は、空腹者が非常に容易に理解する、食べることの必要性を、どのように理解することになるのだろうか？精神的なことについても、事情は同様である。人は贖罪を余計なものにする無関心性に囚われかねないのである。然り、自然のままに振る舞う人間はそもそもこのような状態にある。しかし、このような状態でどのようにして贖罪を理解できるというのであろうか。それゆえルターが、人間がどれほど深く罪の中にいるかということについては、啓示によって教えられなければならないと説くのは、首尾一貫しているのである。不安にさせられた良心は、空腹であることのように自然発生的なものではないのである。（*SKS* 20, s. 69, NB:79）

人が、キリストによる贖罪という歴史的原事実の必要性を、思弁的ないし客観的に「宥和」として証明しようとしても徒労であって、その必要性は、ただその人が神の啓示を契機として自分の知覚でもって体感して理解するほかないというのである。ただしこのような知覚は、日常世界における通常の知覚とは異なる。すなわち、E・ロッカが評しているように、「通常の知覚を躓かせるものに関わる第二の知覚（en anden perception）」である[244)]。

それゆえ、キェルケゴールにとってForsoningというデンマーク語は、何よりもまず、このキリストによる「贖罪」という事実性を意味している。そして第五章第四節ですでに論じたように、このForsoningというデンマーク語における「宥和」ないし「総合」という意味は、量的差異を減少させる方策の

244）　Ettore Rocca, "Kierkegaards teologiske æstetik om troens perception", in: *Kierkegaardiana*, vol. 23, København 2004, s. 85.

ことを指しているにすぎないヘーゲル的思弁の産物として、却下されるのである[245]。

第二節　誤った方向をとった「反省」を統御する良心

『愛のわざ』には、「見よ、情熱は熱くし、この世の才知は冷たくする。だがこの熱さも、この冷たさも、またこの熱さと冷たさの混合も、永遠性の清浄な空気ではない」(*SKS* 9, *KG*, s. 49) という文章がある。ここで言われている「情熱」は、『愛のわざ』の別の箇所では、「直接性の遊戯」の一つと規定されている (*SKS* 9, *KG*, s. 33)。また「この世の才知」は、容易に推測できるように、「反省」が生み出すものである。これらの、この世的な「直接性」と「反省」は、「慰めなき独立性」(*SKS* 9, *KG*, s. 45) とも言い換えられ、「浄福なる独立性」(*SKS* 9, *KG*, s. 50) と対比されている。良心は、前節で挙げた「良心は直接性の中に存在し、善悪の区別を無限に強調する」(*SKS* 27, s. 357, Papir 340:14) という、1846年の覚書記述を考慮すれば、後者の「浄福なる独立性」、すなわち「永遠性」[246]に属するあの世的な「直接性」と言い換えることができるだろう。

そしてキェルケゴールは、人は誤った方向をとった「反省」から、キリスト教的「良心」というあの世的な「直接性」へと、「質的飛躍 (et qvalitativt Spring)」によって覚醒せねばならないと説く。彼は『後書き』で、「自己についての反省 (Selv-Reflexionen) による懐疑」(*SKS* 7, *AUE*, s. 308) という語をヘーゲルの「悪無限 (den slette Uendelighed)」[247]という用語で言い換えて、次のように述べている。

---

245)　R・キアニーは、「forsoning というデンマーク語が「贖罪 (Atonement)」というキリスト教的意味と「総合 (Synthesis)」というヘーゲル的意味との両方を表すために用いられたという困惑させる事実によって、概念の混同がひどくなっているのだ」(Richard Kearney, “Kierkegaard's Concept of God-Man”, in: *Kierkegaardiana*, vol. 13, København 1984, p. 107) と、的確に指摘している。

246)　この「永遠性」のモデルとして考えられているのは神である。『後書き』には、「神は思考せず、創造する。神は実存せず、永遠である」(*SKS* 7, *AUE*, s. 303) という記述がある。

悪無限は生命力が無限に強靭である。もし悪無限に打ち勝とうとするならば、断絶、すなわち質的飛躍が起こらねばならない。そして質的飛躍が起こるならば、方法、内在における技巧、移行の必然性は終わるのだ。(*SKS* 7, *AUE*, s. 309)

注意すべきは、キェルケゴールは、「質的飛躍」によって「内在における技巧」は終わるが、「内在」自体は消滅しないと考えていることである。彼はあくまで、「内在」の領域内にある「反省」そのものの存在意義については否定しないのである。このことについてP・クリュイスバーグスは、次のように評している。

〔人間の〕生き方は、盲目的ないし直接的な決断において本質を有しているのではない。人は、最高度に考えられうる反省を通り抜けなければならないのである。そうして初めて、行動しようという決断、ないしは信仰への飛躍が最低限の真正さを主張しうるのだ。[248)]

このような「反省」が誤った方向をとった場合の対策は、遺稿『アズラーの書』で明確にされている。この遺稿は、第一章第三節（2）注87）でも挙げた牧師アズラーについての、キェルケゴールによる批判である。キェルケゴールがアズラーを批判したのは、アズラーが、神の啓示を受けたことを「反省」的思弁によって主張する四冊もの著作を1846年に出版したからであった。キェ

---

247) Hegel, „Wissenschaft der Logik I“, in: *Werke in zwanzig Bänden*, Bd. 5, Frankfurt am Main 1969, S. 149. この箇所でヘーゲルは次のように述べている。「主要な問題は、真無限（die wahre Unendlichkeit）という概念を、悪無限（die schlechte Unendlichkeit）という概念から、すなわち理性という無限なものを悟性という無限なものから区別することである」(*ibid.*)。ヘーゲルは、「悪無限」が、悟性の生み出す、誤った方向をとった「反省」に原因を持つものであることを正しく認識していた。それゆえ、このような「反省」に陥っているとしてキェルケゴールが批判している対象は、ヘーゲルその人というよりは、むしろハイベアなどの、デンマークのヘーゲル主義者たちであると言えよう。

248) Paul Cruysberghs, “Must Reflection Be Stopped? Can It Be Stopped?”, in: *Immediacy and Reflection in Kierkegaard's Thought*, edited by Paul Cruysberghs, Johan Taels and Karl Verstrynge, Leuven 2003, p. 13. なお、クリュイスバーグス自身が編者の一人となっているこの2003年の論文集は、その題名の通り、キェルケゴール思想における「直接性」と「反省」を論じた貴重なものであるが、本書のように、良心が「直接性」に根ざしていることに注目した論文は見当たらない。

ルケゴールは同遺稿で、「アズラーは反省の中に迷い込んだ。彼は、反省から抜け出す努力をする代わりに、自分の緊張状態についての反省の深みにはまっている」（*SKS* 15, *BOA*, s. 283）と指摘し、次のように述べている。

> 倫理のみが、生きている人間に正しい位置を与えることができる。倫理はこう言う。すなわち、主要なことは、努力し、働き、行うことであり、反省が誤った方向をとった場合には、何よりもまずそこから引き返すことであると。（*SKS* 15, *BOA*, s. 284）

キェルケゴールは、誤った方向をとって自己目的化した「反省」は撤収させる必要があると主張している。「反省する」を意味するデンマーク語動詞 reflektere は、接頭辞 re「元へ」と動詞 flektere「曲げる」の合成語であるがゆえに、「曲げ返す」が原義である。キェルケゴールはこの原義に立ち返って、近代哲学の認識論において主観から客観へと一方的に向かうベクトルを反転させて、客観から主観へと「曲げ返す」ことを説くのである[249)]。

そしてこのような、誤った方向をとった「反省」を「曲げ返す」ことを行う条件として、「静けさ（Stilhed）」が必要であるとキェルケゴールは説く。彼は『想定された機会における三つの講話』（1845年）で、次のように述べている。

> この静けさが存在しないと言う者は、ただ騒いでいるだけにすぎない。あるいは君は、この静けさが存在しないということを誰かがひそかに決めつけたと、かつて聞いたこともあるだろう。たとえ君が、この静けさを捨て去ろうとして、良心と静けさと孤独における神の裁きの声との代わりに、困窮から発せられた自然のこだまや、混乱した人々に共通の叫びや、自分自身を恐れて臆病にも一致しない一般的意見を得るために、大言壮語や騒々しい行いを聞いたことがあるだろうとしても、である。だが私の聴衆である君よ、もし君が良心を持とうと努力するにもかかわらず、そして疚しくない良心を持とうと努力するに

249）ただしこのように「曲げ返す」主体は、厳密に言えば、人間ではなく神である。このことについては、本章第四節を参照。

もかかわらず、この静けさを恐れるならば、耐え忍びたまえ、この静けさを耐え忍びたまえ。というのも、静けさなしにはこの良心は全く存在しないからである。この静けさは君がそこで死ぬところの死の静けさではないし、死に至るのでもない。この〔静けさという〕病は、生への移行なのである。(*SKS* 5, *TTL*, s. 393)

「静けさ」は、まさしく各人が「神の裁きの声」を聞くために求められるのである。この「神の裁きの声」を聞くことによって、良心、すなわち「神と共に知るという関係性」が作動するのである。そしてこの「静けさ」は、各人が、この世の時間性の彼岸に存在するあの世の永遠性を「意識」することによって生まれるのである。

キェルケゴールはこの永遠性について、『愛のわざ』の少し前の 1847 年 3 月に刊行した『様々な精神における建徳的講話』で、次のように言述している。この言述も長文であるが、キェルケゴールの良心論にとって極めて重要であると考えられるため、そのまま該当部分を引用する。

永遠性は、各人が単独者として生きていくことを要求している。そして永遠性は各人の意識に対して、これまで各人が個人として行ってきて、騒がしい思い込みの中で忘れてしまったすべてのことを呼び起こさせることになる。そして永遠性においては、群衆の中ではあまり重要ではないと思っていた単独者が重要になる。各人は単独者として清算しなければならないのである。王も、最もみすぼらしい乞食も、単独者として清算しなければならないのである。誰も、自分が単独者以上の者であると高慢になってはならない。また誰も、この世の忙しさの中で名前すら持たず、番号で呼ばれているからといって、自分は単独者ではないと落胆しなくてもよい。と言うのも、永遠性による清算というものは、良心の声が、唯一のものであるという権利として永遠に定められること以外の何であろうか。永遠性による清算というものは、永遠性の中で無限の静けさが支配するところで、各人が単独者として行った善ないし悪について、また生きていた間単独者であろうとしなかった事実について、良心が単独者と共に語ること以外の何であろうか。なぜなら、永遠性の中には雑踏も、群衆も、群衆の中の隠れ家もないし、ましてや暴動や路上での騒乱もないからである！この時間性の中ですでに、良心は各人を単独者にしようとしている。しかしこの時間性においては、不安と、騒がしさと、雑踏と、群衆と、逃避する原生林との中で、ああ、ある者が自らの良心を完全にかき消してしまうという恐ろしいことすら起こるのだ――〔しかし〕この恐ろしいことがその者の良心である。というのも、その者は自らの良心を脱ぎ去ることはできないからである。良心はその者のものであり続けるし、より正確に言えば、その者が良心のものなのである。だが今や、この恐ろしいことについて我々は語るのではなく、より善良な者の中でさえも、良心の声が数多くの他の声の中の一つの声にもっぱらとどまることがあまりにも容易に起こりうるということについて語るのである。その場合、良心の孤独な声は、いつものように、迎合する――様々な声と共に――ということが容易に起こりうるのである。しかし永遠性の中では良心は、耳にするただ一つの声である。その声は単独者によって聞かれねばならない。というのも、単独者はこの声の永遠の反響となっているからである。この声は聞かれねばならず、この声から逃れる場所は存在しない。というのも、そのような場所はどこまでも存在せず、単独者自身がその場所であるからである。この声は聞かれねばならず、個人が群衆を見回しても無駄である。(*SKS* 8, *OTA*, s. 228f.)

キェルケゴールによれば、単独者とは、良心の声を聞く「場所」なのである。それゆえ誰も、単独者であることから逃れることができないのであるが、普段は群衆と共に迎合しているがゆえに、自らが単独者という「場所」であることを忘却してしまっているのである。このような日常性、言い換えれば時間性の中にいる群衆の各人に向かって、キェルケゴールは、無限の「静けさ」が支配する永遠性を「意識」することを要求するのである。

またキェルケゴールは『愛のわざ』で、「絶望とは、永遠なものを欠くということである」(*SKS* 9, *KG*, s. 199) と二度強調している。この強調はまさしく、第一部で述べたような、若き神学生時代に「絶望」に陥っていた頃のキェルケゴール自身を回想してなされている。当時の彼は、前章第四節（2）で見たような、19世紀前半デンマークの「教養文化」に跋扈していた、自己目的化した「反省」に基づくイロニーに、言い換えれば「悪無限」を有するイロニーに囚われていたのである。キェルケゴールの恩師メラーは、自らの遺稿『イロニーの概念について』で次のように述べていた。

> イロニーは、自己完結した道徳体系をもっぱら個人の立場から遂行しようとする実りなき努力の一貫した継続である。このようなやり方は必然的に、あらゆる内容の欠如、すなわち道徳的ニヒリズムで終わるに違いない。[250)]

ここで言われている「あらゆる内容の欠如、すなわち道徳的ニヒリズム」という、メラーによるイロニー批判は、まさしく序論第一節で挙げた「客体なき内面性」という、アドルノによるキェルケゴール批判と同様のものである。メラーはこの「道徳的ニヒリズム」という言葉によって、第四章第五節で見たような「絶望」に囚われていた時期のキェルケゴールのことをまさしく表していると考えられる。それゆえメラーは、第一部で幾度も述べたように、キェルケゴールに「君は、全く恐ろしいほどに、どこまでも論難的なのだね」（*SKS* 25, s. 461, NB30:93）という、「覚醒の力強いラッパ」（V B 46, s. 102）としての忠告を行ったと考えられる。そしてキェルケゴールはメラーの死後、このような「道徳的ニヒリズム」の危険性に気づき、「教養文化」に抗して、自己目的化した「反省」に基づくイロニーに歯止めをかけうる良心をあの世的な「直接性」として評価するに至ったと言えよう。

そしてこのように歯止めをかけられた「反省」こそ、第五章第三節で詳述した「統御されたイロニー」（*SKS* 1, *BI*, s. 353）にほかならない。キェルケゴールは、「留保」や「偽装」によって真理を把握させるハイベアのイロニーを決して捨て去るのではない。むしろ「統御されたイロニー」は、ハイベアのイロ

250） Poul Martin Møller, "Om Begrebet Ironie", in: *Efterladte Skrifter af Poul M. Møller*, 2. udg., bd. 3, København 1848, s. 155f.

ニーが有する真理把握作用を鋳直すことによって、近代哲学の認識論の陥穽である疎外に陥っている同時代人たち、とりわけハイベアやアズラーなどの、デンマークのヘーゲル主義者たちを、「自分自身に到達する」単独者にしうるポテンシャルを含んでいるのである。キェルケゴールは、『愛のわざ』を刊行した1847年9月頃に書いたと推定できる日記記述で、ハイベアを次のように批評している。

> 神と単独者の関係を、この世はそもそも自己愛と見なしている。すなわち、この世はそもそも神を信じていないので、神を畏れる者も結局は自分自身を愛さざるをえないというのである——〔そもそも〕神を畏れる者は、この世が愛するものを愛しなどせず、そこに残されるものは、神と自分自身である。〔ところが〕今やこの世は神を取り去っている。それゆえ神を畏れる者は自分自身を愛するのである。〔それゆえ〕この世は、神を畏れることを自己愛と見なすのである。この世と同時代人による判断を神化しようとしないこと、すなわち自分の判断も責任も究極的には神に対して有しているものだという見解を確保しようとすること（そして、各人がそうすべきだと見なすこと）もまた、自己愛だというのである。（良心に基づく、神との関係を廃棄するという）このような不敬が、ヘーゲル哲学の根本的欠陥である。そして、ヘーゲル哲学は今や非常に大衆向けになってしまい、究極的にはならず者が客観的精神になるのである。このことは、たとえばハイベアには見られない。しかしそれは、彼が〔ヘーゲル哲学の〕詭弁を理解しているからではなく、ハイベアと彼の妻とが客観的精神たらんとするからなのである。（*SKS* 20, s. 207, NB2:166）

この日記記述でキェルケゴールは、ハイベアが「客観的精神たらんとする」ことを批判している。「客観的精神（der objektive Geist）」は、ヘーゲル著『エンツィクロペディー』第三部「精神哲学」第二編の題名であり、これをヘーゲル自身がより詳細に論じた著作が『法哲学要綱』である。この『法哲学要綱』は、序論第四節で既述したように、ハイベアが最も影響を受けた、ヘーゲルの著作であった。つまりキェルケゴールは、ハイベアが、「良心に基づく、神との関係を廃棄する」ことによって、一切をこの世的な尺度で、すなわち「非常に大衆向け」の人間的な尺度のみで裁断しようとしているヘーゲルの忠実な亜流にすぎないと批判しているのである。

第三節　隣人愛――イロニーと良心の協働――

「反省」から良心への、すなわち神との永遠な関係性への「質的飛躍」は、キェルケゴールにおいては、序論で既述した、レギーネに対する一方的な婚約破棄を契機として生じた「宗教的覚醒」（*SKS* 16, *SFV*, s. 63）として起こった。そして前節で論じたように、彼は、誤った方向をとった「反省」がもたらす、そもそも「この世のものではない」キリスト教（cf. *SKS* 9, *KG*, s. 137）の「この世化」すなわち人間主義化に警鐘を鳴らそうとしたがゆえに、あの世的な「直接性」である良心を陶冶した単独者たれと説いたのである。そしてこの良心に基づく「信仰」を、1848年のキェルケゴールは日記記述で、「反省の後の直接性」（*SKS* 20, s. 363, NB4:159）と呼ぶのである[251)]。

ただし注意しなければならないのは、この「反省の後の直接性」は、この世的な「反省」を決して捨て去るわけではないということである。キェルケゴー

251)　鈴木祐丞は、キェルケゴールにおける「反省の後の直接性」を、1843年の『おそれとおののき』で描写された、『創世記』二十一－二十二章における、アブラハムが神に燔祭として捧げた息子イサクを受け取り直す旧約聖書的信仰と解釈している（鈴木祐丞『キェルケゴールの信仰と哲学――生と思想の全体像を問う――』、2014年、54-59頁）。そして鈴木は、この「反省の後の直接性」がキェルケゴールにおいて具体的には、1841年に婚約破棄を一方的に告げた相手のレギーネとよりを戻して結婚することを表している、と捉えている（同、181-182頁）。さらに鈴木は、『愛のわざ』の刊行（1847年9月）直後の1847年11月にレギーネが別の男性と結婚したことで、キェルケゴールはこの「反省の後の直接性」が不可能になったと痛感して（同、150頁）、1848年の宗教的体験を転機に、『キリスト教の修練』（1850年）で描かれるイエス・キリストとの同時性に身を置く生き方を、理想的な新約聖書的信仰として見定めるようになったと結論づけている（同、192頁）。しかし「反省の後の直接性」という語は1848年に初めて登場するがゆえに、時系列的に見て、この5年も前に刊行された『おそれとおののき』と決定的に結びついているとは考えにくい。むしろ、本章第一節および第二節におけるように、前年の1847年に刊行した『愛のわざ』や、同書に関連する建徳的講話、日記、および覚書との関係から重点的に論証したほうが、キェルケゴールの著述活動の自然な流れに即しているのではないだろうか。

ルは、この世的なものとあの世的なものとのヘーゲル的統一は不可能だと結論しつつも、その両者の共存を図ろうと試みていたのである。そしてこの共存は二重真理説ではない。なぜならキェルケゴールは、人間がこの世で生き抜くためには「反省」的営為が不可欠であることは承知していたのであって、あくまでその「反省」が誤った方向性に陥った場合に、あの世的な「直接性」である良心の陶冶によって統御すべきであると考えていたからである。つまりキェルケゴールは、あくまでこの「反省」的営為による知を統御する「補助的原理(auxiliary principle)」[252] として、「直接性」に根ざした良心を要請するのである。

『愛のわざ』でキェルケゴールは、「キリスト教は、君が万人を、従って妻や友人をも、良心豊かに愛するべきだと教える。このことはやはり良心の事柄なのだ」(*SKS* 9, *KG*, s. 143f.) と述べる。ここで言われている「良心の事柄」とは、神との正しい関係性に入ることである。そしてキェルケゴールは、あの世的な「直接性」である良心がこの世の人間の中で発現せねばならないということを、次のように述べている。

> 血液がどんな神経の中にも脈打っているのと同様に、キリスト教は良心による〔神との〕関係によってあらゆるものに浸透しようとする。このような変化は、外面的なものの中にはないし、目に見えるものの中にはなく、無限である。あたかも人間が血管の中に血液ではなく、異教徒が夢見た、かの神的な液体を宿しているかのように――キリスト教は永遠の生を、すなわち神的なものを、人類の中に吹き込もうとするのである。(*SKS* 9, *KG*, s. 137f.)

キェルケゴールにとっては、この世に生きる人類の中に、キリスト教によって「神的なもの」を吹き込むことこそが重要であったのである。このことについて、E・スキョルデイヤーは、「人間は良心を伴って創造されているが、人間が〔この世的な〕直接性すなわち美的なものの中にいる限りでは、良心はま

252) Kjell Eyvind Johansen, “The Problem of Knowledge in the Ethics of Kierkegaard’s Works of Love”, in: *Kierkegaardiana*, vol. 17, København 1994, p. 63.

どろみうるし、受動的であるし、受動的であろうとする」[253]と洞察している。つまり人間は神との永遠な関係性である良心に覚醒しなければならないと、キェルケゴールは主張するのである。

そしてキェルケゴールは、この世の人間のあり方を断罪する思想家ではなく、この世の人間のあり方にどのように能動的に関わればよいかを考えていた思想家なのである。この能動的な関わり方の理念型が、「愛のわざ」とキェルケゴールが呼ぶところの隣人愛である。この「愛のわざ」という呼称には、「わざ」というカトリック的形式を、ルター派プロテスタントであったキェルケゴールが決して無視しなかった独自性が表されている。またこの呼称について、P・スュールトフトは、「キェルケゴールにおいては、愛と行為は解き放しがたく結びついている」[254]と的確に評している。キェルケゴールも『愛のわざ』で、「愛は自らのあらゆる表現において、人間たちに対して外向的に向けられている」(*SKS* 9, *KG*, s. 189) と断言しているのである。

また佐藤幸治は次のように、キェルケゴールの語る隣人愛について評している。

> キェルケゴールの語る「隣人愛」を、その語られたことを「二重化」することなく、ただ形式的のみのものと見てはならないのである。キェルケゴールが形式を重要視して語るのは、あくまで具体的な他者関係という内容面の矯正をもくろんでのことである。形式に基礎づけられてのみ内容が、即ち、具体的な他者関係としての愛の関係がはじめてキリストの贖罪の受け取り直しとみることができるようになるのである。形式なき内容は恣意的な無分別を帰結するだろうし、逆に内容なき形式では単なる厳格主義、律法主義を意味することになろう。[255]

253） Emanuel Skjoldager, *Søren Kierkegaards Syn på Samvittigheden*, København 1967, s. 15.

254） Pia Søltoft, “Giveren, gaven, modtageren og gensidigheden. Om gavens økonomi i nogle af Kierkegaards opbyggelige taler”, in: *Dansk Teologisk Tidsskrift*, Årgang 76, Nr. 3, København 2013, s. 100.

キェルケゴールは、「形式なき内容」としての「恣意的」な愛を、外面的形式を有するものへと矯正しようとする。他方で、「単なる厳格主義、律法主義」をもたらす、誤った方向をとった「反省」による「内容なき形式」の抽象的な愛を、「具体的な他者関係という内容面」の充実へと矯正しようとするのである。このような意味で、愛について彼が述べたことは、「二重化」して理解すべきなのである。そしてここでの「単なる厳格主義、律法主義」という、佐藤による批判も、前節で挙げた「あらゆる内容の欠如、すなわち道徳的ニヒリズム」という、メラーによるイロニー批判や、序論第一節で挙げた「客体なき内面性」や「道徳的厳格主義」という、アドルノによる批判と同様のものである。

ただしキェルケゴールは、「わざの原理が信仰の原理よりも簡素であるということ」と題した、1853年の覚書記述で、次のように釘を刺している。

> 私が「わざ」に言及することによって、〔私の〕思想はカトリシズムのほうへ引き寄せられる。〔ただし〕その場合誤解されるのを避けるために、カトリシズムがわざの功績性について考え出したことはすべて、もちろん無条件に廃棄されねばならないということを注記しておきたい。(*SKS* 27, s. 570f., Papir 458)

この覚書記述でキェルケゴールは、カトリシズムの「わざ」の原理がもたらしかねない功績主義を拒絶している。つまり「わざ」は、多く積めば積むほど救われるという手段として称揚されるべきではなく、あくまで、誤った方向をとった「反省」に対する矯正という「補助的原理」にとどめられねばならないのである。

255)　佐藤幸治「解説」、『原典訳記念版 キェルケゴール全集第十巻 愛の業』、尾崎和彦・佐藤幸治訳、1991年、600頁。ここで佐藤が述べる「他者」とは、人間としての他者のことである。また筆者は、ここで佐藤が述べる「キリストの贖罪の受け取り直し」こそが「和解」だと考える。日本語で言う「贖罪」も「和解」も、デンマーク語ではforsoningという一語で表されるが、筆者は、後世の人間が「キリストの贖罪」を、本章第一節で述べたような良心という「意識」ないし「態度」によって「受け取り直す」ことが重要だと考える。それゆえ筆者は、「キリストの贖罪」がそのまま無条件で「和解」になるとは考えない。

そしてキェルケゴールが考える隣人愛の要諦は、『愛のわざ』の次の文章に表される。

> 隣人を愛するということは、人に割り当てられているこの世的な差異性の中にふみとどまりながら、本質的に万人に対して無制約的に平等たらんとすることなのである。公然とただ単にこの世的な差異性の優越に基づいて他人のために存在しようとするだけなら、それは高慢さであり、不遜である。だが、ひそかに隠れて自らの差異性の優越を享受せんがために、全く他人のために存在しようとしない狡猾な作為も、臆病な高慢さなのである。（*SKS* 9, *KG*, s. 89）

隣人愛とは、愛する相手が自分と比較してどのような人であるかという、「この世的な差異性」すなわちイロニーの中にふみとどまりつつも、それに制約されない行為、つまり「この世的な差異性」の優劣に拘泥しない行為なのである。この意味で、キェルケゴールが言う隣人愛の力点は明らかに、この無制約性にある。このことは重要である。M・J・フェレイラは、次のように評している。

> キェルケゴールにとって決定的に重要なのは、偏愛（Forkjerlighed）と、偏向的でない愛（Kjerlighed）との間の違いである。後者は前者の（言語的）本質であるが、前者は、限定を与えられていると言えるだろう。すなわち、合意しうる特質を有する特定の他者に意識を集中して向けて、焦点を当てているという限定である。[256)]

隣人愛は、他者関係において偏向性をなくそうとする努力の営みなのである。キェルケゴールは同じく『愛のわざ』で、「愛は自分のために存在する性質ではなく、それを通して、あるいはその中で君が他人のために存在するような性質である」（*SKS* 9, *KG*, s. 225）と断言している。キェルケゴールはすでに

256）M. Jamie Ferreira, “Immediacy and Reflection in *Works of Love*”, in: *Immediacy and Reflection in Kierkegaard's Thought*, p. 119. ここでフェレイラが述べている「他者」とは、人間としての他者のことである。

『哲学的断片』(1844年) でも、「愛は愛される者を変えるのではなく、愛する者自身を変えるのである」(*SKS* 4, *PS*, s. 239) と明言していた。

ここで言われている「愛する者自身を変える」とは、具体的にはどういうことなのだろうか。それは、愛する者自身が先述の功績主義に囚われることなく、すなわち自分自身の利害関係に囚われることなく、愛する対象の他人を「自由にする」ようになるということである。このことについて、キェルケゴールは1846年の日記記述で次のように述べている。

> そもそも、ある存在のためになされうる最高のこと、すなわち人が〔自分のために〕なしうるすべてのことよりも高次のことは、その存在を自由にすることである。まさしくこのことに神の全能は耳を傾けて、このことをなしうるのである。これは奇妙に思われる。なぜなら、まさしく神の全能とは、依存させるに違いないものであろうからである。しかし人は、神の全能を考える場合、まさしくこの神の全能の中に、自分自身を再び取り戻すことができるという規定がなければならないのを理解するのだ。それは、まさしくその神の全能ゆえに、神の全能によって生成した人間が独立しうるという、神の全能による表現においてである。それゆえ人間は完全には、他人を自由にすることができるわけではない。なぜなら、そのようにできる力自体を持つ人間は、その力を持つということに囚われているからである。それゆえその人間は、自らが自由にしようとする他人に対して倒錯した関係を絶えず持っているのだ。そのため、あらゆる有限な力（才能など）の中には有限な自己愛が存在することになる。神の全能だけが、自分自身を取り戻すことができ、献身することができる。そしてこの神の全能による献身の関係が、まさしく〔神の全能を〕受け取る人が独立するということなのである。(*SKS* 20, s. 57f., NB:69)

愛する対象の人間を「自由にする」とは、その人間を「独立」させるということなのである。しかしキェルケゴールによれば、愛する対象の人間を「自由にする」という行為の中には、愛する主体の人間の自己愛が必ず含まれているというのである。それゆえ愛する対象の人間を完全に「自由にする」という行為は、愛する主体の人間の愛だけでは不完全である。そこで、この愛する主体の人間に助力するのが「神の全能」なのである。このことに関連して、フェレイラによる次のような指摘は、注目に値する。

> 我々がキェルケゴールの日記から学び知るのは、人間の自由が、絶対的な神による支配〔＝摂理〕や神の全能と両立可能で（compatible）あり、そのような制約が自由と両立可能だということである。〔すなわち〕我々が学び知るのは、キェルケゴールが保証しようと考えている選択肢が、「完全に無関心な意志」によって獲得される「抽象的な選択の自由」でも、「むき出しの無防備な自由」でも、「無内容な自由」でもないということである。〔つまり〕自由とは常に、ある関心や背景に基づいた自由なのである。[257)]

すなわちキェルケゴールによれば、「神による支配」と「人間の自由」は、確かに第一章第一節で既述したように、あくまで統一不可能であるが、「愛のわざ」による両立は可能なのである。そしてこの両立によって、愛する対象の人間を「自由にする」主体の人間自身もまた、助力を行う「神の全能」によって、具体的に「自由」になりうるのである。

キェルケゴールによれば、隣人愛という「愛のわざ」は、「神による支配」と「人間の自由」のこのような協働によって成立している。そしてこの協働という側面に、神と人間の関係性、すなわち「神と共に知るという関係性」としての良心が、如実に表れている。『愛のわざ』でキェルケゴールはこの協働を、「神と人間の類似性」という「キリスト教の課題」と見なして、次のように述べていた。

> キリスト教の福音が、神と人間の親縁性（Slægtskab）についての教えの中に含まれているのと同様に、キリスト教の課題も神と人間の類似性（Lighed）ということなのである。しかし神は愛であるがゆえに、我々は愛することにおいての

257）Ferreira, "Faith and the Kierkegaardian Leap", in: *The Cambridge Companion to Kierkegaard*, p. 219.

み神と類似しうるだろう。それはまた、ある使徒〔＝パウロ〕の言葉によれば、我々もまた――愛――においてのみ、「神の協働者たち（Guds Medarbeidere）」たりうるであろうのと同様である。（*SKS* 9, *KG*, s. 69）[258)]

第三章第二節（1）で既述したように、神と人間の和解不可能性という、宗教的意味でのイロニーが、とりわけ初期以後のキェルケゴールを最も悩ませていた。しかし彼は『愛のわざ』では、良心に基づく隣人愛において神と人間は類似しうると明言しているのである。このように神と人間が類似しうるということが、神と人間の「和解」たりうるのである。つまりキェルケゴールにとって良心とは、神と人間を「和解」させうる唯一の関係性なのである。そしてキェルケゴールにとって、人間の「反省」がもたらすイロニーは、神との永遠な関係性である良心との協働によって、自らの疎外を克服しうるのである。

第四節　良心の陶冶としての自然美学へ

(1)「信仰の目」による「内的直観」

しかしそもそもキェルケゴールは、本章でこれまで述べてきたような良心を、どのような方法で具体的に陶冶すればよいと考えていたのだろうか。それは、自然に対する「思想の一つの態度」、すなわち自然美学[259)]によってであると、筆者は考える。なぜなら、第一章第三節（1）で述べたように、キェルケゴールは1834年9月11日の覚書（*SKS* 27, s. 117, Papir 96:1）で、自然美、すなわち「神の諸作品」の美しさを、「反省」によってではなく、「内的直観」によっ

258）「神の協働者たち」については、『コリントの信徒への手紙一』三章九節、『コリントの信徒への手紙二』六章一節、『テサロニケの信徒への手紙一』三章二節の三箇所を参照。これら三箇所で現れるこの言葉については、キェルケゴールが三冊も所有していた、ルターによるドイツ語訳聖書の中でも Gottes Mitarbeiter と表記されており、デンマーク語の Guds Medarbeidere と同じ語源の言葉が使われている。

259）「自然美学」という呼称は、M・ゼールの著書（Martin Seel, *Eine Ästhetik der Natur*, Frankfurt am Main 1991）の題名に由来する。この題名は正確に訳せば、「自然についての一つの美学」である。つまり、様々な論者による自然美学の多様性をゼールが強調していることに注意されたい。

て認識する必要性を表明していたからである。

この「内的直観」とは、のちのキェルケゴール自身の言葉で言えば、「信仰の目（Troens Øie）」で見るということである。つまり彼は、10年後の1844年2月24日にコペンハーゲンの三位一体教会（Trinitatis Kirke）で行った牧師資格取得説教で、次のように述べるに至る。

> 我々が語る〔神の〕栄光は、周知のように、この世的な目（det jordiske Øie）にとっては好ましいものでなかった。なぜならこの栄光は、ユダヤ人たちにとっては躓きであったし、ギリシア人たちにとっては愚かさであったからである。それゆえ、この栄光を見た目は、この世的な目ではなく、信仰の目（Troens Øie）であった。そしてこの信仰の目が確信に満ちて、恐怖によって直観した（skuede）のだ。それは、この世的な目が見出さなかったものを見るためか、この世的な目を不安にさせたものを見るためである。（*SKS* 27, s. 302f., Papir 306）

この牧師資格取得説教の典拠は『コリントの信徒への手紙一』二章六－九節であり、特に同手紙二章九節には、「目で見たり、耳で聞いたり、人間の心の中に生じたりしたことのないものを、神は自らを愛する者たちのために準備した」という一文がある。それゆえ「信仰の目」とは、後述するような「神のわざ」を認識するための目のことである。そして、この「神のわざ」が自然美に現れているのを人間が認識する際にも、「内的直観」すなわち「信仰の目」が必要だと、キェルケゴールは説いているわけである[260]。

それでは、自然美についてのこのような認識が、なぜ良心の陶冶をもたらすのだろうか。この問いについてキェルケゴールは1846年の日記で、同時代の自然科学を反面教師として持ち出して、次のように批判することによって考察している。

> 目下のところ学問（とりわけ自然科学）の名のもとにこの上なく強力にはびこっ

260）Cf. Christensen, *op. cit.*, s. 64ff.

ているものの大部分は、全く学問ではなくて、新しがる詮索である——あらゆる破滅は、究極的には自然科学に由来するだろう。——〔自然科学についての〕数多くの称賛者たちが信じているのは、諸々の探究が顕微鏡によって行われれば、それは学問的真剣さであるということである。顕微鏡への愚かな過信によって、否、顕微鏡による観察によって、その新しがる詮索はより喜劇的になるにすぎない。〔中略〕——もし神が片手に杖を持って歩いていたとしたら、とりわけ顕微鏡を用いるこのような真剣な観察者たちは追い抜かれてしまうだろう。〔すなわち、〕神は自らの杖で、観察者たちや自然科学者たちから、あらゆる偽善を叩き出そうとする。すなわち偽善とは、自然科学が神に至ると言われているという、このことである。然り、確かに自然科学は——上品なやり方で神に至るが、このことはまさしく僭越というものである。それゆえあらゆる自然科学者たちが偽善的であるということを、容易に確信することができるのだ。というのも、もし自然科学者に対して、良心とルターの小教理問答書との中に誰もが十分なものを有していると言おうとするならば、その自然科学者は鼻であしらうからである。自然科学者は上品に神を、誰もが理解できない上品ぶった美に、すなわち悪魔の芸術にしようとする——やめるがよい、神的で素朴なものが存在しているのだ。すなわち誰も、全く誰も、最も知恵ある人でさえも、素朴な人と同じものに謙虚に依存しているということを理解できないのだ。(*SKS* 20, s. 63f., NB:73)

キェルケゴールは、原子論的自然観に則って微視的に、自然についての「詮索」、すなわち抽象化を徹底していく、同時代に栄えつつあった自然科学[261]の手法が、「神的で素朴なもの」を無視しかねない「僭越」であると批判するのである。言い換えれば彼は、同時代の自然科学が「神に至ると言われている」ということに対して、すなわち良心という、神との永遠な関係性を忘却していることに対して、危機感を覚えていたのである。

とはいえキェルケゴールは、自然科学そのものの存在意義を否定しているわ

261)　ライフ・スキプテズ「デンマーク黄金時代における自然科学とキリスト教」、平林孝裕訳、『神学研究』第47号、2000年、244頁参照。

けではない。彼は、若き日の1834年の覚書には、自然科学への期待を次のように表明すらしていた。

> 自然科学のように、人間に平安で喜ばしい心情を贈ってくれる学問は、確かにごくわずかしかない。人間は自然の中に登場する。万物は人間に知られている。人間は動植物とかつてはいわば語らっていた。人間は、動植物について自らが有する有用性を理解するだけでなく（というのも、人間には何かが完全に従属しているからである）、また森羅万象における動植物の意義をも理解するのだ。（*SKS* 27, s. 85, Papir 31）

キェルケゴールは、自然科学が、森羅万象における個別の生物の存在意義に精通した全体観に基づく「平安で喜ばしい心情」を人間に贈ってくれると、強く期待していた。そして彼は、第二章第一節で挙げた、古生物学者ルンに宛てた1835年の手紙の中では、次のように書いていた。

> 私は自然科学に対して熱狂してきましたし、今でもそうです。しかし自然科学を私の研究の主要テーマにしようとは思いません。理性と自由の力のもとにある人生が私の最大の関心事でしたし、人生の謎を解明することが、常に私の願いでした。科学が約束する地に到達するまで私が荒野で四十年を生きるのは、あまりにも割に合わないと思われます。またそれだけにいっそう思いますのは、自然の中には科学によってその神秘を洞察するのとは異なる仕方で考察できる一面もあるということです。それゆえ私はどれほど、一輪の花の中に世界全体を見たり、あるいは人生に関して自然が差し出す数多くの目配せに心を傾けたり、大空に描かれたかの大胆な自由画に驚嘆したりすることでしょうか。また私はたとえば、セイロン島の自然が奏でるあの音色を聞いては、精神世界の音調に思いをはせたり、あるいは渡り鳥の飛翔を見ては、人間の胸中に宿るいっそう深い憧憬に思いをはせたりします。（*SKS* 17, s. 21, AA:12）

キェルケゴールは自然現象と人生を関連させて考察しようとしていたが、その考察の方法を自然科学にではなく、直観に委ねようとしていたのである。この意味でも、キェルケゴールは自然美学的問題関心を、自らの著述活動を始めた当初から持っていた。

キェルケゴールの場合、この自然美学的問題関心が具体的には、本節で先述したように、自然美における「神のわざ」の現れを「信仰の目」で認識することをめぐるものへと成熟していった。彼は1846年の日記では、「自然の偉大さ（Storhed）や美しさ（Deilighed）は、目に見えないもの（det Usynlige）であって、〔通常の視覚で〕見ることのできる対象ではなく、信じる対象でしかない」（*SKS* 20, s. 70, NB:83）と述べている。そして同じく1846年に刊行した『後書き』で、次のように「神のわざ」について述べている。

> 自然、すなわち被造物の全体性は、神のわざ（Guds Gjerning）である。しかし神はそこにいるのではなく、個々人の内部に可能性があって（個々人は自らの可能性に基づいて精神である）、その可能性が内面性の中で神との関係へと呼び起こされるのである。そうなれば、至る所で神を理解することができるのである。（*SKS* 7, *AUE*, s. 224）

ここで言われている「内面性」とは、本節次項で詳論する「永遠性」と言い換えてよい。なぜならこの『後書き』の2年前に刊行された『不安の概念』で、「内面性が欠けるやいなや、精神はすぐさま有限化されてしまう。それゆえ内面性とは永遠性であり、あるいは人間における永遠なものの規定である」（*SKS* 4, *BA*, s. 451）と明言されているからである。

また、この『後書き』の引用文でキェルケゴールが最も強調したいのは、「内面性の中で神との関係へと呼び起こされる」ということである。なぜならこの「神との関係」とは、本章でこれまで論じてきたように、「神と共に知るという関係性」としての良心のことにほかならないからである。それゆえ「内面性の中で神との関係へと呼び起こされる」ということは、永遠性との関わりにおける良心の覚醒のことである。このように、キェルケゴールの自然美学は、彼の良心論と結びつけて考えることによってようやく明瞭になるのである。

(2)　永遠性についての直観

このようなキェルケゴールの自然美学は、あくまで彼の個人的ないし独断的な思い込みにすぎないと裁断されるかもしれない。しかし、カントも『判断力批判』第一部第二篇「感性的判断力の弁証論」で明言しているように、「感性的判断において重要なのは、自然は何であるかとか、自然の目的は我々にとって何であるかということではなく、我々が自然をどのように受け入れるかということである」[262)]。また、現代の自然美学における論者の一人であるM・ゼールは、カントの自然美学を次のように評価している。

> カントは、自然についての感性的考察を理論的考察と混同することをことごとく却下する。〔すなわち、〕自然の美しさが受け入れられるのは、〔自然についての〕知覚が目指すものが、対象化する認識ではなくて、〔対象のもとに〕たたずむ直観である場合に限られるというのである。[263)]

ゼールのこの評価をふまえれば、カントが、直観に依拠する「感性的考察」を重要視するのは、経験を完全に棚上げにした「理論的考察」を生み出そうとする思考に対して、警鐘を鳴らしていたからであると考えられる。このような警鐘はキェルケゴールも、本章第二節で詳しく見たように、デンマークのヘーゲル主義者たちに対して鳴らしていた。

また、第一章第三節（1）で述べたように、カントは『純粋理性批判』で、直観を個別的なものと見なしている。すなわちカントにとっては、普遍的な直観というものは存在せず、個々人が直観するという事象が存在するだけなのである。

そしてキェルケゴールの自然美学の場合にも、直観は個別的なものとして前

---

262)　Kant, *op. cit.*, §58, S. 293.

263)　Seel, *Eine Ästhetik der Natur*, Frankfurt am Main 1996, S. 23.

提されている。しかしそれに加えて、キェルケゴールの自然美学におけるもう一つの重要な前提は、永遠性を、すなわち永遠的なあり方というものを直観せねばならないという点である。なぜなら、本章第二節で先に引用したように、「永遠性の中では良心は、耳にするただ一つの声である。その声は単独者によって聞かれねばならない」(*SKS* 8, *OTA*, s. 228f.) からである。つまりキェルケゴールの自然美学は、良心の声を聞くために永遠性を直観するという「思想の一つの態度」を要求しているのである。

キェルケゴールは、1849 年に刊行した宗教的講話『野の百合と空の鳥』の第三講話「喜び (Glæde)」で、次のように述べている。

> 喜びとは、すなわち喜ぶことことは、どういうことだろうか？それは、真に自分自身に対して現在的 (nærværende) であることである。しかしこのことは、この「今日に」ということ、すなわち今日あるということ、真に今日あるということなのだ。そして、君が今日あるということが真実味を増す程度に応じて、今日あることにおいて君が君自身に対して完全に現在的になる程度に応じて、君にとっては明日という不幸の日が存在しなくなるのである。喜びとは現在的な時であり、この現在的な時ということに全重点が置かれるのである。それゆえ神は、永遠に今日語っており、今日あることにおいて永遠に無限に自分自身に対して現在的であり、浄福なのである。それゆえ、百合や鳥が喜びであるのは、沈黙して無限に〔神の声に〕聴き従うことによって今日あることにおいて、自分自身に対して完全に現在的であるからである。(*SKS* 11, *LF*, s. 43)

神との関係性としての良心を陶冶するためには、「喜ぶこと」、すなわち「真に自分自身に対して現在的であること」が必要なのである。つまりは、「ここに今」存在している自分自身が、永遠性を体現する神によって措定されていることに「意識」を集中せねばならないのである。このような「意識」の集中を自然は行っているが、人間は行うことができないでいると、キェルケゴールは示唆している。

したがって、キェルケゴールの言う永遠性は、人間の場合には、あくまで時間性の中に身を置きながらも、「ここに今」存在している自分自身と神との関係性に「意識」を集中する事態であると考えたほうがよい。というのも、同じく『野の百合と空の鳥』の第一講話には、「圧倒的多数の人々の生活では、永遠なものと時間的なものはもっぱら分離されている」（*SKS* 11, *LF*, s. 20）という批判が見られるからである。

キェルケゴールによれば、神は、永遠性をこの世の時間性の中へ持ち込んで基礎づけている。キェルケゴールはすでに『不安の概念』で、次のように述べていた。

> 現在的なもの（det Nærværende）は永遠なものである。あるいはもっと正確に言えば、永遠なものは現在的なものであり、現在的なものは充実したものである。この意味で、ラテン語を話す人々は、「神は現在する（præsens）（現在する神々（præsentes dii））」と言ったのであって、この言葉を用いることによって、神の強力なご加護をも言い表していたのである。（*SKS* 4, *BA*, s. 390）

それゆえ、本節前項で挙げた「内面性とは永遠性であり、あるいは人間における永遠なものの規定である」（*SKS* 4, *BA*, s. 451）という言葉も、このような事態と結びつけると、より分かりやすくなる。つまり人間は「ここに今」ある自分自身と神との永遠な関係性に意識を集中する事態によって、良心を陶冶しうるというのである。この「意識」の集中を実践している例として、キェルケゴールは野の百合や空の鳥を挙げているわけである。

以上本節で述べたように、良心論と結びつけて展開するキェルケゴールの自然美学は、自然において永遠性を直観するという「意識」ないし「思想の一つの態度」である。このような彼の自然美学は、原子論的自然観に則った19世紀自然科学と同時代にあって、興味深い独自性を示している。

キェルケゴール思想においては、人間にとって神は絶対者である。それは、神が常に人間に対して眼差しを向けている[264]という意味においてである。すでに本章第二節で述べたように、キェルケゴールは、近代哲学の認識論において主観から客観へと一方的に向かうベクトルを反転させて、客観から主観へと「曲げ返す」ことを主張した。この「曲げ返す」主体は、厳密に言えば神であって、人間ではない。このことは極めて重要である。そしてこの意味で、キェルケゴールの美学は、人間において誤った方向をとった「反省」を神が撤収させるよう、構築されているのである。

264）『愛のわざ』における、次の叙述を参照。「神という権威は、全身が目のようなものであって、まず自らが語りかけている者に向かって、その者が言葉を交わしているのが誰であるかを見るよう強制する。そして、見透かすような自らの眼差しをその者に固定して、次のように言う。すなわち、語りかけられている者は汝なのだ、と」（*SKS* 9, *KG*, s. 102）。

結　語

信仰の光学としてのキェルケゴール美学
――尊厳論への展望――

以上本書では、19 世紀デンマークの思想史的状況を考慮しつつ、キェルケゴール思想における、「イロニー」に代表される「反省」的思考と、「良心」に代表される「直接性」との間の緊張関係を、明らかにしてきた。この結語ではまず、この緊張関係を扱うキェルケゴール思想の特徴を総括しておきたい。

「反省」的思考は次のような両義的営みである。すなわち、概念による思考を押し進めて思考内容を明晰判明にしていくために必要不可欠であるという肯定的側面と、思考主体の人間を現実的あり方から乖離させて疎外をもたらし、ひいてはその人間の人格崩壊を引き起こしかねないという否定的側面とを有している。

「反省」的思考のこのような両義性は、ヨーロッパ思想では、第六章第四節(2) で見たように、19 世紀初めにヘーゲルが『精神現象学』などで指摘して以来、21 世紀の現代でもアクチュアルな問題である。ヘーゲルの死後現れた、キェルケゴールを嚆矢とする実存主義も、この問題を変奏的に論じるものである。しかし日本ではしばしば、実存主義は人生論的議論に切り詰められがちであり、その生成現場の 19 世紀ヨーロッパにおいて顕著であった、「反省」的思考のあり方を「直接性」と突き合わせて問う認識論的問題意識が見えづらくなっている。そこで本書は、徹底して「反省」的な思想家であったキェルケゴールが、「直接性」という感性的な要素をいかに彼自身の思想に取り込もうとしていたかを、彼の「美学」として論じてきた。

本書は美学研究である。ただし前提となる「美学」の定義を見直して、序論第一節で予め述べたように、「客観性に対する思想の一つの態度」という、アドルノによる定義を用いた。この定義の利点は、キェルケゴールの人生をめぐるコンテクストとの関連性にも目配りができる点である。そしてこの定義に基づいて本書は、「反省」的思考が生み出す「イロニー」に代表される「哲学的美学」と、「直接性」に根ざした「良心」に象徴される「神学的美学」との緊張関係を論じてきた。このように本書は、キェルケゴール思想における「哲学」と「神学」との緊張関係を描き出すことで、彼の思想における世俗的側面とキリスト教的側面との相剋を全景化しようと試みてきた。

ヨーロッパでは現代でも、「反省」と「直接性」との緊張関係、すなわち知と信仰との緊張関係は、恒常的に議論され続けている問題の一つである。この現代性に鑑みて本書では、現代より約200年前に生きたキェルケゴールが自らの信仰的危機に直面しながらも、あくまでヨーロッパの知的伝統の一つである認識論的問題意識に立脚して、知と信仰の「協働」を模索していたという「思想の一つの態度」としての「美学」を明らかにしてきた。戦争や疫病などで人間のあり方と生き方がますます問われるようになっている現代において、このような知と信仰の「協働」という「美学」を提示したキェルケゴールの思想は、詳しく顧みられるべき価値を有しているのではないだろうか。

＊

だが読者諸氏の中には、本書の最重要概念と言ってもよい「直接性」、とりわけ第七章第三節で言及した「反省の後の直接性」（*SKS* 20, s. 363, NB4:159）とは一体どういうものなのかについて、依然として問うている人がいるかもしれない。この問いに対して筆者は、光学的イメージでこの概念を捉えることを提案したい。すなわちキェルケゴールは、自らの著述活動における最初の覚書である1834年4月15日の覚書に、以下のように記している。

> 人は、他のものを確実に見るためには、常に一つの光を必要とする。というのも人は、完全に暗いが今やたった一つしかないような光点を思い浮かべたならば、その光点がどのようなものであるかを確定することは全くできないであろうからである。なぜなら人は、周知のように暗闇の中では、何らかの空間的関係を確定することはできないからである。――〔そこへ〕さらに一つの光が生

じて初めて、人は他のものとの関係において〔自らの〕最初の立場を確定することができるだろう。(*SKS* 27, s. 85, Papir:31)

人は「光」に照らされて他のものを見ることによって初めて、自らと他のものとの間の関係を確定することができるというのである。このことは、文明(化)社会に生きているほとんどの現代人にとっては、当たり前のことのように思われるだろう。しかし聖書文化圏では「光」とは、『創世記』の冒頭で、神が天地創造後、最初に創造したものである。

それゆえ神は、自らが創造した光に包まれて存在しているとされる。『ヨハネの手紙一』一章七節には、「神が光の中におられるように、私たちは、光の中で生きるなら、互いに交わりを持ち、御子イエスの血によってあらゆる罪から清められます」と書かれている。

そしてこのような「光」をキェルケゴールは、「神の栄光」とも表現していた。すなわち第七章第四節 (1) の始めで引用したように、キェルケゴールは牧師資格取得説教 (*SKS* 27, s. 302f., Papir 306) で、「神の栄光」を見るためには「信仰の目」が必要だと語っている。つまり、この「神の栄光」に完全に「透明に」照らされて、前述のように「あらゆる罪から清められる」人間のあり方を、キェルケゴールは「信仰」と呼ぶわけである。彼は『死に至る病』でも、「〔人間の自己が〕自分自身に関係し、自分自身であろうと欲するに際して、自らを措定した力〔＝神の栄光〕の内に透明に (gjennemsigtigt) 自らを基づかせる」(*SKS* 11, *SD*, s. 130 og s. 242) 行為を、「信仰」と定義している。

ここで「透明に」という語によって光学的イメージが表現されていることは、いくら強調してもしすぎることはない。この「透明に」を表すデンマーク語副詞 gjennemsigtigt は、「透かして」を意味する前置詞 gjennem と、「見ること」を意味する名詞 Sigt に由来する、副詞の接尾辞 sigtigt との合成語である。つまり「透明に自らを基づかせる」とは、「自らを、透かして見ることができるようにする」ということである。

このように「透明に自らを基づかせる」ということによって、第七章第三節で言及した「反省の後の直接性」(*SKS* 20, s. 363, NB4:159) が実現されるのである。この「反省の後の直接性」は詳しくは、以下で述べるように、愛が「無限の反省という臨界において宗教的な感触を手に入れる」(*SKS* 6, *SLV*, s. 385) ということである。

『人生行路の諸段階』の言葉を借りれば、「反省の後の直接性」は、「直接性が自分自身と争わねばならない」(*SKS* 6, *SLV*, s. 382) 結果として現れるとされる。すなわち中間考察で既述したように、人間は、「キリスト者になること」という理想を目指して「努力」すればするほど、自らの「内面性の無限の情熱」(*SKS* 7, *AUE*, s. 187) としての「直接性」と、外部の客観的世界（神、他人、自然、共同体、社会など）との間に、質的矛盾を認識するようになる。この認識が、「無限の反省」(*SKS* 6, *SLV*, s. 382f.) によって行われるのである。

それゆえここに、「直接性」はこの「無限の反省」と折り合いをつけなければならないという課題が生じる。この課題はとりわけ愛において生じざるをえないと、この『人生行路の諸段階』は断言している (cf. *ibid.*)。さらに同書ではこの課題について、次のように述べられている。

> この課題をしっかりと摑むためには、人は常に〔直接性と無限の反省という〕二重の運動をしなければならない。そのことをなしえない者、またそのことを容易になしえない者は皆、この課題を全然理解していないのだ。その人は、たとえ詩〔という直接性〕によって自らの喜びを失わなかったとしても、おめでたい人なのだ。しかしその人は、その二重の運動をなしうるなら、無限の反省が何か異質のことではなくて、直接性が自分自身に対して透明であること (Gjennemsigtighed) であるということも知っているのだ。
>
> 愛が幸運にも無限の反省に耐えたと仮定するならば、その愛は何か別のものである。つまりその愛は、宗教的である。〔また、〕愛が途中で座礁するとしても、その愛は宗教的なものに座礁しているのである。このことを人は、もしかするとすぐには理解しないかもしれない。なぜなら人は、無限の反省という名のもとにしばしば、有限な反省のことを考えるからである。〔しかし〕直接性は本質的には、すべての有限な反省よりも高次のものである。そして、そのよう

な有限な反省と関わらねばならないということは、直接性にとっては侮辱なのである。(*SKS* 6, *SL V*, s. 383f.)[265]

まず、「有限な反省」とは、この世的な目的論に囚われており、第六章第四節 (2) で述べたように、とどのつまりは自己目的化して誤った方向をとることになってしまいかねない「反省」のことである。たとえば、企業が経済活動において利益を増やすために、従業員を搾取するほどにまで経営の合理化や効率化を進めることや、個人が人生において視野を広げるために、自分自身を見失うほどにまで外面的なものの認識に執着することなどが挙げられるだろう。

それに対して、「直接性が自分自身に対して透明であること」に通じるとされている「無限の反省」とは、何を意味するのだろうか。筆者は、この「無限の (uendelig)」という形容詞には、「この世的な目的 (Ende) のない」というニュアンスがかけられていると考える。つまり、人間がこの世的な目的論に囚われず、第一章第一節で述べたような「神による世界支配」を「意識」して、「反省」という知的営為を行うことが、「無限の反省」なのである。キェルケゴールは1852年の日記に、次のように同時代を考察していた。

現代における比較的重要な個性の持ち主が持たざるをえない〔有限な〕反省の意識によって、いかなる目的論的考察も、その持ち主が危険を冒して一切を実際に敢えて行うということを不可能にしてしまう。

我々は、再び無制約者〔＝神〕を必要としているのだ。この無制約者においては、あらゆる目的論は消えてしまうのだ。(*SKS* 25, s. 66, NB26:61)

キェルケゴールにとって問題なのはあくまで、目的論に基づいて思考し、行動する際の人間の側の「意識」のあり方である。すなわちキェルケゴールは、同時代人たちの中の「比較的重要な個性の持ち主」でさえも、「〔有限な〕反省

265)　この引用文中で言われている「透明であること (透明性)」という概念については、ジュリア・ワトキン「キェルケゴールの著作活動における『透明性』概念」(中里巧訳、桝形公也編監訳『宗教と倫理――キェルケゴールにおける実存の言語性――』、1998年、146-158頁) も参照。

の意識」だけに囚われていて、後述するような善なる神の存在を「意識」した「無限の反省」を行っていないと批判する。それゆえキェルケゴールは、同時代において神を要請せざるをえないのである。

つまりこの世の様々な目的論は、以下で述べる「神による世界支配」のもとに否定されねばならないと、キェルケゴールは考えていたのである。だが同時代では、人間が神に代わってその「世界支配」の主人になったと誤解してしまっているという事態に、キェルケゴールは我慢がならないのである。なぜなら、そのような事態は人間の僭越にほかならず、結果として、神との本当の関係を忘却した知の暴走ないし迷走を招きかねないからである。

また目的論は、「目的－手段」の関係に基づいた思考を誘発する。そしてこの思考においては、目的が手段を抑圧するという関係が生まれがちである。それゆえ、キェルケゴールが主張するキリスト教は、この「目的－手段」という関係に基づいた目的論の宗教ではなく、尊厳論の宗教である。つまり、あらゆる人間が内面の不可侵性を神から同等に与えられていると捉える宗教である。ここで言う「あらゆる人間」とは、現在この世に生きている人間たちだけでなく、すでに遠い過去にこの世を去った死者たちや、遠い未来にこの世に生まれてくる人間たちをも含む。つまり、神はこの世とあの世の両方の世界を支配するがゆえに、現在この世に生きている人間たちにだけでなく、過去の死者たちや未来の生者たちにも同等に、尊厳を与えうるということである[266)]。

キェルケゴールは同じく1852年の別の日記で、次のように同時代を批判して述べている。

266)　このことについての着想は、柄谷行人『倫理21』、2000年、113-126頁から得た。なお、佐藤啓介氏（上智大学）のご教示によれば、過去の死者たちと未来の生者たちとが「同等に尊厳を与えられているのか」という問題については、両者が「同じ意味で非存在なのか」という、哲学的には「ルクレティウス問題」と呼ばれる難問を解決しなければならない。だが、この両者に現在の人間たちを加えた三者に尊厳が同等に与えられていると捉えなければ、本当の意味で歴史を語ることはできないだろう。つまり、歴史に対する責任意識を醸成することはできないだろう。具体的にはたとえば、過去の死者たちに対する鎮魂や追悼の責任意識や、未来の生者たちに対する、環境問題の責任意識である。

> 人は、尊厳（Majestæt）についての、キリスト教による表現を脇へ押しのけている――確かにこの表現は、反抗的な現代人たちにとっては気に食わないだろう。それゆえ人は、有限な目的論を持ち込んで、この目的論の力によってキリスト教を賛美している。多くの人々はそのようにキリスト教に関わっている――しかしこのことは、キリスト教を裏切ることなのだ。（*SKS* 25, s. 167, NB27:56）[267)]

キェルケゴールの生きた19世紀は、「道徳性を宗教から分離」しようとする動きが道徳哲学の分野で活発になった時期であった[268)]。しかし彼はあくまで、前述のような「神による世界支配」を前提とする尊厳論がキリスト教の要石だと考えていた。

またこのような尊厳論の意味で、この結語の始めで引用したように、キェルケゴールは自らの最初の覚書で、「さらに一つの光〔＝神の栄光〕が生じて初めて、人は他のものとの関係において〔自らの〕最初の立場〔＝尊厳〕を確定することができるだろう」（*SKS* 27, s. 85, Papir 31）と述べているのである。尊厳という、内面の不可侵性の観念が与えられれば、人間は何者によっても妨げられないという意味で、自由にものを考えることができるようになる。そして、序論第四節ですでに引用したように、「自由とは、意識的な自己規定として肯定的に思考することであり、このことによって精神的な人格と自立性とが与えられる」（*SKS* 28, s. 527, Papir 592）。つまりまとめると、尊厳を有して初めて人間は、他のものとの関係において精神的に自立しうる可能性としての人格を有することになるのである。日本の哲学・思想は近代以降、自由や人格という観念についてはある程度の研究成果の蓄積を生んできたが、そもそもこの自由や人格以前に何よりもまず確保されねばならない尊厳についての研究を、大筋にお

267）「尊厳」を意味しうるデンマーク語としては、Majestæt のほかに Værdighed があるが、前者は「尊厳」の崇高性や至高性を強調し、キリスト教の神などの絶対者とのつながりを連想させる語であるのに対し、後者は「尊厳」の正当性を強調し、あくまでこの世の人間による価値評価を基準とした語である。

268）マイケル・ローゼン『尊厳――その歴史と意味――』、内尾太一・峯陽一訳、2021年、201頁参照。ここで言われている「宗教」とは、キリスト教などの実定宗教のことである。

いて怠ってきたと言えないだろうか[269)]。

話を目的論に戻そう。重要なのは、このような目的論に関わる自己意識の否定を行っていた模範こそが、キェルケゴールにとっては、イエス・キリストだったということである。すなわちキェルケゴールは1850年の日記に、「キリストは同時代の先端に立ち続けて、今やあらゆる有限な目的（telos）を否定し、この世的なものを全く持とうとは欲さず、必要最小限のものさえも確保しようと欲しなかった」（*SKS* 23, s. 422, NB20:55）と書いている。このような目的論に関わる自己意識の否定という意味で、キェルケゴールは『愛のわざ』で、「キリスト教的愛は自己否定の愛である」（*SKS* 9, *KG*, s. 59）と言うのである。

また、このような自己否定としてのキリスト教的愛において、「直接性」と「反省」は対概念であるにもかかわらず、通底している。つまり、「直接性」と「反省」との協働の契機が生じているのである。『人生行路の諸段階』の言葉で言えば、「愛は自分自身の中で弁証法的になり、無限の反省という臨界において宗教的な感触を手に入れる」（*SKS* 6, *SLV*, s. 385）のである。この言葉は、「無限の反省」を突き詰めたところに、あの世的な「直接性」に根ざした「良心」が発動するということを表している。

そして『人生行路の諸段階』では、「直接性の時代が過ぎ去ったということが真実と思われる者にとっては、その最も困難な弁証法的運動もまた通俗的になるだろう」（*SKS* 6, *SLV*, s. 384）と結論づけられている。つまり、「直接性」と「反省」が通底しうることを認めない者にとっては、「直接性」と「反省」は単純に対立したままでしかないのである。

P・ミュラーは次のように、キェルケゴール思想の「良心」概念に関して説

---

269)　一般に哲学・思想において尊厳概念への関心が低い事情についての詳細な考察としては、ローゼン前掲書、1-80頁を参照。また、近年に入って日本でもようやく、尊厳死や妊娠中絶の問題などとの関わりで、生命倫理の分野では尊厳概念についての議論が活発になっているが、哲学・思想研究全体を巻き込むという意味で活発な議論にはなっていないように思われる。この理由としては、尊厳概念の意味についての考察は倫理学者に任せておけばよいという思潮が、日本の哲学・思想研究全体の中に蔓延しているからではないだろうか。『岩波 哲学・思想事典』（1998年）や『岩波 社会思想事典』（2008年）には、「尊厳」の項は存在していない。

明している。

〔キリスト教的愛における〕原初的なことは、〔堕罪以前のアダムという〕人間が神に対して透明であったという事実、すなわちその人間が、自らがなすべきことという、神が欲しておられることを、神と共に知っていた（vidste med Gud）という事実である。[270]

キェルケゴールにとって「良心」とは、第七節第一節で述べたように、人間が「神と共に知る」という関係性である。何を「神と共に知る」のかというと、ミュラーによるこの説明によれば、「〔堕罪以前のアダムという〕人間が神に対して透明であったという事実」なのである。この「事実」はまさしく、「自らを措定した力〔＝神の栄光〕の内に透明に自らを基づかせる」（*SKS* 11, *SD*, s. 130 og s. 242）という事実である。つまりは、「神の栄光」に照らして、「自らを、透かして見ることができるようにする」という「信仰」の行為である。このような意味で、本書で述べてきたキェルケゴール美学は「信仰の光学」と言い表すことができるだろう。

また、この「神の栄光」としての「光」について、H・ブルーメンベルクは次のように洞察している。

光は「救い」の、すなわち〔魂の〕不死性のメタファー〔＝暗喩〕になるのだ。「啓示」という概念の前提には、宇宙〔＝世界〕からの光の逃走〔＝消滅〕がある。〔それゆえ〕啓示は、終末論的出来事としての光の再来を告知し、人間に対して、その再来への備えをせよと言うのである。光はあの世に留め置かれたものであって、人間は〔この光を見るためには〕、この世の実際的な状態よりももっと純粋な状態が要求される。もはや光の中に立って見ることが人間に〔救いの〕成就を保証するのではなくなり、光そのものの中へと目をやり、そこにおいて他のあらゆる可視的なものを消し去ることが人間を駆り立てるのだ。

270）　Paul Müller, *Kristendom, etik og majeutik i Søren Kierkegaards »Kjerlighedens Gjerninger«*, København 1983, s. 33.

世界からの光の逃走〔＝消滅〕は、光への人間の衝動を引き起こす。[271]

ブルーメンベルクによるこの洞察は、キリスト教が誕生した直前のヘレニズム期の思考についてのものである。とりわけ「終末論的出来事としての光」という表現が、「光」のメタファーとキリスト教との親和性を、如実に示している。そして「光そのものの中へと目をやり、そこにおいて他のあらゆる可視的なものを消し去ること」が、「自らを措定した力〔＝神の栄光〕の内に透明に自らを基づかせる」（*SKS* 11, *SD*, s. 130 og s. 242）行為としての「信仰」である。つまりこの「信仰」とは、先に述べた、この世的な目的論に関わる自己意識の否定のことなのである[272]。またこの「光」のことを、ブルーメンベルクは「目をくらますような直接性」[273]とも表現している。

さらに言えば、この「光」のメタファーの由来元は、ブルーメンベルクの洞察によれば、プラトン著『国家』第六巻で太陽になぞらえられた、次のような「善のイデア」である[274]。

善は、認識の対象となりうる諸々のものを認識可能にするだけでなく、それらの諸々のものに存在や本質をもそなえさせると言わねばならない。しかし善は存在とそのまま同じではなく、位と力において存在の彼方に超越しているものである。[275]

善とは、人間が確実には知ることのできない超越的価値であると、プラトンは主張している。そして『愛のわざ』では、「神は善であり、善なる者はただ

271） Hans Blumenberg, „Licht als Metapher der Wahrheit. Im Vorfeld der philosophischen Begriffsbildung“ (1957), in: *Ästhetische und metaphorologische Schriften*, Frankfurt am Main 2001, S. 144.

272） 「信仰」はこのような否定であるがゆえに、本書第五章第三節で既述したように、この世における主観性の無限の努力ではなく、むしろその努力によって生じる、主観性と客観性との間の矛盾に、力点を置くことにもなるのである。

273） *Ibid.*, S. 145.

274） Cf. *ibid.*, S. 142.

275） Platon, „Politeia“, in: *Werke*, Bd. 4, übersetzt von Friedrich Daniel Ernst Schleiermacher, Darmstadt 1971, 509b.

一人しかいない。すなわち、一切を与えてくださる神だけである」（*SKS* 9, *KG*, s. 263）と述べられている。つまりキェルケゴールにとっては、善のこの超越性は、神の超越性に基づいているのである。その証拠に、キェルケゴールは『後書き』でも、「私はまさしく神に対する私の関係において、私が何も確実には知らず、それゆえまたこの関係が善であるということについても確実には知らないということを、学ぶべきなのだ」（*SKS* 7, *AUE*, s. 164）と述べている。その理由についても、キェルケゴールは同じく『後書き』で、次のように説明している。

> もし私が神に向かって、善であると私が洞察できるような善に対して感謝するならば、私は神を愚弄しているのである。というのも、〔その場合に〕神に対する私の関係が意味することになるのは、〔神によって〕私が神と等しく造り変えられたということではなくて、私が神を私と等しく造り変えるということになるからである。（*ibid.*）

神を善と同一視するキェルケゴールは、善が確実には知ることができないということを説いてやまない。この意味でキェルケゴールは、プラトンの「善のイデア」についての思想を継承しているのである。

ミュラーによる説明とブルーメンベルクによる洞察とをふまえて、この結語での議論を総括すれば、次のようになる。すなわちキェルケゴールは、神、光、および善が一つに重なり合うところに人間が「透明に自らを基づかせる」行為としての「信仰」を、「反省の後の直接性」と捉えているのである。

＊

最後に、この結語で先にも触れたが、日本の哲学・思想が尊厳についての研究を大筋において怠ってきたと述べたことに関連して、筆者の考えを述べることで、結びとしたい。

日本ではそもそも、キリスト教の伝統が希薄である。しかしだからといって、キリスト教の神によって与えられる尊厳という、内面の不可侵性の観念が日本には根づきえないのだという悲観論には、筆者は与するつもりは全くない。では我々日本人は、尊厳の観念を根づかせるためにはどうすればよいのだろうか。

筆者による答えは、すでにこの結語で示唆しておいたように、個々人がこの世的な目的論に関わる自己意識の否定を可能な限りで行うことによって、尊厳の観念を立ち上げるというものである。この否定と立ち上げは、イエス・キリストが、そしてキェルケゴールが行っていたことでもある。ただし、キリストが生きたヘレニズム期直後のパレスチナと、キェルケゴールが生きた19世紀のデンマークと、そして我々が生きる現代の日本とでは、もちろん時代環境は三者三様に異なっている。だが、だからこそ我々日本人は、原始キリスト教の精神への倣いを提唱したキェルケゴール思想をあくまで参考の一つとして、尊厳に基づく新しい独自の倫理を確立することができるのではないだろうか[276)]。

本書はこのように尊厳論に着地点を見出すが、その着地点は出発点でしかないことを、筆者は重々承知している。すなわちこの出発点は、本書で論じた美学から、倫理へと赴くための出発点でしかない。ただしこのことは、本書で論じた美学を倫理へと発展的に解消するということではなく、むしろ本書で論じた美学を礎にして倫理を築くということである。つまり、「反省」的思考が生み出す「イロニー」と、「直接性」に根ざした「良心」との協働を礎にして、倫理を築くということである。そもそも日本では、美学は倫理の礎とは見なされてこなかったように思われる。この両分野は、日本ではこれまでおおむね、別個にしか論じられてこなかったのではないだろうか。

また読者諸氏の中には、本書におけるように美学が倫理と宗教とに介入するということに、異論を唱える人がいるかもしれない。だが、倫理と宗教の実相を解明するだけでなく、倫理と宗教に我々人間が「どのような態度で関わっているか」を説明することは、人間における豊かな倫理性と宗教性の涵養にとっ

---

276)　欧米圏における尊厳理解が普遍的と見なされ、非欧米圏がそれを受容してきたという図式を問い直している近年の研究として、加藤泰史・小倉紀蔵・小島毅編『東アジアの尊厳概念』、2021年がある。

て不可欠である。この意味で、美学、倫理、そして宗教をそれぞれ微細に論じているキェルケゴール思想は、この涵養にとっての重要な参照点の一つであり続けているように、筆者には思われるのである。

あとがき

本書は、筆者が2019年6月に東京大学大学院総合文化研究科より博士号（学術）を授与された博士学位論文「初期キェルケゴールにおける美学——美的「宥和」論の構築——」を改稿したものである。本書の出版に際しては、2023年度東京大学学術成果刊行助成（第4回東京大学而立賞）を受けた。

筆者はこれまで一貫して、倫理と宗教に人間がどのような態度で関わっているかということに関心を抱いて、キェルケゴール思想を基に研究を続けてきた。本書は、この態度のことを「美学」と規定して、検討と考察を行ったものである。このような本書の出版にあたって、数多くの先生方からご助言と励ましと刺激をいただいた。ここでは、筆者が特にお世話になった東京大学比較文学比較文化研究室の先生方に対して、感謝の言葉を述べておきたい。

最初に、大学院時代の指導教員であった大石紀一郎先生にお礼を述べなければならない。大学院入学後の最初の面談で、大石先生は、キェルケゴールを研究していくならば必ずしも彼の宗教的実存ばかりにこだわらないようにすることと、当時の学問的および社会的コンテクストを考慮に入れることの二点を助言された。大石先生によるこれらのご助言がなければ、筆者の研究は泥沼化していただろう。そして何よりも大石先生からは、毎学期のゼミを通じて、さまざまな観点からテクストを「読む」ことの楽しさ、面白さ、醍醐味を存分に教えていただいた。ゼミなどで「この文章面白いね」とおっしゃるのが、大石先生の口癖でもあった。お話しするたびにいつも多くの言葉を与えられてばかりで、これまで何一つ恩返しができぬままの筆者であったが、本書の刊行によって、わずかでも学恩に報いることができればと思う。

筆者の博士学位論文公開審査の主査をしていただいた斉藤渉先生にも、大いにお世話になった。博士学位論文執筆がなかなか軌道に乗らなかった2015年に、大石先生のご紹介で斉藤先生と初めて面談した際に、筆者は、デンマーク語原典に立ち返って、研究方法と主張を明確化してしっかりとした博士論文を書くようにとの励ましをいただいた。斉藤先生によるこの励ましのおかげで、筆者は博士学位論文の執筆を進捗させることができたと思っている。また、博士号取得後の筆者の研究生活における不安に耳を傾けていただいたことについても、お礼を申し上げたい。

また大変僭越ながら、すでに他界された以下のお二人の先生方に対しても、ご生前に大学院で多くの知的刺激をいただいたことについて、感謝の辞を述べさせていただきたい。

まず、キリスト教神秘主義思想をご専門としておられた故岡部雄三先生。岡部先生のゼミで筆者は、キェルケゴール思想をキリスト教思想史というコンテクストの中で解釈することの重要性を痛感させられた。ゼミの後で雑談する中でも、岡部先生は、世俗化が進行しつつあった19世紀ヨーロッパでキェルケゴールという特異なキリスト教的思想家が現れたことの意義を力説された。岡部先生のご博識と鋭いご洞察は、筆者の知的好奇心を絶えず刺激してくださった。

そして、哲学とドイツ思想史に深く通暁しておられた故北川東子先生。北川先生は、筆者の修士学位論文の審査会で、キェルケゴール思想ではヘーゲル批判が絶対に無視できない要素であることを強調された。このヘーゲル批判についての考察は、本書にも反映されている。また、哲学・思想のテクストを、成立当時のコンテクストの中で解釈するだけでなく、その現代的意義を考察することの重要性を教えてくださり、実践されておられたのも、北川先生であった。

それから、2009年から2010年にかけて、東京大学ドイツ・ヨーロッパ研究センターの主宰で、ドイツのハレ大学の客員研究員として研究滞在させていただいたことは、筆者にとってかけがえのない経験になった。このハレという町は旧東ドイツにあり、キェルケゴール家が深く関わっていたルター派敬虔主義の牙城の一つでもある。研究滞在中、ハレの町の人々との語らいの中で、敬虔主義がどのような宗教なのかということについて、想像をめぐらすことができた。また、たとえ専門は違っても、同年代の客員研究員の同僚たちとの議論の中で、哲学・思想を現代に活かしていくことの重要性に目を開かされた。今でも深く感謝している。

さらに、日本での学会と研究会で出会った数多くの学友諸氏にも、同様に深く感謝している。筆者が学問に対する情熱を灯し続け、本書の様々な着想を得ることができたのも、この学友諸氏との語らいや議論があってこそだった。

北樹出版編集部の古屋幾子氏と、同社代表取締役の木村慎也氏には、この時世で採算が取れるか分からない学術書である本書の出版を決断してくださったことに、何とお礼を言ってよいのか分からない。古屋氏には、筆者の拙い質問にも迅速に、かつきめ細かく対応していただき、本当に頭が下がる思いである。また木村氏からは、学術書を出版するということについてお話をお聞きする機会があった際に、商業的利益よりも社会への貢献を第一に考えておられる姿勢に、本当に心を打たれた。両氏に対する感謝の念は尽きない。

最後に、両親に対する感謝を表したい。マイペースな性格の筆者を物心両面で長年にわたり支えてくれたことに心からお礼を述べたいと言葉で記すだけでは、到底足りないと思っている。本書の刊行によって、筆者のせめてもの感謝を伝えることができれば、これに勝る喜びはない。

2023年9月

木　瀬　康　太

参考文献一覧

A　一次文献

1　キェルケゴール（Søren Aabye Kierkegaard）

―― *Søren Kierkegaards Skrifter*（=*SKS*）, udgivet af Niels Jørgen Cappelørn, Joakim Garff, Jette Knudsen, Johnny Kondrup, Alastair Mckinnon og Finn Hauberg Mortensen, bd. 1-28, Søren Kierkegaards Forskningscenteret og Gads Forlag, København 1997-2013.

―― *Søren Kierkegaards Papirer*, bd. I-XI, udgivet af Peter Andreas Heiberg, Victor Kuhr og Einer Torsting, Gyldendalske Boghandel, Nordisk Forlag, København 1909-48; Anden forøgede udgave, bd. I-XI, ved Niels Thulstrup, bd. XII-XIII, supplementsbind, udgivet af Niels Thulstrup, bd. XIV-XVI, index af Niels Jørgen Cappelørn, Gyldendalske Boghandel, København 1968-78.

―― *Auktionsprotokol over Søren Kierkegaards Bogsamling*, udgivet af Hermann Peter Rohde, Det Kongelige Bibliothek København, København 1967.

―― *Erindringer om Søren Kierkegaard*, samlet udgave ved Steen Johansen, C. A. Reitzels Boghandel, København 1980.

――『キルケゴール著作集』、全21巻、白水社、1962-70年

――『キルケゴール全集』第2・5・6・24巻、桝田啓三郎訳、筑摩書房、1962-75年（未完）

――『キルケゴールの講話・遺稿集』、全9巻、飯島宗享編、新地書房、1979-83年

――『現代の批判 他一篇』、桝田啓三郎訳、岩波文庫、1981年

――『セーレン・キェルケゴールの日誌 第1巻 永遠のレギーネ』、橋本淳編・訳、未來社、1985年

――『原典訳記念版 キェルケゴール著作全集』、全15巻、大谷長監修、創言社、1988-2011年

――『単独者と憂愁――キルケゴールの思想――』、飯島宗享編・訳・解説、未知谷、2012年

――『キェルケゴールの日記――哲学と信仰のあいだ――』、鈴木祐丞編訳、講談社、2016年

2　その他の著者（著者姓のアルファベット順。参考にした日本語訳文献も付記した。）

Andersen, Hans Christian: *Kun en Spillemand*, C. A. Reitzels Forlag, Kjøbenhavn 1837.（『アンデルセン小説・紀行文学全集4 ただのヴァイオリン弾き』、鈴木徹郎訳、東京

書籍、1987 年）

Aristophanes, *Die Wolken: Eine Komödie*, übersetzt von Christian Wilhelm Friedrich August Wolf, G. C. Nauck's Buchhandlung, Berlin 1811.（『雲』、高津春繁訳、岩波文庫、1977 年改版）

Fichte, Johann Gottlieb: „Grundlage der gesammten Wissenschaftslehre“ (1794), in: *Fichtes Werke*, Bd. 1, Walter de Gruyter Verlag, Berlin 1971, S. 83-328.（『フィヒテ全集 4 初期知識学』、隈元忠敬・阿部典子・藤澤賢一郎訳、哲書房、1997 年、77-354 頁）

—— „Zweite Einleitung in die Wissenschaftslehre“ (1797), in: *Fichtes Werke*, Bd. 1, Walter de Gruyter Verlag, Berlin 1971, S. 451-518.（『フィヒテ全集 7 イェーナ時代後期の知識学』、鈴木琢真・千田義光・藤澤賢一郎訳、哲書房、1999 年、397-472 頁）

Goethe, Johann Wolfgang von: „Faust. Eine Tragödie“ (1. Theil: 1808; 2. Theil: 1833), in: *Goethes Werke* (Hamburger Ausgabe), Bd. 3, Christian Wegner Verlag, Hamburg 1949, S. 7-364.（『ファウスト』上巻・下巻、柴田翔訳、講談社文芸文庫、2003 年）

Grabbe, Christian Dietrich: „Don Juan und Faust. Eine Tragödie in vier Akten“ (1828), in: *Werke und Briefe. Historisch-kritische Gesamtausgabe in sechs Bänden*, Bd. 1, Lechte Verlag, Emsdetten 1960, S. 411-513.（『ドン・ジュアンとファウスト』、小栗浩訳、現代思潮社、1967 年）

Grimm, Jacob / Grimm, Wilhelm: „Angst“, in: *Deutsches Wörterbuch*, Bd. 1, S. Hirzel Verlag, Leipzig 1854, S. 358-359.

—— „Anschauung“, in: *Deutsches Wörterbuch*, Bd. 1, S. Hirzel Verlag, Leipzig 1854, S. 436.

—— „nichtig“, in: *Deutsches Wörterbuch*, Bd. 13, S. Hirzel Verlag, Leipzig 1889, S. 715-716.

Hamann, Johann Georg: „Gedanken über meinen Lebenslauf“ (1758), in: *Hamanns Schriften*, Bd. 1, Verlag Georg Reimer, Berlin 1821, S. 149-242.

—— „Sokratische Denkwürdigkeiten“ (1759), in: *Hamanns Schriften,* Bd. 2, Verlag Georg Reimer, Berlin 1821, S. 1-50.（『北方の博士・ハーマン著作選』上巻、川中子義勝訳、沖積舎、2002 年、9-66 頁）

Hegel, Georg Wilhelm Friedrich: „Phänomenologie des Geistes“ (1807), in: *Werke in zwanzig Bänden* (Theorie-Werkausgabe), Bd. 3, Suhrkamp Verlag, Frankfurt am Main 1970.（『精神現象学』、長谷川宏訳、作品社、1998 年）

—— „Wissenschaft der Logik I“ (1812), in: *Werke in zwanzig Bänden*, Bd. 5, Suhrkamp Verlag, Frankfurt am Main 1969.（『大論理学 1』、寺沢恒信訳、以文社、1977 年）

—— „Enzyklopädie der philosophischen Wissenschaften I“ (1817), in: *Werke in zwanzig*

Bänden, Bd. 8, Suhrkamp Verlag, Frankfurt am Main 1970.（『哲学の集大成・要綱　第一部　論理学』、長谷川宏訳、作品社、2002年）

―― „Grundlinien der Philosophie des Rechts" (1820), in: *Werke in zwanzig Bänden*, Bd. 7, Suhrkamp Verlag, Frankfurt am Main 1970.（『法の哲学』I巻・II巻、藤野渉・赤沢正敏訳、中公クラシックス、2001年）

―― „Vorlesungen über die Ästhetik I", in: *Werke in zwanzig Bänden*, Bd. 13, Suhrkamp Verlag, Frankfurt am Main 1970.（『美学講義』上巻、長谷川宏訳、作品社、1995年）

―― „Vorlesungen über die Geschichte der Philosophie I", in: *Werke in zwanzig Bänden*, Bd. 18, Suhrkamp Verlag, Frankfurt am Main 1971.（『哲学史講義』上巻、長谷川宏訳、作品社、1992年）

Heiberg, Johan Ludvig: "Critik over 'Væringerne i Miklagard' ", in: *Kjøbenhavns Flyvende Post*, trykt hos Directeur Jens Hostrup Schultz, nr. 99 (den 10. December), Kjøbenhavn 1827, s. 3-8 og nr. 100 (den 14. December), Kjøbenhavn 1827, s. 3-8.

―― "Svar paa Prof. Oehlenschlägers Skrift 'Om Kritiken i Kjøbenhavns Flyvende Post, over Væringerne i Miklagard' ", in: *Kjøbenhavns Flyvende Post*, trykt hos Directeur Jens Hostrup Schultz, nr. 7 (den 25. Januar), Kjøbenhavn 1828, s. 1-8 og nr. 8 (den 28. Januar), Kjøbenhavn 1828, s. 1-8.

―― "Om Philosophiens Betydning for den nuværende Tid" (1833), in: *Prosaiske Skrifter*, bd. 1, C. A. Reitzels Forlag, Kjøbenhavn 1861, s. 381-460.

―― *Prosaiske Skrifter*, bd. 3, C. A. Reitzels Forlag, Kjøbenhavn 1861.

Hoffmann, Ernst Theodor Amadeus: „Phantasiestücke in Callot's Manier. Blätter aus dem Tagebuche eines reisenden Enthusiasten" (1814/15), in: *Poetische Werke*, Bd. 1, Walter de Gruyter Verlag, Berlin 1957.（『ホフマン全集』第1・2巻、深田甫訳、創土社、第1巻1976年、第2巻1979年）

―― „Meister Floh" (1822), in: *Poetische Werke*, Bd. 10, Walter de Gruyter Verlag, Berlin 1961, S. 191-299.（『ホフマン全集』第9巻、深田甫訳、創土社、1974年、7-294頁）

Kant, Immanuel: „Kritik der reinen Vernunft" (Erste Auflage: 1781; Zweite Auflage: 1787), in: *Werke in zwölf Bänden*, Bd. III-IV, Frankfurt am Main 1974.（『純粋理性批判』上巻・中巻・下巻、篠田英雄訳、岩波文庫、1961-62年）

―― „Erste Fassung der Einleitung in die Kritik der Urteilskraft" (1790), in: *Werke in zwölf Bänden*, Bd. X, Suhrkamp Verlag, Frankfurt am Main 1977, S. 7-68.（『判断力批判』下巻、篠田英雄訳、岩波文庫、1964年、235-320頁）

—— „Kritik der Urteilskraft“ (1790), in: *Werke in zwölf Bänden*, Bd. X, Suhrkamp Verlag, Frankfurt am Main 1977, S. 69-456.（『判断力批判』上巻・下巻、篠田英雄訳、岩波文庫、1964 年、上巻全頁および下巻 7-234 頁）

Luther, Martin: „Psalmenauslegungen“ (1529-32), in: *D. Martin Luthers Werke: kritische Gesamtausgabe* (Weimarer Ausgabe), Bd. 31, Abt. 1, Verlag Hermann Böhlaus Nachfolger, Weimar 1964.

Mérimée, Prosper: „Les âmes du purgatoire“ (1834), in: *Romans et Nouvelles*, Éditions Gallimard, Paris 1951, pp. 351-408.（『メリメ怪奇小説選』、杉捷夫訳、岩波文庫、1986 年、5-110 頁）

Molbech, Christian: *Forelæsninger over den nyere danske Poesie*, bd. 1-2, C. A. Reitzels Forlag, Kjøbenhavn 1832.

—— "Indbildningskraft", in: *Danske Ordbog indeholdende det danske Sprogs Stammeord, tilligemed afledede og sammensatte Ord, efter den nuværende Sprogbrug forklarede i deres forskiellige Betydninger, og ved Talemaader og Exempler oplyste*, Første Deel, Gyldendalske Boghandlings Forlag, Kiöbenhavn 1833, s. 507.

—— "Phantasie", in: *Danske Ordbog indeholdende det danske Sprogs Stammeord, tilligemed afledede og sammensatte Ord, efter den nuværende Sprogbrug forklarede i deres forskiellige Betydninger, og ved Talemaader og Exempler oplyste*, Anden Deel, Gyldendalske Boghandlings Forlag, Kiöbenhavn 1833, s. 183.

—— "sandselig", in: *Danske Ordbog indeholdende det danske Sprogs Stammeord, tilligemed afledede og sammensatte Ord, efter den nuværende Sprogbrug forklarede i deres forskiellige Betydninger, og ved Talemaader og Exempler oplyste*, Anden Deel, Gyldendalske Boghandlings Forlag, Kiöbenhavn 1833, s. 291.

Molière: „Le festin de pierre“ (1665), in: *Œuvres complètes*, vol. 2, Éditions Gallimard, Paris 2010, pp. 845-907.（『ドン・ジュアン』、鈴木力衛訳、岩波文庫、2008 年改版）

Møller, Poul Martin: "Om Begrebet Ironie", in: *Efterladte Skrifter af Poul M. Møller*, 2. udg., bd. 3, C. A. Reitzels Forlag, København 1848, s. 152-158.

Oehlenschläger, Adam: "Væringerne i Miklagard" (1826), in: *Oehlenschlägers Tragedier*, bd. 4, Forfatterens Forlag, Kiobenhavn 1842, s. 117-240.

—— *Svar til Herr Y. Z. paa hans Recension over Væringerne i Miklagard*, C. A. Reitzels Forlag, Kjøbenhavn 1827.

—— *Om Kritiken i Kjøbenhavns Flyvende Post over Væringerne i Miklagard*, C. A. Reitzels Forlag, Kjøbenhavn 1828.

Paul, Jean: „Vorschule der Ästhetik“ (1804), in: *Jean Pauls sämtliche Werke. Historisch-kritische Ausgabe*, Abt. 1, Bd. 11, Verlag Hermann Böhlaus Nachfolger, Weimar

1935.（『美学入門』、古見日嘉訳、白水社、2010年）

Platon: „Phaidon“, in: *Werke*, Bd. 3, übersetzt von Friedrich Daniel Ernst Schleiermacher, Wissenschaftliche Buchgesellschaft, Darmstadt 1974, S. 1-207.（「パイドン」、池田美恵訳、田中美知太郎責任編集『世界の名著6 プラトンI』、中央公論社、1966年、489-586頁）

Platon, „Politeia“, in: *Werke*, Bd. 4, übersetzt von Friedrich Daniel Ernst Schleiermacher, Wissenschaftliche Buchgesellschaft, Darmstadt 1971.（『プラトン全集11』、田中美知太郎・藤沢令夫訳、岩波書店、1976年、17-773頁）

Schleiermacher, Friedrich Daniel Ernst: „Der christliche Glaube: nach den Grundsätzen der evangelischen Kirche im Zusammenhange dargestellt“（1830/31）, in: *Kritische Gesamtausgabe*, Abt. 1, Bd. 13, Teilbde. 1-2, Walter de Gruyter Verlag, Berlin 2003.（『キリスト教信仰』、安酸敏眞訳、教文館、2020年）

Schlegel, Friedrich: „Lyceum-Fragmente“（1797）, in: *Kritische Friedrich-Schlegel-Ausgabe*, Bd. 2, Verlag Ferdinand Schöningh, Paderborn 1967, S. 147-163.（『ロマン派文学論』、山本定祐訳、冨山房百科文庫、1978年、21-34頁に抄訳）

—— „Ideen“（1800）, in: *Kritische Friedrich-Schlegel-Ausgabe*, Bd. 2, Verlag Ferdinand Schöningh, Paderborn 1967, S. 256-272.（『ロマン派文学論』、山本定祐訳、冨山房百科文庫、1978年、84-99頁に抄訳）

—— „Transzendentalphilosophie“（1800/01）, in: *Kritische Friedrich-Schlegel-Ausgabe*, Bd. 12, Paderborn 1964, S. 1-105.（『イェーナ大学講義『超越論的哲学』』、酒田健一訳・註解、御茶の水書房、2013年）

Schubarth, Karl Ernst: *Vorlesungen über Goethes Faust*, Enslin'sche Buchhandlung, Berlin 1830.

Schubert, Gotthilf Heinrich: *Die Symbolik des Traumes*, zweite verbesserte Auflage, Verlag C. F. Kunz, Bamberg 1821. (Erste Auflage: Bamberg 1814)（『夢の象徴学』、深田甫訳、青銅社、1976年に初版訳）

Sibbern, Frederik Christian: *Om Poesi og Konst i Almindelighed, med Hensyn til alle Arter deraf, dog især Digte-, Maler-, Billedhugger- og Skuespillerkonst eller Foredrag over almindelig Æsthetik og Poetik*, Første Deel, Paa Forfatterens Forlag, Kjøbenhavn 1834.

Solger, Karl Wilhelm Ferdinand: *Nachgelassene Schriften und Briefwechsel*, Bd. I-II, herausgegeben von Ludwig Tieck und Friedrich von Raumer, Verlag Lambert Schneider, Heidelberg 1973. (Reprint der Originalausgabe von Leipzig 1826)

—— *Vorlesungen über Ästhetik*, Wissenschaftliche Buchgesellschaft, Darmstadt 1974. (Reprint der Originalausgabe von Leipzig 1829)（『美学講義』、西村清和訳、玉川大

学出版部、1986年）

Tieck, Ludwig: „Der blonde Eckbert“ (1796), in: *Ludwig Tieck's Schriften*, Bd. 4, Walter de Gruyter Verlag, Berlin 1966 (Reprint der Originalausgabe von Berlin 1828), S. 144-172.（『ドイツ・ロマン派全集第1巻 ティーク』、前川道介・深見茂・鈴木潔・今泉文子・薗田宗人・佐藤恵三訳、国書刊行会、1983年、9-32頁）

Die Bibel, nach der Übersetzung Martin Luthers, Deutsche Bibelstiftung, Stuttgart 1975.（『新共同訳聖書 旧約聖書続編つき』、日本聖書協会、1999年）

B 二次文献

1 外国語文献（著者姓のアルファベット順。参考にした日本語訳文献も付記した。）

Adorno, Theodor Wiesengrund: „Kierkegaard. Konstruktion des Ästhetischen“ (1933), in: *Gesammelte Schriften*, Bd. 2, Suhrkamp Verlag, Frankfurt am Main 1997, S. 7-213.（『キルケゴール――美的なものの構築――』、山本泰生訳、みすず書房、1998年、1-297頁）

―― „Kierkegaard noch einmal“ (1963), in: *Gesammelte Schriften*, Bd. 2, Suhrkamp Verlag, Frankfurt am Main 1997, S. 237-259.（『キルケゴール――美的なものの構築――』、山本泰生訳、みすず書房、1998年、327-358頁）

―― „Drei Studien zu Hegel“ (1963) , in: *Gesammelte Schriften*, Bd. 5, Suhrkamp Verlag, Frankfurt am Main 1997, S. 247-381.（『三つのヘーゲル研究』、渡辺祐邦訳、ちくま学芸文庫、2006年）

―― „Notiz“ (1966), in: *Gesammelte Schriften*, Bd. 2, Suhrkamp Verlag, Frankfurt am Main 1997, S. 261-263.（『キルケゴール――美的なものの構築――』、山本泰生訳、みすず書房、1998年、359-362頁）

Allemann, Beda: *Ironie und Dichtung*, Verlag Günther Neske, Pfullingen 1956.（『イロニーと文学』、山本定祐訳、国文社、1972年）

Angermann, Asaf: *Beschädigte Ironie. Kierkegaard, Adorno und die negative Dialektik kritischer Subjektivität*, Verlag Walter de Gruyter, Berlin und Boston 2013.

Anz, Wilhelm: „Zum Sokratesverständnis Kierkegaards“, in: *Orbis litterarum*, Vol. 18, Munksgaards Forlag, København 1963, S. 1-9.

Benjamin, Walter: „Der Begriff der Kunstkritik in der deutschen Romantik“ (1919), in: *Gesammelte Schriften*, Bd. I・1, Suhrkamp Verlag, Frankfurt am Main 1991, S. 7-122.（『ヴァルター・ベンヤミン著作集4 ドイツ・ロマン主義』、大峯顕・佐藤康彦・高木久雄訳、晶文社、1970年）

―― „Ursprung des deutschen Trauerspiels“ (1928), in: *Gesammelte Schriften*, Bd. I・1, Suhrkamp Verlag, Frankfurt am Main 1991, S. 203-430.（『ドイツ悲劇の根源』上

巻・下巻、浅井健二郎訳、ちくま学芸文庫、1999 年）

Blumenberg, Hans: „Licht als Metapher der Wahrheit. Im Vorfeld der philosophischen Begriffsbildung“（1957）, in: *Ästhetische und metaphorologische Schriften*, Suhrkamp Verlag, Frankfurt am Main 2001, S. 139-171.（『光の形而上学――真理のメタファーとしての光――』、生松敬三・熊田陽一郎訳、朝日出版社、1977 年、21-103 頁）

Brandt, Frithiof: *Den unge Søren Kierkegaard. En række nye bidrag*, Levin & Munksgaards Forlag, København 1929.

―― *Syv Kierkegaard Studier*, Munksgaards Forlag, København 1962.（『七つのキェルケゴール研究』、大谷長訳、東海大学出版会、1981 年）

Brøndsted, Mogens: “Indledning”, in: *Ahasverus. Jødiske elementer i dansk litteratur*, udgivet af Mogens Brøndsted, Syddansk Universitetsforlag, Odense 2007, s. 9-54.

Christensen, Arild: *Kierkegaard og Naturen*, Graabrødre Torv's Antikvariat, København 1964.

Collingwood, Robin George: *The Principles of Art*, Oxford University Press, Oxford 1958.（First Edition: Oxford 1938）（「藝術の原理」、山崎正和・新田博衛訳、山崎正和責任編集『世界の名著続 15 近代の藝術論』、中央公論社、1974 年、255-442 頁に抄訳）

Cruysberghs, Paul: “Must Reflection Be Stopped? Can It Be Stopped?”, in: *Immediacy and Reflection in Kierkegaard's Thought*, edited by Paul Cruysberghs, Johan Taels and Karl Verstrynge, Leuven University Press, Leuven 2003, pp. 11-24.

Ferreira, M. Jamie: “Faith and the Kierkegaardian Leap”, in: *The Cambridge Companion to Kierkegaard*, edited by Alastair Hannay and Gordon D. Marino, Cambridge University Press, Cambridge 1998, pp. 207-234.

―― “Immediacy and Reflection in *Works of Love*”, in: *Immediacy and Reflection in Kierkegaard's Thought*, edited by Paul Cruysberghs, Johan Taels and Karl Verstrynge, Leuven University Press, Leuven 2003, pp. 107-119.

Garff, Joakim: *“Den Søvnløse”. Kierkegaard læst æstetisk/biografisk*, C. A. Reitzels Forlag, København 1995.

―― “Dannelse, identitetsdannelse og dannelseskritik”, in: *At komme til sig selv*, udgivet af Joakim Garff, Gads Forlag, København 2008, s. 106-138.

Hansen, Søren Gorm: *H. C. Andersen og Søren Kierkegaard i dannelseskulturen*, Forlaget Medusa, København 1976.

Hatting, Carsten E.: *Mozart og Danmark*, Engstrøm og Sødring Musikforlag, København 1991.

Himmelstrup, Jens: *Sören Kierkegaards Sokratesauffassung*, Karl Wachholtz Verlag,

Neumünster 1927 (Originalausgabe: *Søren Kierkegaards Opfattelse af Sokrates. En Studie i dansk Filosofis Historie*, Nyt Nordisk Forlag Arnold Busck, Kjøbenhavn 1924).

Hirsch, Emanuel: *Kierkegaard-Studien*, Bd. 1-2, Topos Verlag, Vaduz 1978.

Hofe, Gerhard vom: *Die Romantikkritik Sören Kierkegaards*, Athenäum Verlag, Frankfurt am Main 1972.

Horkheimer, Max / Adorno, Theodor Wiesengrund: „Dialektik der Aufklärung" (1947), in: Adorno, *Gesammelte Schriften*, Bd. 3, Suhrkamp Verlag, Frankfurt am Main 2003. (『啓蒙の弁証法――哲学的断想――』、徳永恂訳、岩波文庫、2007年)

Jancke, Rudolf: *Das Wesen der Ironie*, Johann Ambrosius Barth Verlag, Leibzig 1929.

Jensenius, Knud: *Nogle Kierkegaardstudier. "De tre store Ideer"*, Nyt Nordisk Forlag Arnold Busck, Kjøbenhavn 1932.

Johansen, Kjell Eyvind: "The Problem of Knowledge in the Ethics of Kierkegaard's Works of Love", in: *Kierkegaardiana*, vol. 17, C. A. Reitzels Forlag, København 1994, pp. 52-65.

Johansen, Martin Blok: "Dannelses dannelse", in: *Dannelse*, edited by Martin Blok Johansen, Aarhus Universitetsforlag, Aarhus 2002, s. 5-7.

Kearney, Richard: "Kierkegaard's Concept of God-Man", in: *Kierkegaardiana*, vol. 13, C. A. Reitzels Forlag, København 1984, pp. 105-121.

Krogh, Karen: "Den uafrystelige Kotzebue", in: *Oehlenschläger Studier 1973*, Oehlenschläger Selskabet, København 1973, s. 9-50.

Lepenies, Wolf: *Gefährliche Wahlverwandtschaften. Essays zur Wissenschaftsgeschichte*, Philipp Reclam Verlag, Stuttgart 1989. (『理性の夢――近代における人文・自然・社会科学の危機――』、大石紀一郎訳、公論社、1992年)

Löwith, Karl: „Von Hegel zu Nietzsche. Der revolutionäre Bruch im Denken des neunzehnten Jahrhunderts" (1941), in: *Sämtliche Schriften*, Bd. 4, J. B. Metzler Verlag, Stuttgart 1988. (『ヘーゲルからニーチェへ――十九世紀思想における革命的断絶――』上巻・下巻、三島憲一訳、岩波文庫、上巻2015年、下巻2016年)

Malantschuk, Gregor: *Indførelse i Søren Kierkegaards Forfatterskab*, Munksgaards Forlag, København 1953. (『キェルケゴール その著作の構造』、藤木正三訳、ヨルダン社、1976年)

―― „Das Verhältnis zwischen Wahrheit und Wirklichkeit in Sören Kierkegaards existentiellem Denken", in: *Orbis litterarum*, Vol. 10, Munksgaards Forlag, København 1955, S. 166-177.

―― *Dialektik og Eksistens hos Søren Kierkegaard*, Hans Reitzels Forlag, København

1968.（『キェルケゴールの弁証法と実存』、大谷長訳、東方出版、1984 年）

—— *Frihedens Problem i Kierkegaards Begrebet Angest*, Rosenkilde og Baggers Forlag, København 1971.

Martinez, Roy: *Kierkegaard and the Art of Irony*, Humanity Books, New York 2001.

Mortensen, Klaus Peter: "The Demons of Self-Reflexion: Kierkegaard and Danish Romanticism", in: *Kierkegaard Revisited*, edited by Niels Jørgen Cappelørn and Jon Stewart, Walter de Gruyter Verlag, Berlin and New York 1997, pp. 442–459.

Müller, Paul: *Kristendom, etik og majeutik i Søren Kierkegaards »Kjerlighedens Gjerninger«*, C. A. Reitzels Forlag, København 1983.

Nordentoft, Kresten: *Søren Kierkegaard. Bidrag til kritikken af den borgerlige selvoptagethed*, Dansk Universitets Presse, København 1977.

Olesen, Tonny Aagaard: "Heiberg's Initial Approach: The Prelude to his Critical Breakthrough", in: *Johan Ludvig Heiberg. Philosopher, Littérateur, Dramaturge, and Political Thinker*, edited by Jon Stewart, Museum Tusculanum Press, København 2009, pp. 211–245.

—— "Heiberg's Critical Breakthrough in 1828: A Historical Presentation", in: *Johan Ludvig Heiberg. Philosopher, Littérateur, Dramaturge, and Political Thinker*, edited by Jon Stewart, Museum Tusculanum Press, København 2009, pp. 247–307.

Pannenberg, Wolfhart: *Metaphysik und Gottesgedanke*, Vandenhoeck und Ruprecht Verlag, Göttingen 1988.（『形而上学と神の思想』、座古田豊・諸岡道比古訳、法政大学出版局、1990 年）

Pattison, George: "Johan Ludvig Heiberg: Kierkegaard's Use of Heiberg as a Literary Critic", in: *Kierkegaard and His Danish Contemporaries, Tome III: Literature, Drama and Aesthetics*, Ashgate Publishing Limited and Company, Farnham (England) and Burlington (USA) 2009, pp. 169–187.

Pivčević, Edo: *Ironie als Daseinsform bei Sören Kierkegaard*, Gütersloher Verlagshaus Gerd Mohn, Gütersloh 1960.

Poole, Roger: "The unknown Kierkegaard: Twenty-century receptions", in: *The Cambridge Companion to Kierkegaard*, edited by Alastair Hannay and Gordon D. Marino, Cambridge University Press, Cambridge 1998, pp. 48–75.

Rocca, Ettore: "Kierkegaards teologiske æstetik om troens perception", in: *Kierkegaardiana*, vol. 23, C. A. Reitzels Forlag, København 2004, s. 76–95.

Roos, Carl: *Kierkegaard og Goethe*, Gads Forlag, København 1955.

Seel, Martin: *Eine Ästhetik der Natur*, Suhrkamp Verlag, Frankfurt am Main 1996. (Erste Auflage: Frankfurt am Main 1991)（『自然美学』、加藤泰史・平山敬二監訳、

法政大学出版局、2013 年）

Skjoldager, Emanuel: *Søren Kierkegaards Syn på Samvittigheden*, Munksgaards Forlag, København 1967.

Soderquist, Kent Brian: *The Isolated Self. Irony as Truth and Untruth in Søren Kierkegaard's* On the Concept of Irony, C. A. Reitzels Forlag, Copenhagen 2007.

Stewart, Jon: *Kierkegaard's Relations to Hegel Reconsidered*, Cambridge University Press, Cambridge 2003.（『キェルケゴールは反ヘーゲル主義者だったのか？――彼のヘーゲルへの関わりを再吟味する――』、桝形公也監訳、萌書房、2023 年）

Søltoft, Pia: "Giveren, gaven, modtageren og gensidigheden. Om gavens økonomi i nogle af Kierkegaards opbyggelige taler", in: *Dansk Teologisk Tidsskrift*, Årgang 76, Nr. 3, Forlaget Eksistensen, København 2013, s. 95-114.

Theunissen, Michael: *Der Begriff Ernst bei Sören Kierkegaard*, Verlag Karl Alber, Freiburg im Breisgau und München 1958.

Thulstrup, Niels: *Kierkegaards Verhältnis zu Hegel und zum spekulativen Idealismus 1835-1846. Historisch-analytische Untersuchung*, Verlag Wilhelm Kohlhammer, Stuttgart 1972（Originalausgabe: *Kierkegaards Forhold til Hegel og til den spekulative Idealisme indtil 1846*, Gyldendalske Boghandel, København 1967).（『キェルケゴールのヘーゲルへの関係』、大谷長・山下秀智・細谷昌志・桝形公也訳、東方出版、1980 年）

Tjønneland, Eivind: *Ironie als Symptom. Eine kritische Auseinandersetzung mit Sören Kierkegaards Über den Begriff der Ironie*, Verlag Peter Lang, Frankfurt am Main 2004（Originalausgabe: *Ironi som symptom. En kritisk studie av Søren Kierkegaards "Om Begrebet Ironi"*, Universitetet i Bergen, Bergen 1999).

Troelsen, Bjarne: "Adam Oehlenschläger: Kierkegaard and the Treasure Hunter of Immediacy", in: *Kierkegaard and His Danish Contemporaries, Tome III: Literature, Drama and Aesthetics*, edited by Jon Stewart, Ashgate Publishing Limited and Company, Farnham（England）and Burlington（USA）2009, pp. 257-273.

Wagener, Ferdinand: *Die romantische und die dialektische Ironie*, Verlag J. Stahl, Arnsberg 1931.

Walsh, Sylvia: *Living Poetically. Kierkegaard's Existential Aesthetics*, The Pennsylvania State University Press, University Park 1994.

Wind, H. C.: "Dannelsestanke og religion: en religionsfilosofisk betragtning", in: *Dannelse*, redigeret af Martin Blok Johansen, Aarhus Universitetsforlag, Aarhus 2002, s. 129-145.

Zöller, Günter: *Fichte lesen*, Frommann-Holzboog Verlag, Stuttgart-Bad Cannstatt 2013.

（『フィヒテを読む』、中川明才訳、晃洋書房、2014 年）

2　日本語文献（著者姓・編者姓の五十音順）

伊藤潔志『キルケゴールの教育倫理学』、大学教育出版、2015 年
今井知正・高山守「様相」、廣松渉・子安宣邦・三島憲一・宮本久雄・佐々木力・野家啓一・末木文美士編『岩波 哲学・思想事典』、岩波書店、1998 年、1632-1633 頁
今村仁司・三島憲一・川崎修編『岩波 社会思想事典』、岩波書店、2008 年
岩田靖夫『増補 ソクラテス』、ちくま学芸文庫、2014 年
大谷愛人『キルケゴール青年時代の研究』、勁草書房、1966 年
――『続 キルケゴール青年時代の研究』、勁草書房、1968 年
――『キルケゴール著作活動の研究（前篇）――青年時代を中心に行われた文学研究の実態――』、勁草書房、1989 年
――『キルケゴール著作活動の研究（後篇）――全著作構造の解明――』、勁草書房、1991 年
――『キルケゴール教会闘争の研究』、勁草書房、2007 年
大谷長『キェルケゴールにおける自由と非自由』、創文社、1977 年
尾崎和彦「『愛の業』のモチーフ――『社会性』ということ――」、『原典訳記念版 キェルケゴール著作全集第十巻付録』、創言社、1991 年、1-15 頁
――『北欧学　構想と主題――北欧神話研究の視点から――』、北樹出版、2018 年
小田部胤久「プラトンからの感性論＝美学の試み」、『美学芸術学研究』第 30 号、東京大学美学芸術学研究室、2011 年、159-183 頁
――「ライプニッツからの感性論＝美学――微小表象論の射程――」、『たそがれフォーラム（於：仙台国際センター）発表報告集』、東北大学大学院文学部研究科美学・西洋美術史研究室、2012 年、27-39 頁（電子書籍で公開（2023 年 9 月 30 日閲覧）：https://www2.sal.tohoku.ac.jp/estetica/tasogare62/pdf/tasogare_03.pdf）
加藤泰史・小倉紀蔵・小島毅編『東アジアの尊厳概念』、法政大学出版局、2021 年
金子晴勇『ルターの人間学』、創文社、1975 年
金田千秋「付録 カント『判断力批判』の Ästhetik 概念――曖昧さの構造――」、岩城見一編『感性論――認識機械論としての＜美学＞の今日的課題――』、晃洋書房、1997 年、137-145 頁
柄谷行人『倫理 21』、平凡社、2000 年
木瀬康太「キェルケゴールと内村鑑三における『信仰』と『わざ』――彼らのルター解釈との関連性をもとにして――」、『新キェルケゴール研究』第 13 号、キェルケゴール協会、2015 年、19-33 頁
――「神学生時代のキェルケゴールにおける『自由』についての問題意識のコンテクス

ト」、『新キェルケゴール研究』第 15 号、キェルケゴール協会、2017 年、18-32 頁
――「キェルケゴールにおける『直接性』と『反省』」、『新キェルケゴール研究』第 17 号、キェルケゴール協会、2019 年、31-45 頁
――「行き過ぎた『反省』を撤収させるということ――キェルケゴールによるハイベア批判と『教養』の問題をめぐって――」、『新キェルケゴール研究』第 20 号、キェルケゴール協会、2022 年、1-16 頁
佐々木健一「美的態度」、同『美学辞典』、東京大学出版会、1995 年、179-190 頁
清浦康子『ゾルガーの哲学・美学とイロニー――その宗教的・存在論的基底をめぐって――』、南窓社、2013 年
ライフ・スキプテズ「デンマーク黄金時代における自然科学とキリスト教」、平林孝裕訳、『神学研究』第 47 号、関西学院大学神学研究会、2000 年、241-260 頁
鈴木祐丞『キェルケゴールの信仰と哲学――生と思想の全体像を問う――』、ミネルヴァ書房、2014 年
須藤孝也『キルケゴールと「キリスト教界」』、創文社、2014 年
――「キルケゴールにおける想像力と信仰」、『宗教研究』95 巻 1 輯、日本宗教学会、2021 年、1-23 頁
――『人間になるということ――キルケゴールから現代へ――』、以文社、2021 年
瀬戸一夫「思弁」、廣松渉・子安宣邦・三島憲一・宮本久雄・佐々木力・野家啓一・末木文美士編『岩波 哲学・思想事典』、岩波書店、1998 年、679 頁
高橋哲哉「脱構築」、廣松渉・子安宣邦・三島憲一・宮本久雄・佐々木力・野家啓一・末木文美士編『岩波 哲学・思想事典』、岩波書店、1998 年、1033 頁
藤野寛『キルケゴール――美と倫理のはざまに立つ哲学――』、岩波現代全書、2014 年
マッツ・G・ラーション『ヴァリャーギ――ビザンツの北欧人親衛隊――』、荒川明久訳、国際語学社、2008 年
マイケル・ローゼン『尊厳――その歴史と意味――』、内尾太一・峯陽一訳、岩波新書、2021 年
ジュリア・ワトキン「キェルケゴールの著作活動における『透明性』概念」、中里巧訳、桝形公也編監訳『宗教と倫理――キェルケゴールにおける実存の言語性――』、ナカニシヤ出版、1998 年、146-158 頁

人名索引

ア行

カ行

サ行

タ・ナ行

ハ行

マ・ヤ行

ラ行

事項索引

ア行

カ行

サ行

タ行

ナ行

ハ行

マ行

ヤ行

ラ・ワ行

著者略歴

木瀬　康太（きのせ　こうた）

1980年1月3日生まれ
2019年6月　東京大学大学院総合文化研究科超域文化科学専攻比較文学比較文化コース博士課程修了　博士（学術）
現　在　在野の哲学研究者・翻訳者として活動

主要業績
〈論文〉
「普遍から個別へ——西田幾多郎によるキェルケゴール理解と「自己」についての思索——」（『比較思想研究』第43号、2016年）
「キェルケゴールにおける「直接性」と「反省」」（『新キェルケゴール研究』第17号、2019年）
「初期キェルケゴールにおける美学——美的「宥和」論の構築——」（東京大学大学院総合文化研究科博士学位論文、2019年）
「行き過ぎた「反省」を撤収させるということ——キェルケゴールによるハイベア批判と「教養」の問題をめぐって——」（『新キェルケゴール研究』第20号、2022年）
〈共訳〉
『キェルケゴールは反ヘーゲル主義者だったのか？——彼のヘーゲルへの関わりを再吟味する——』（ジョン・スチュアート著、桝形公也監訳、萌書房、2023年）

キェルケゴール美学私考——イロニーと良心

2024年2月26日　第1刷発行　　・検印省略

著　者　木　瀬　康　太
発行者　木　村　慎　也

・定価はカバーに表示　　印刷　日本ハイコム／製本　新里製本

発行所　株式会社　北　樹　出　版

〒153-0061　東京都目黒区中目黒1-2-6　電話(03)3715-1525(代表)

© Kinose Kota, 2024, Printed in Japan

ISBN978-4-7793-0737-9

（落丁・乱丁の場合はお取り替えします）